Primo Levi

THE VOICE OF MEMORY:
INTERVIEWS, 1961-1987

记忆之声
莱维访谈录，1961—1987

[意] 普里莫·莱维 著
[意] 马可·贝波里蒂 [英] 罗伯特·戈登 编选
索马里 译

中信出版集团 · 北京

图书在版编目（CIP）数据

记忆之声：莱维访谈录：1961—1987 /（意）普里莫・莱维著；（意）马可・贝波里蒂，（英）罗伯特・戈登编选；索马里译．-- 北京：中信出版社，2019.2

ISBN 978-7-5086-8735-3

Ⅰ．①记… Ⅱ．①普… ②马… ③罗… ④索… Ⅲ．①普里莫・莱维－访问记 Ⅳ．① K835.465.6

中国版本图书馆 CIP 数据核字（2018）第 044911 号

THE VOICE OF MEMORY: INTERVIEWS, 1961-1987
by Primo Levi and Marco Belpoliti and Robert Gordon

Published by CITIC Press Corporation

记忆之声：莱维访谈录，1961—1987

著　　者：［意］普里莫・莱维
编　　者：［意］马可・贝波里蒂　［英］罗伯特・戈登
译　　者：索马里
出版发行：中信出版集团股份有限公司
　　　　（北京市朝阳区惠新东街甲 4 号富盛大厦 2 座　邮编　100029）
承 印 者：山东临沂新华印刷物流集团有限责任公司

开　　本：850mm×1092mm　1/32　　印　　张：12.5　　字　　数：269 千字
版　　次：2019 年 2 月第 1 版　　印　　次：2019 年 2 月第 1 次印刷
京权图字：01–2018–2272　　广告经营许可证号：京朝工商广字第 8087 号
书　　号：ISBN 978-7-5086-8735-3
定　　价：65.00 元

目 录

前言（罗伯特·戈登） 1

“我是一头半人马”（马可·贝波里蒂） 13

编者的话 28

第一部分 来自英语世界的采访

杰梅茵·格里尔与普里莫·莱维的对谈（1985） 002

一个被他的技艺拯救的男人（1986） 014

普里莫·莱维在伦敦（1986） 029

谈话中的普里莫·莱维（1987） 043

第二部分 生活

记忆的小剧场（1982） 060

都灵（1980） 074

登山（1984） 077

化学（1983） 085

科学的邪恶力量（1987） 091

诗歌与计算机（1985） 094

我，老了吗？（1982） 099

第三部分　作品

《休战》（1963）　101
科幻故事 1 :《自然故事》（1966—1971）　108
科幻故事 2 :《形式的缺陷》（1971）　112
《元素周期表》（1975）　117
《扳手》（1979）　121
《寻根》（1981）　126
《若非此时，何时？》（1982）　132
《被淹没与被拯救的》（1986）　139

第四部分　文学与写作

一种神奇的必然性（1972）　146
与普里莫 · 莱维对话（1979）　150
为一份学术论文做采访（1981）　169
邂逅普里莫 · 莱维（1981）　185
一场名为弗朗茨 · 卡夫卡的袭击（1983）　193
普里莫 · 莱维（1984）　201
本质的和多余的（1987）　208

第五部分 奥斯维辛和幸存

圆桌：关于犹太人的问题（1961） 220
自我采访：《这是不是个人》后记（1976） 226
回到奥斯维辛（1982） 259
记忆的责任（1983） 271
词语、记忆、希望（1984） 312

第六部分 犹太教和以色列

某种程度上的犹太人（1976） 324
对普里莫·莱维的采访（1979） 329
上帝和我（1983） 337
普里莫·莱维：贝京应该下台（1982） 345
如果这是一个国家（1984） 354

前言

罗伯特·戈登

现在，普里莫·莱维在我们这个世纪被公认是至为重要的作家。他的两部关于纳粹大屠杀[1]的主要的作品——《这是不是个人》(*Se questo è un uomo*，1947；英译本标题是 *If this is a man*)是对他在奥斯维辛的"深渊之底"的11个月的节制却灼人的记录；《被淹没与被拯救的》(*I sommersi e i salvati*，1986；英译本标题是 *The Drowned and the Saved*)，这部随笔集重新面对了40年来那场事件中道德和历史的两难困境，以及对那场事件的回忆——就像是对上世纪最黑暗的历史时刻的人道主义沉思的两根支柱。确实，难以想象还有另外一个具有如此高度的作家，在如此漫长的时间中一直在带着如此平易的节制、智慧和坚持用写作、演讲来表达那些无法承受的事件。

莱维对意大利的阅读群体的巨大影响——也许甚至可以说他对英语世界的影响更大——一直被以不同的方式，有时甚至是颇有争议地被阐述。对很多人而言，他行文中的清晰透彻，还有那种坦然的直接是他的魅力所在，而对另外一部分人而言，是他相当模糊的"非犹太人的犹太人"(用他自己的话说)身份能让他成为沟通"犹太"大屠杀和更宽广的旁观世界的桥梁。然而，随着意大利国内最近对他的作品全集日益关注——以马

1　和很多作家一样，出于一些非常合理的原因，莱维不喜欢"大屠杀"(Holocaust)这个术语，但正如1979年他在接受乔治·塞格雷(Giorgio Segrè)的采访时所说的，"这个词现在没法回避"[见本书第六部分《对普里莫·莱维的采访》(1979)一篇]。

可·贝波里蒂的工作为首所显示的[1]，这两种解释都不足以说明他的写作的力量和其产生的持续共鸣。存在着另一个莱维，那个和别人为他设定的镇定的圣人形象不符的莱维，那个莱维更加复杂、更加忧虑、更为多元，也带着更多的矛盾性，因此也更为丰富，能给人带来更多教益。至少，莱维身上的多重的身份和声音理应对我们理解他至关重要。这本访谈集向我们呈现了他身上另外的那些身份和角色，这些渗透进他的作品中，并构建了这个我们如此仰慕、洗耳聆听的人。

我首先会将莱维定义成一个写作、谈论集中营的人。我们可以用写作和演讲这样简单的组合来概括这本集子的目的。正如马可·贝波里蒂在后文的《我是一头半人马》一文中所写，莱维作为作家的事业或者职业（Métier），本身是他的工业化学家的主要事业的补充，和他身为对话者的第三种职业一直保持平行，并最终交叉。受访者莱维是莱维对话者生涯的一部分，一个被记录下来的部分。

正如莱维在《被淹没与被拯救的》一书中所写的，幸存者可以被归结为两大类：那些开口的和那些保持沉默的[2]。这两种角色都不是人们主动选择的，他说；这两种角色都有精神病理学的推动。但他从集中营回到家时，那种要开口的冲动盖过了恐

1 马可·贝波里蒂不仅编辑了本书的意大利文版《对话和采访，1963—1987》（*Conversazioni e interviste,1963-1987*，都灵：艾诺迪出版社，1997），他还编辑了一部重要的新版莱维全集《作品》（*Opere*，第1—2卷，都灵：艾诺迪出版社，1997）以及一本重要的评论合集《普里莫·莱维》（*Primo Levi*，米兰：马克斯与马克斯出版社，1997）。他同时也完成了最新出版的对普里莫·莱维的导读《普里莫·莱维》（*Primo Levi*，米兰：布鲁诺·蒙达多里出版社，1999）。

2 莱维在这本书的一开始在讨论“成见”时进行了这种区分，见《被淹没与被拯救的》一书第七章。

惧——这种恐惧是他和他的集中营难友们所共享的，他们恐惧没有人会听他们必须开口讲出来的一切。当在 1982 年的一次采访中，两位口述历史学家对他提到他们采访过几位只有到现在才选择开口说话的幸存者，莱维在某种程度上对此表示怀疑：

莱维：……但至于埃莱娜 · 雷克纳提（Elena Recanati）或者娜塔利亚 · 泰代斯基（Natalia Tedeschi）为何选择到今天才发声，肯定是因为人们到今天才发现她们。她们之前是否曾经拒绝过发言？

不，她们说她们从集中营归家后，感觉自己深深地被他人误解，感觉别人不相信她们，于是她们失去了讲述一切的冲动。

莱维：就我自己而言，我没有感觉到那种不被别人理解的状态。正如你所知，《这是不是个人》的出版过程非常曲折。只有当这本书被写出来 10 年后，它才变得知名。但无论如何，我都能发现别人的理解和支持，在讲述我必须要讲述的这些故事时我从没有遇到困难。

确实，在他于 1945 年 10 月回到都灵后的几个月里，莱维根本没有经历这种困难，莱维会对所有愿意聆听他的人将自己的故事倾泻一空——无论是朋友们、家人、火车或电车上的陌生人，无论是在办公室里还是在家里。考虑到他后来是如此谨慎、克制地选择倾诉对象（比如说，在本书最后一部分他评价自己从不和自己的孩子讨论这些），这一点就更加令人印象深刻了。到了某个时候，这些故事会被写下来，汇集成《这是不是个人》。对莱维而言，从一开始，写作和对话就是不可分割的。

在他的作品的第一个阶段，当人们耳熟能详的那些对种族大屠杀的共同思考还没有被奠定时，他的故事背后的道德驱动是沉默的，虽然人们逐渐看到莱维作为一位敏感的伦理学者的价值。莱维是那些被遣返回国之后开始演讲或者写作——无论是在公开场合还是在私下里——的众人中的一员；但他和其他人一样，一开始是想让自己内心的幽灵平息下来，并且主要的目的是为了记录，而非号召大家进行道德的追问。因此会有《这是不是个人》前言诗歌《施玛篇》（“Shema”）当中那段有力但简洁的祈使句：“请你们凝神沉思一番”。这首诗歌在一些地方和希伯来语的祈祷词有一些共同点——诗歌也是因此得名，尤其体现在它的仪式性的口头表达，以及词语会反复的训词上（正如莱维所解释的）：“当你们待在家里，或正要走出家门时 / 当你们正要躺下或正要起身时……”在那几个月里，莱维自己对集中营的谈论在某种程度上和这种口头表达有很多共同点，不仅令人敬畏，同时也带着一种庄严肃穆，正如每一篇“唱诵”不仅重申了那次创伤，同时也治愈了它。

无论如何，《施玛篇》和《这是不是个人》中的声音都埋藏了莱维的写作和对话逐渐具备的道德或者伦理转向的线索。比如说，在《这是不是个人》一书的前言中，他对自己的任务有过这段著名的描述：“对人性的某些方面进行冷静的探讨”。当 20 世纪 50 年代中期，莱维找到了一个公共舞台的时候，这一点也变得更加明显。在本书收录的一次采访当中，他暗示道他重新投身写作——也即正在 1958 年完成了《这是不是个人》的第二版，还有后续的《休战》（1963）——实际上是被他新发现的公共演讲和公共对话的新职业所激发的：

1955年，为了纪念集中营解放十周年，他们在都灵等地组织了一些和流放有关的摄影展。直到那个时候，我对在公众场合讲话仍然非常恐惧。在“二战”期间，以及种族法实施的那些年间，我是都灵的一个规模很小的犹太青年组织的成员，那个组织的任务就是要证明《圣经》与法西斯主义是如何不相容……因为当时除非有警察批准的执照，任何形式的协会都是被禁止的，我们每次开会都有一个当地的警察在场：可怜的人，他坐在角落里，一个词都听不懂，抽着他的烟斗，读报纸或者打瞌睡。

当我起身发言时，我感到一阵惊恐。我笨拙地念着自己讨论反犹主义的文章……当时我19岁，我对自己发誓，以后再也不在公众场合发言了，我并不在行。然后我信守自己的诺言，直到1955年，我去了那次展览，向人们解释那些照片的含义。观众里有一个小伙子，他非常热情、热心、友善，我有点不知所措：我发现，哪怕我的书的销量如此令人灰心，它还是得到了传播，留下了印记，打动了一些人。这同样也驱使我开始写作《休战》。[见本书《普里莫·莱维》(1984)中的采访]

再一次地，对话和写作交叉了。这时候，莱维的对话已经不再是精神病理学化的，而是更加道德化的；对话也不再是一种私人的交谈，而更加公共化、“市民化”。它成了一种对话，而不是独白；它成了一种回应，而不只是仪式性的重复。在他对和他进行对话的那些热情的“年轻人”的描述中，我们可以发现在他的事业的这个新阶段——尤其是20世纪60年代早期他的作品被选入意大利的课本之后——他最重要的支持者是学生们。莱维在学校里、会议上或公开集会上发表的演讲大概有上百次。他会重复自己的故事，但同时也会回答问题，并和他的观众互动。这种交流，从表面来看，和记录、历史以及写下的文字也并没有太多关联，而且事实上，这些交流中只有很小一部分被记录下来或者被转录（整理）成文字。但在这些年里，莱维成了一个比较专业的，甚至是一个成熟的对话者。他逐渐开始获得了——部分是通过一种区别于《施玛篇》的礼拜式重复的富含变化的重复——他在节制的书面语和口头语之间达到的一种平衡，马可·贝波里蒂在后文他对莱维的语言的研究中，也准确描述了这一点。莱维的口头语言就像他的书面语言，而他的书面语言也就像他的口头语言，他带着一种感情和语法的明晰，会让他的读者和听众们与他进行专注、带着沉思的交流。

莱维的身为对话者的事业的前两个阶段 ——首先，对话作为一种创伤；其次，对话是为了教育和交流的目的——在某种程度上也代表了本书编选的莱维的个人背景。莱维在 20 世纪六七十年代只有些零星的对谈，在 80 年代对谈数量经历了爆发性的增长，莱维的谈话逐渐以杂志或者报纸，抑或广播电视采访的形式来完成。莱维一直用他写作中常带有的那种讽刺性的准确来评估这新的交流方式。也许对其最重要的思考体现在他的“自我采访”中，那段采访最早刊登在 1976 年的《新闻报》（*La Stampa*）上，后以一个更长的版本被用作新版《这是不是个人》的《后记》[见本书《自我采访 :〈这是不是个人〉后记》（1976）]。在那篇自我采访里，他筛选了 20 年来人们向他提出的关于集中营的问题——主要是由一些在校学生提出来的——并自问自答了一些最为重要的问题 : 关于“最终解决方案”，关于德国和德国人，关于种族主义和反犹主义。但同样值得注意的是他的作品中三个不为人所知的角落——莱维在其中用他标志性的欢快的变调和模仿揶揄了采访这种形式。首先是他在 1968 年接受《共同访谈》（*Intervista aziendale*）广播节目的短暂采访，这次采访中实验导演卡洛·夸尔图齐（Carlo Quartucci）阐释了莱维的一个想法，莱维的设想中会有一段对工厂工人们纪录片风格的采访，这段采访将揭示拉马克主义者（Lamarckian）[1] 对工业的反乌托邦立场，那里的工人在工厂里使用的技能都是遗传自他们的父母。其次，也有一系列对动物进行的模拟报纸采访——在他生命的最后几个月，莱维为《苍鹭》杂志（*L'Airone*）完成了五篇这样的采访。最后，在《故事和散文集》（*Racconti e saggi*；英译本标题是 *The Mirror Maker*，即《制镜者》）中有一篇故事就叫《采访》（*L'intervista*），故事中一位在搜集地球信息资料的天外编年史学家采访了刚下夜班的主人公埃利奥[2]。这三个例子都反映了莱维将采访用作一种探询世界、揭开世界表面的程式化的办法；但同样地，在每个例子中，采访本身都有简化的倾向，而被采访者也因为要这样去代表、解释他的工厂、他的族群、他的世界而感到迷惑和不安。我们很容易在这里发现和莱维类似的形象，因为他一直被

---

1 拉马克主义，也称拉马克学说，或是拉马克式演化。由法国生物学家拉马克于 1809 年发表的《动物哲学》中首先提出，其理论的基础是“获得性遗传”和“用进废退说”，拉马克认为这既是生物产生变异的原因，又是适应环境的过程。——译者注

2 此处提到的三次采访分别参见普里莫·莱维和卡洛·夸尔图齐，《共同访谈》（都灵：意大利广播电视台的广播剧节目，1968）；动物采访见《作品》，第 2 卷，第 902—904 页（《故事和散文集》中唯一一篇），第 1325—1327 页，第 1332—1343 页（都收录在英文版的《制镜者》，伦敦：梅休因出版社，1990 年版，第 28—46 页，第 57—61 页）；《故事和散文集》中的《采访》一篇见《作品》，第 2 卷，第 863—865 页（《制镜者》，第 11—13 页）。

要求去代表，要去深入浅出地概括集中营黑暗、丑陋而复杂的世界，且同样地，幸存者作为“物种”是很强大的。在那种轻微的嘲讽和严肃的游戏之下——正如我们在莱维的作品中经常看到的——我们看到了他对自身经历的思考，还有对那种存疑的形式之局限与对可能性的追问，那种存疑的形式在这里就是在他生命的最后几年里的如此重要的采访。

这本书中编选的采访试图勾勒出他接受的采访的广度和多样性，同时也体现了莱维的回答中的反复的模式以及他对熟悉之物的修订。一个多面的莱维——除了其他方面之外，他对政治、文学、化学、科学、宗教、音乐，甚至登山都有兴趣——与他的核心经历和创作主题所具有的那种压倒性的分量一起浮现在我们面前。就好像他接受的采访象征了一种脱离重心的螺旋性运动——莱维自己在 1987 年的一篇文章中将奥斯维辛形容为“黑洞”——但之后却无可阻挡地向这个重心回归。最终正是这种经由见证，之后超越了见证最终又复归的运动，可以解释我们在阅读莱维的作品时，以及当他和他人交谈时我们与他共处的片刻时间里，所感受到的那种辽阔而丰沛的人性。

生活

对莱维的生活和工作进行一个简要的勾勒，可以成为读者在阅读莱维的访谈时有效的指南。

1919 年，莱维出生在都灵的一个很小的、广泛被同化的犹太社群里，他在马西莫 · 达泽利奥高中念书——那所学校曾经以孵化自由主义的反法西斯主义思想著称。他的父亲切萨雷是一个电气工程师，和这座城市知识阶层中的显赫的实证主义者圈子过从甚密，在他贪婪的、无所不包的阅读以及他对高中人文教育课程的抗拒方面，莱维也跟随了他父亲的道路。他选择去都灵大学念化学专业。尽管 1938 年通过的种族法让他的道路困难重重，莱维还是成功地在 1941 年毕业。他在米兰待了一段时间，1943 年法西斯党下台，意大利和盟军签订停战协议后，莱维加入了抵抗组织，反抗意大利北部的法西斯党的残余和纳粹侵略者，但是他很快遭遇了背叛并被逮捕。他选择宣告自己是一个犹太人，而非可能会让他遭受处决的游击队员的身份，他被关押在佛索利（Fossoli）的战俘营，1944 年 2 月，他从那里被遣送到奥斯维辛-莫诺维茨集中营。他一直被关押在那里，直到红军于 1945 年 1 月解放了集中营。1945 年 10 月，在经历一段漫长、颠沛流离的旅程之后，他终于重新回到都灵——这些都被他记录在《休战》一书中。

莱维一回到故土，便开始将他在奥斯维辛经历的那些故事写下来，并且和集中营难友莱昂纳多 · 德 · 贝内代蒂医生（Leonardo De Benedetti）一起为一份大众医学月刊《密涅瓦医学杂志》（*Minerva medica*）撰写了一份关于集中营卫生状况的医学报告。他写的那些故事被德席瓦（De Silva）出版社于 1947 年以“这是不是个人”为标题出版，这部书稿曾经被艾诺迪（Einaudi）出版社的娜塔利娅 · 金兹伯格和切萨雷 · 帕韦斯拒绝过。这本书受到了一小部分评论家的称赞和褒扬（包括年轻的伊塔洛 · 卡尔维诺），但反响寥寥。莱维开始了自己作为工业化学家和管理者的长达 30 年的职业生涯。他停止了规律的写作，虽然现在一切都很明显——和他自己的说法相反，即在 20 世纪 40 年代晚期到 50 年代晚期，在他明显保持沉默的那些年里，他一直在构思、草拟一些故事和诗歌。

1958 年，随着大众对大屠杀的兴趣日增，艾诺迪出版社重版了《这是不是个人》，是略作修订的版本，这本书获得了更高的呼声。这本书的成功说服莱维继续写作，在 1963 年，他出版了《休战》，这本书摘得了一个奖项，并且第一次让莱维进入作家本身的角色。他分别在 1966 年和 1971 年出版了两本科幻故事集 :《自然故事》（最早是用达米亚诺 · 马拉拜拉这个笔名）和《形式的缺陷》，这两者收录了莱维在那些年里为消遣写下的那些故事，有些甚至可以追溯到 1946 年的那几个月——就在同样的时间里，他开始谈论、写下关于自己被驱逐的故事。那些睿智但经常是灰色的虚构在那些年里一直在持续，既和大屠杀的作品有隐秘的关联，它们自身的文学价值也逐渐变得鲜明。它们尤其是莱维身为意大利科学和文学这“两种文化”的桥梁的重要角色之焦点。正如他告诉朱塞佩 · 格拉萨诺（Giuseppe Grassano）的（见第四部分《与普里莫 · 莱维对话》一篇），意大利文化中的一个悠久的或可以说被人忽略的传统，即自伽利略以降，在这两部分（科学和文学）之间便不存在分野和鸿沟，他坚定地让身为一名作家、一名公共人物的自己扎根于这个传统之中。

1975 年，他出版了《元素周期表》（英译本 1984 年出版）—— 一本依照不同的化学元素松散组织在一起的自传作品，证实了这种令人满意的组合。每一章都集中描写了莱维生活里的一个特定时期和一种元素的真实的、虚构的或者隐喻性的相遇。这本书在美国备受追捧，索尔 · 贝娄说它是一本“人人必有的书”——而莱维日益隆盛的国际声誉也正是肇始于这种接受度。相反的，他接下来的一本书《扳手》（英译本 1987 年出版）在风格和主题上则非常本地化：描述了一个工厂装配工利贝蒂诺·福索内的工作故事，他奇异地融合了皮埃蒙特方言和技术的行话，讲述了他和桥梁、大坝等进行的史诗般的个人抗争。然而，正如一些访谈所显示的，莱维认为《扳手》和《元素周期表》有密切的关联，它们都赞颂了某种特定的、智能的、能解决问题的工作所拥有的可能性，从总体来说，莱维将他最由衷珍视的那些价值都赋予了福索内这个人物和他的故事。

《扳手》的故事背景是莱维曾经因公差拜访过的一家陶里亚蒂的工厂，除了其他寓意之外，它也代表了莱维对自己作为化学家的职业生涯的一场告别式的思考；事实上，在莱维写作这本书时，他同样也即将迎来退休，成为一名全职作家。他唯一完全成熟的虚构作品《若非此时，何时？》在 1982 年出版，讲述了"二战"中一个犹太游击队的故事，并获得了两个重要奖项，但同样也有一些批评声音认为它对东欧的阿什肯纳兹犹太文化有"过度研究"的重构。整个 20 世纪 80 年代，莱维接受的采访次数和他的国际声望都有显著的提升。1981 年，《莉莉斯及其他故事》（*Lilìt e altri racconti*）出版，这本书涵盖了散文、集中营故事和科幻故事；同年出版的还有《寻根》（*La ricerca delle radici*）—— 一本迷人的、关于他最喜爱的或者说对他产生了影响的书的评论性选集。1983 年，他翻译的卡夫卡的《审判》出版，这个过程中也包含了不寻常的、创伤性的气质间的冲突。1984 年，他的诗集出版，书名是柯勒律治的诗句——《不定的时刻》（*Ad ora incerta*）；第二年，他最具代表性的、不拘一格的、"百科全书式的"（用卡尔维诺的形容）并且古怪的散文集《他人的行当》(*L'altrui mestiere*)出版。他曾发表在《新闻报》上的更多文章被收录进1986年的《故事和散文集》。

在他去世前一年，莱维把自己对奥斯维辛的思考集结成他最打动人的那本《被淹没与被拯救的》(英译本于1986年出版)。这些散文——关于记忆、关于交流、关于幸存者的羞愧、关于纳粹"无用的"暴力，以及在受害者和压迫者之间那充满道德模糊性的"灰色地带"——重新探询了很多由大屠杀抛出的道德和历史问题，堪称人道的、伦理的沉思的典范。它们同时包含了真实的痛苦、愤怒和矛盾的时刻。确实，在20世纪80年代，他的作品的出版热潮和他个人公共曝光度的增加，对莱维而言绝非意味着没有压力和焦虑。他因作家的创作低潮而懊恼，也因为他在海外被接受过程中产生的扭曲而沮丧(尤其是在1984年后的美国，他知道自己被追捧，但同时他也知道自己被吸收进欧洲犹太作家的一个模型里——而他知道这个模型和自己并不吻合)，同时他也密切关注在德国和法国兴起的邪恶的否定大屠杀论和"修正主义论者"。他对同年轻人对话也逐渐感到幻灭：他感觉他们也不再了解他，或者说不知道他的言论重要性何在，更别提他试图去描述的那种充满细节的复杂性。无论如何，他还是保持积极，发表谈话，写作，在他生命中的最后几年一直在构思未来的作品。他于1987年4月去世，大部分人认为他是自杀的，虽然有部分声音一直在争辩说没有足够多的证据可以证明他是自杀的。[1]

1 见迪亚哥·甘贝塔(Diego Gambetta),《普里莫·莱维的最后时刻》,《波士顿评论》,1999年夏季刊，第25—29页。

“我是一头半人马”

马可·贝波里蒂

尽管他是一个羞涩、沉默寡言的男人，在他的职业生涯中，普里莫·莱维同意接受了很多次采访、对话和交谈，其中有很多已经被发表出来。他的对话者各式各样，从记者到评论家、大学生到作家同行。这种活动的频率之密集，以至于他开始思考在他更为正式、公认的化学家和作家的身份之外，他有了第三种职业：一个对话者和见证者。确实，在 1958 年《这是不是个人》出版后，他感觉有必要为这本书增添一个章节，一个尤其为他的年轻读者们准备的后记。在其中，他回答了他经常被问到的那些问题[1]。我们也许可以称这篇后记为自我采访的一个真诚的范例。而且，从一开始，口头表达在莱维的作家生涯当中就扮演着一种非常重要的角色。如果我们要相信他的描述——这在他的采访中一再被重复——也就是他那些后来变成了《这是不是个人》的故事初稿，那么他的第一份手稿都是基于那些向亲戚和朋友们口述的故事，或者是他在火车上、电车上、公共场合里对陌生人、偶然遇到的旅伴讲述的故事，无论在什么地方他都发现自己在开口讲故事。

《这是不是个人》那篇著名的前言，证明了叙述者普里莫·莱维的口头表达能力。他在其中描述了“他人”讲故事的冲动，并将之描述成一种最为本质的需求，一种生理的需求；他在

1　见本书《自我采访：〈这是不是个人〉后记》一篇。

1946 年写下的梦到奥斯维辛岁月的诗歌——后来变成了《休战》的题词（“回到家里，吃着东西，讲述着我们的故事”）[1]——也证明了这一点。在这篇前言中，莱维接近了尼古拉 · 列斯科夫（Nikolai Leskov）的短篇小说中的那些人物，瓦尔特 · 本雅明形容他们是“对读者有所指教的人”，他们会给他们的听众提供一些实用的建议，一些生活的道德规范，或者一些格言；他们的“建议和真实的生活交织在一起，就是智慧”。[2] 而且，在莱维的作品和他积极的生活中，讲故事的艺术和聆听的艺术是紧密相连的：正如他在《扳手》中所写，“正如讲故事是一门艺术一样——将故事千回百转严丝合缝地编织起来——倾听也是一门艺术，它同样古老，同样精妙，但就我所知，人们从未对此给过什么标准。”[3]20 世纪 70 年代早期，莱维在接受意大利电视台的一次采访时（那次采访的标题是“讲故事的意义”，主要是关于《这是不是个人》），其中有一个令人好奇的插曲，能够浓缩地反映他对谈话者和听众的态度：在某些时候，采访者并不是从莱维那里获得答案，而是开始自问自答，莱维静静地聆听对方，脸上既带着好奇，也带着困惑。提问者在谈论希特勒统治下的德国人民的行为，对这个问题莱维自己并没有确切的答案，他曾经在很多次采访当中不停地带着他自己在德国集中营被囚禁的经历一次次回到这个问题。

---

1 普里莫 · 莱维，《这是不是个人 / 休战》，选自 S. 伍尔夫的译本（哈芒斯沃斯：企鹅出版社，1979），第 15 页和第 183 页。

2 见瓦尔特 · 本雅明《启迪》一书中《讲故事的人——反思尼古拉 · 列斯科夫的作品》一文，选自 H. 佐恩的译本（伦敦：皮姆利科出版社，1999），第 83—107 页。

3 普里莫 · 莱维，《扳手》（伦敦：迈克尔 · 约瑟夫出版社，1987），第 35 页。

演讲者的身份对莱维来说是必要的，并且这种身份受到双重的责任约束。一方面，他的很多听众需要从他这里得到关于集中营一些问题的解释，而他可能并没有将它们写进他的书里（或者他只是简略地触碰过这些问题）。他们需要更深的发掘，就好像在莱维讲述的故事下面可能存在着一种基础的事实，一种针对所有解释的解释，他所有的对话者都可以平稳地扎根在这基础之上，一切都会清晰明了。另一方面，莱维感觉到有廓清自己想法的需求，去更准确地解释自己，将隐藏在他作品中的东西阐述出来。

聆听莱维在那些保留下来的磁带或者光盘中对采访者的回答时，一个人很难不被他的对话的流畅、优美而打动，这些回答是多么适合直接被发表。由于他的敏捷思考，他的口头表达非常接近他的书面语言，这是由他身为化学家的习惯性思维决定的。他似乎完全摆脱了罗兰·巴特所说的口头语言的“歇斯底里”，那种不停地用“但是”“所以”这些词来套住听众的企图，以便把自己捆绑在对话参与者这个角色上而为了让对话持续进行。相反，莱维的语言一直都非常精确，那种一对一的对话中最典型的插入语——“你听明白了吗？你在听吗？你理解了吗？”——这些在他的采访当中都是非常罕见的。换句话说，在莱维的口头语言中，并没有什么戏剧性的成分，甚至那种沉默的戏剧性也没有。从磁带上将他的话转录下来的时候，一个人会意识到这些话永远都是脱口而出的：我们很容易为这些话加上标点，因为除非他被他的采访者打断，莱维在说话时的停顿是非常清楚和自然。甚至是一些插入语、题外话——所有在口头语言中表示没有那么重要的话题转移——都是非常少见的，而且永远是极度清晰的。

对莱维而言，采访是一种叙事艺术的延伸，一种更进一步的补充，那些补充的内容是他从遗忘中拯救下来的，被他经常称为“机械记忆”的记忆碎片可以在瞬间复原。[1]在采访当中，他听起来经常像是研究他自己的过去的人类学家。比方说，在本书第二部分的第一个采访《记忆的小剧场》中（这个采访也是另一种自我采访，采访由音乐和一些歌曲的节选组成），莱维听到了他自身记忆的深沉奇妙，并且试图将碎片组织成一个有机的整体。作家永远是在叙述，哪怕在这次采访中只有短暂的片刻，哪怕他完全将自己交托给记忆，让它去面对麦克风。事实上，更好地了解这个人、这个作家、化学家、奥斯维辛囚犯的办法，就是去阅读他对其他人说的话。莱维会经常利用他那些偶尔的听众，去回忆那些集中营里面被其他人，也被曾经更年轻的自己忽略的插曲（当莱维讲述故事的时候，他从来不是孤独的，他永远和那个从奥斯维辛幸存下来的年轻的自我为伴，现在这个更老的莱维是那个莱维的后代、子孙、受益人，他不止在一个场合谈到这一点）。反过来说也是成立的：在将同一个故事讲述了很多遍之后，莱维仍然能够用他写作中那种精确的词语来描述同样的故事。讲故事的艺术对他而言，也是为新的听众不断更新旧故事的艺术，其中带着些微必要的变化。在他的故事中，同样也反映在这些采访当中，重复并不是一种未经思考的姿态，它是一种谨慎的、深思熟虑的选择，是一种最

1 莱维在《被淹没与被拯救的》一书中，多次使用“机械记忆”这个表达，参见 R. 罗森塔尔的译本（伦敦：迈克尔 · 约瑟夫出版社，1988）。

快速的可能选择，使得口耳相传的讯息能产生清晰有效的沟通。

“一本书”，莱维不止一次说过，“必须是一部能够运作的电话”，电话的隐喻在莱维那里指向的是沟通的一个至关重要的方面——距离。在叙述者和听众之间存在着一种距离，叙述者当然是为他的对话者提供建议，但在两者之间，永远存在着一种特定的距离（正是集中营制造了这种不平等，对话者因此被激发出那种对解释的需要，他曾亲身体会到这种剧烈的需要）。在 20 世纪 80 年代早期，就在莱维更多地开始反思自己的得救时，他告诉过一个采访者，去写一本关于他在奥斯维辛经历的书并不仅仅来自一种做见证的冲动，为了让自己摆脱奥斯维辛的诅咒——词语作为一种拯救，故事作为一种治疗——同样也来自一种让自己和周围的他人保持不同的需求：“想一想尤利西斯，整晚都在讲述自己到阿尔基努斯那里的历险。也许，这里还存在着另外一种驱动力，也许仅仅是那种做见证的平凡的渴求，让别人去理解我和你们是不一样的，我看过了你们没有看过的东西，因此我比你高一等。”[1]

在很多采访当中，莱维都会反复说他身为化学家的第一份职业让他免于一死，并给予了他第二份职业——作家。正是他奇妙的命运，让他从我们这个世界最可怕的悲剧当中汲取了词语的馈赠，在我们眼里他几乎是——虽然他并不喜欢先知——一种以赛亚的形象，他的嘴唇被天使长用炭火沾着，被施予了话语的洁净。“回归的犹太人”（ebreo di ritorno）——正如每一次别人问到他身上的犹太性时，他这样会描

1 这篇采访未收入本书。

述自己——他直接从奥斯维辛的地狱里获得了一种叙事的能力，一旦他回归生活，就运用讲故事的天赋让那被感染的嘴唇变得洁净。而这种遗产似乎和所有神圣的或者神奇的礼物一样，很快就被证明是一把双刃剑。在《扳手》里，他引用了希腊神话来讲述这份馈赠，他认为自己戴着一层提瑞西阿斯[1]的面具，他在路上遇到了一条蛇，然后被变成了一个女人："此后，我在世人眼中做一个化学家，反过来却感受着自己血管里作家的血液，我觉得自己好像在身体里盛着两个灵魂，而这太多了。"

这本书中的对话极度清晰地呈现了这个"对他人有所指教的人"、这个"被施了魔法的旅人"的复杂身份：化学家和作家，见证者和作家，犹太人和意大利人。在 1966 年最早期的一次采访中，在和埃多拉多·法迪尼就那年晚些时候他用笔名达米亚诺·马拉拜拉（他的文学替身）发表的科幻故事集《自然故事》进行的对话中，莱维说，"我是一个两栖动物，是一头半人马，我内部被撕扯成两半，一半的我在工厂，是化学家和技术专家；另一半的我和第一个我完全是脱离的……生活在写作的世界中，接受采访，处理我过去和现在的经验。这是我大脑的两半。我带着这种妄想狂式的分裂生活着。"[2]

半人马——莱维曾将自己最美妙的一篇短篇小说《半人马的问题》[3]的题词献给了它——不仅代表了对立的存在，同时也

---

1 提瑞西阿斯（Tiresias）是古希腊神话中的人物，是一位生活在底比斯的盲人先知，最初为男性，因触怒天后赫拉，被变成女性，七年后又恢复为男性。——译者注

2 见本书《科幻故事 1〈自然故事〉》一篇。

3 《作品》，第 1 卷，第 505—516 页，该篇未被收入莱维短篇小说集的英文版《第六日》（伦敦：迈克尔·约瑟夫出版社，1990）。

是人和兽、冲动和推理的结合，是一种不稳定的、注定要破裂的组合。这个半人半马的形象是集中营的所有幸存者经历的那种激烈的内在压迫的象征，并如神谕的劝诫一样回响在莱维第一本书的书名中。在很多采访当中，莱维一直在寻找回到他内部的那种深刻分裂的途径，而不希望掩盖它、忘记它。他将它部分当成一种自我流露展示给他的听众们，但同时也永远带着一种适度的犹豫，犹豫是否将其完全暴露在他人过度的好奇心面前。在接受一次广播采访时，他带着一点骄傲说："我带着一丝嫉妒守护着我的隐私。"[1] 在这些对话当中，莱维告诉我们很多关于他自己、他的家庭、他的品位、他的生活概貌，甚至看起来，他大声宣告的谨慎只是表象。事实上，他允许我们去窥探他的生活，正因为他生命中的核心事件，他作为一个故事讲述者、一个对话者的旅程才开始，也因为生活和记忆中这种无法治愈的伤痛，才让他渴望词语，渴望清晰的交流。

在很多次交流中，莱维都被问起，如果没有奥斯维辛的经历，他是否会成为一个作家。莱维回答道，如果不知道"说什么"，没有"内容"，将不会有故事。在另外一个场合，他甚至说，如果没有集中营，他会是一个失败的作家。他的第二份职业——他不止一次将它定义为一种"非职业"（1975 年，他的《元素周期表》出版后，他在都灵的一次演讲题目就是"一个不是作家的作家"）——不仅给他带来了极大的愉悦，正如他在谈论写作时所清晰表现出来的那样，同时也让他能够在旧日

1　引自莱维 1982 年 10 月 4 日在意大利广播电视公司广播频道的采访中和蒂娜 · 露丝的对谈，这次采访未收入本书。

的痛苦和伤痛之后获得再生的方法。在某一个特定时期——大约在 1978 年前后——当他被问到“你现在在写什么”时，他几乎都会提供一个标准答案。“什么都没写，”他说，“我想我已经穷尽了所有的道路”，或者说“我已经没有了素材，我没有什么可以说的了”。在他最后几次接受的采访中，在和罗伯托·迪·卡罗（Roberto Di Caro）的对谈中，他谈到叙述的节制，他的话语中透露出一种疲惫和厌倦。[1] 但是这并不新鲜，就像一个化学家和技术专家在开始实验之前会非常仔细谨慎地掂量自己的方法和手段，莱维在好几个场合也衡量了他自己的叙述源泉。1963 年，当《休战》出版时，别人问起他未来的计划。他提到想写一本关于工厂的故事，关于一个化学家的冒险，但是他说自己还没有找到核心的主题，即能让普通读者对这个主题感兴趣的方法，虽然他自己对此颇有热情［在当时莱维头脑中很显然有一个和记忆有关的史诗般的主题，再次借用本雅明的话“终极的史诗”(《讲故事的人》)］。这些线索是一个叙述计划的雏形，后来也因此衍生出了两部作品 :《元素周期表》和《扳手》。“集中营的经历如何了？”1963 年，莱维凭《休战》获得坎皮耶洛文学奖[2] 后，一位记者这么问他。“绝对没有更多的话了。什么都不用再说了。我已经说了所有我该说的东西。都结束了。”[3] 但是，在莱维心里一切都没有结束，所有的东西

1 见本书《本质的和多余的》一篇。

2 坎皮耶洛文学奖（Premio Campiello）是一年一度的意大利文学奖项，由专业人士和普通读者共同选出年度最佳作品。莱维的作品《休战》于 1963 年摘得第一届坎皮耶洛文学奖。——译者注

3 见本书《休战》一篇。

都通过一种固有的力量不停地重返。所以，他断言他的主题-问题已经终结了，这既是一种恐惧，因恐惧失去自己非凡的讲故事的能力而导致的一种没有根据的做法，同时也是一种持续再现的明晰信号，即哪怕仅仅是一瞬间将他自己和奥斯维辛的遗产切断都是不可能的（没有一次采访不会提到这点，哪怕是在导读中）。

莱维不停重回的另外一个问题——有时拒绝，有时接受——是关于他成为作家的问题。莱维当然是一个完全成熟的作家。最重要的一点，他是一个超常的作家，因为他的任何一部作品都无法被某个特定的题材完全框定。这也给他的采访者们带来了困难：《这是不是个人》是什么？是一段见证还是一个故事？是一本回忆录还是小说？《元素周期表》是一个由几个短故事组成的成长小说吗？同样地，《被淹没与被拯救的》从文学角度来说又是一本怎样的书？他对朱塞佩·格拉萨诺解释道，他的作家身份是多重的，在 1979 年，他又重新回到“半人马”这个主题，他说“我从文科高中毕业，接受了人文主义的教育，但是同时也是一个化学家，一个曾经被驱逐的囚犯。所以在写作中我至少有三种不同的资源。”

至少到 20 世纪 80 年代早期为止，采访者面临的最大的困难就是确定见证者和作家、化学家和作家、奥斯维辛历险的叙述者和科幻小说作者之间的界限。然后突然地，随着 1982 年《若非此时，何时？》的出版，这个问题似乎迎刃而解了。就好像这部小说——这部关于爱和战争的小说，已经抹除了这几者之间的区别。但是对莱维而言，这个问题仍然存在，而且实际上比以往更为尖锐。一方面，作为一名见证者，莱维感觉自己有义务要保持诚实，这个问题——他自己断言的诚实性——在这些年里会不停强迫性地重新出现，并让他写出了《被淹没与被拯救的》这部杰出的自省作品。这不仅仅是对福里松和达基耶尔·德佩尔普瓦的否定犹太大屠杀言论的回应[1]，同时也有一种内在的动力，即作家本人去探询自己的作品。在另外一个层面上，莱维所有的作品，无论是见证性的还是随笔性的［比如《他人的行当》（1985）就是短随笔或艺术散文最后的伟大体现之一，而20世纪的意大利作家们已经超越了这种形式］都带有非常强的文学性，实际上这种文学特质正是让莱维有别于纳粹失败后意大利和欧洲涌现出来的成百上千的故事和见证。

所以，莱维的书在不同的程度上都带有那种专属于文学的“虚构性”（几乎在每一次采访当中，莱维都会思考这个问题，并解释道在他的不同故事的背后隐含着哪些真实的事件，包括其他人告诉他的那些故事）。他反思道，要成为一个作家，在某种程度上会背叛作为见证者的任务，因为书面文本会很自然地让真实的故事变得更为可信、更吸引人。在这一点上，即便是和其他讲述了犹太人经历的种族灭绝的叙述者相比，莱维强烈地意识到在叙述和现实之间那种成问题的联合，他仍意识到从其内部和自身来说，每一种见证的行为都是有效的。1974年莱维接受一次录像采访的时候，采访者试图将莱维的回忆和

1 罗伯特·福里松（Robert Faurisson），里昂大学的一名教授，1978年，他公开否认集中营毒气室的存在，成为鼓吹否定犹太大屠杀言论的核心人物。同样也在1978年，前法国维希政府专员达基耶尔·德佩尔普瓦（Darquier de Pellepoix）——曾参与维希政府先前将犹太人从法国驱逐出去的行动——宣称毒气室被建造仅仅是为了灭除跳蚤。

他的难友、《这是不是个人》的《尤利西斯之歌》一章中那个著名的勤杂工(Pikolo,在书中的名字是“让”)的回忆进行对比,结果完全不奏效。因为那个勤杂工让完全不记得那个关键的章节中间的任何事情,他只记得他和莱维谈了很多,但完全不记得他们谈了什么了。莱维本人在其他的对话当中一直在强调,不管他多么坚持作品中的真实性,在他的叙述和现实中间永远存在着一些矛盾。他注意到那些被写进他书中的人很少能接受他们在他笔下的形象。当他转向完全的虚构时,说到《若非此时,何时?》中的人物,他对记者坦白道,他遇到了另一个不曾预料到的问题。书中的角色开始像真实的人一样,拒绝让自己死去,他们会拉住他的手,并且控制他(其中一个角色甚至会在20世纪60年代之后的一些故事里——比如《创造性工作》和《在公园里》[1]——来拜访他)。

1978年,在讨论《扳手》的灵感的一次对话中,莱维讲到自己时带着一贯的自我嘲讽,把自己形容为一个伪造者。他很有可能意识到——虽然没有人在他身上用过这种说法——我们这个时代的文学是一个非常奇怪的场域,在其中,没有任何一样东西——即便是那些最恐怖、最丑陋的事实——能原原本本出现在读者面前。而在这个场域里,真正的故事会失掉它的真实性而转化成别的东西,变成某一种休闲活动或者是一种信息的形式。我们再一次引用本雅明的话,他告诉我们因为现代文学实质上已经将自身和经验切割开来,不再是“口口相传的经验”(《讲故事的人》,第84页),文学不再是一种根植于记

1 《作品》,第1卷,第651—660页,没有被收入《第六日》一书。

忆的行为，它也许永远失去了自身的史诗性。

莱维身上共存的多种职业身份（化学家、作家、见证者、演说家）并不是偶然的，每一种职业会自然地孕育很多故事，因为故事都是在工作的场合——不同的工作场合诞生的（那种对“他人的行当”的执着追求体现在同名随笔集《他人的行当》中）。作家这个行当本身就是一种手艺活。在《若非此时，何时？》出版后不久，他将之称为自己的第一部小说。和《扳手》中的那个机械装配工福索内一样，莱维把自己形容成一个故事的装配工。确实，我们可以将他的故事都视为未完待续（同样引用本雅明的话）。在一次采访当中，莱维甚至说，他在考虑《若非此时，何时？》的续集；而在其他的采访当中，他又解释了这本小说其实源于另一本小说的构思，他增添了自己重返生活的一些故事碎片。

虽然从一开始，莱维就是一个伟大的对话者，时刻准备好回应的对话者，但我们没有发现 1961 年之前莱维接受采访的书面记录，那一年他被一本历史杂志邀请回答这本杂志整理的一系列关于“犹太人的问题”。甚至在 1963 年到 1978 年之间，他接受采访的次数也是相对很少的。突然间从 1979 年开始——此时的莱维已经是一位著名的作家，他的作品在意大利几乎每一所学校都被选读研究，他也经常去各种学校访问——他变成了一个公众人物，许多报纸记者开始采访他对自己的生活、化学家的工作、他的过去，还有集中营以及他的作家工作的看法。莱维接受的约 250 次采访中的大部分都集中在 1979 年到 1986 年的七八年里。当时他已经不再从事他的第一份职业，而让自己更加专注于他的第二份作家的事业。在他生命中的这段时期，莱维很少去学校和学生们面对面，他不止一次惋惜地注意到，学生们现在将"二战"视为消失在遥远的过去的一场事件。他第一次对他的第三份职业表现出一些消极的感觉，但这似乎却强化了他和媒体的接触。他参加一些电视节目，并且在家中接待从世界各地来的采访者们。对全世界的读者来说，在20世纪80年代早期莱维已经是世界最知名的意大利作家之一，尽管他的书的英译本在之前的几十年里几乎无人问津（包括在美国和以色列）。莱维对此也感到惊讶，甚至困惑，正如他在1986年接受丽萨·索迪（Risa Sodi）的采访时，他讲述了自己去美国的一次旅行，以及他在那里受到的欢迎，而且他注意到"凭借'犹太作家'这个称号，我成为那个唯一！我已经说过，我怀疑美国是否有任何的'外邦人'存在，我一个'外邦人'也没有遇到，这几乎是场喜剧，我的编辑是犹太人，他所有的同事也都是犹太人，他无一例外地把我介绍给那些著名的美国犹太人，我的听众们也都是犹太人。"[1]

本书中收录的采访和对话——包括那些没有被收进本书的采访——清晰地显示了即便他身上犹太人的那一面，对他而言也是问题。他从来没有放弃自己的混合属性，他告诉过一个采访者，他感觉自己的五分之四是意大利人，五分之一是犹太人。但是他又迅速地补充道，他对那五分之一重新有了一种深刻的感情，他认为那部分对他的身份认同而言是最为本质的。在好几个场合，比方说在接受作家伊迪丝·布鲁克（Edith Bruck）采访时——后者也是一位集中营的犹太幸存者——莱维宣告他

1 丽萨·索迪:《对普里莫·莱维的一次采访》,《巴黎评论》, 第54期, 1987, 第355—360页。

是在奥斯维辛之后变成一个犹太人的，而之前他仅仅只是一个中产阶级的意大利男孩[1]；又如他对朱塞佩·格列科（Giuseppe Grieco）说："我生为犹太人是出于偶然，我既不对此感到羞愧，也不因此觉得有什么可自夸的。对我而言，身为一个犹太人，是一个关于'身份'的问题：我必须也得说，这种'身份'是我不想丢弃的身份。"[2]

1982 年，以色列入侵黎巴嫩南部，不仅在一些以色列国内人中，同样也在以色列国外的离散犹太人（莱维也属于后者）中间激起了强烈的公共舆论反应。对于莱维来说，这是一个危机时刻，他当时刚刚结束在战后对奥斯维辛的第二次访问，他也推动了一次请愿，呼吁撤军，签署和平协议，为那些没有祖国的人承诺一个祖国。意大利的媒体经常会采访莱维，他也在其中展示了自身思考的一些微妙之处，这些思考与他对集中营以及灰色地带的思考有诸多类似的地方，他的这种思考并不能被简化成一些先定性的精神或意识形态的范畴。莱维这一面的犹太性并不广为世人所知，但这和其他的方面一样重要，这是组成他的身份的不同图景中的一块。

阅读这本书，让我们前所未有清晰地看到莱维身上的一些特殊品质。如果说很多 20 世纪作家的采访合集总包含了很多关于他们自身工作习惯、观念、阐释、喜好的一些丰富信息，那么可以说，莱维代表了一种例外，他的故事——无论是书面的还是口头的——永远是那些关于经历的故事。其中，词语作

---

1 见本书《某种程度上的犹太人》一篇。

2 见本书《上帝和我》一篇。

为一种姿势，作为仪式性的行动，带领我们穿越20世纪的不安和动荡。读者的任务就是从他的话及其被转译的话中，拣选出今天仍和我们有共鸣的真理。这些真理通常都被那种令人意外的乐观主义和清晰的悲观主义所掩盖。“我是一头半人马”，他告诉我们。对谈话者、作家普里莫·莱维而言，本雅明关于讲故事的人的结语仍然成立，“他的天赋就是讲述自己故事的能力，他的非凡在于他能讲述自己的一生。讲故事的人：一个能让他生命的灯芯被他口中故事的微弱火焰彻底吞噬的人。”（《讲故事的人》）

编者的话

本书中收录的采访选自莱维 1961 年到 1987 年之间接受的 200 多次报刊采访和 50 多次广播采访。1961 年，当莱维回应收入本书第五部分的“关于犹太人的问题”之前，我们似乎没有找到任何对他的采访，尽管《这是不是个人》在 1947 年就已出版，并在 1958 年被重版。1961 年之后，随着 1963 年《休战》出版后获得的成功，他开始接受了一系列的采访，但在 1964 年到 1977 年间，他接受的采访又是寥寥无几。1978 年,《扳手》的出版又带动了另一轮采访热潮，但也只有在 1981 年到 1986 年之间（1982 年,《若非此时，何时？》的出版让采访达到了顶峰），莱维开始经常接受各种媒体的访问，在某种程度上也变成了一个公众人物。这种公开交流的频率不应该成为衡量一个作家地位的唯一或者最重要的标准——在整个 20 世纪 60 年代，莱维在意大利都以作家身份而享有知名度，尤其在学校，他去那里发表了很多未公开发表的演讲——但这是他的公共形象的一个很重要的因素。

关于他接受的采访，最完整的条目记录可以在马可 · 贝波里蒂编辑的普里莫·莱维的《作品》(都灵:艾诺迪出版社，1997）第 1 卷的第 117 到 126 页中找到，虽然必定存在被遗漏的已发表采访（尤其是在意大利之外的地区）和未发表或者未被整理对话。一些先前不为人所知的采访整理稿件被收入加百利·波里和乔治·卡尔卡尼奥编辑的《绝响的回音》

（*Echi di una voce perduta*，米兰：穆西亚出版社，1992）。

本书收录的采访包含三种不同的形式：普里莫·莱维书面回复的采访，采访者（记者）先前根据笔记录音听写或者“整理”的文稿，或者是为本书第一次从录音档案整理的文稿。它们根据不同的方向被编入书中不同的部分，虽然中间不可避免地存在诸多重叠的部分，有时候在不同的采访或者不同的章节之间存在一些重复的内容。因为它们是普里莫·莱维长期以来接受采访的组成部分，他也不止一次意识到这些重复，因此我们没有对之进行删减。被发表或者播出的采访的原标题基本都被保留，除却本书第三部分中用书名取代了原先采访的标题。

第一部分“来自英语世界的采访”包含了四篇最重要的普里莫·莱维和英语作家或记者的交流，其中最著名的也许是他和菲利普·罗斯的对话。第二部分的标题是“生活”，呈现了莱维的经历、兴趣、喜好——这些经常被他集中营幸存者的身份所掩盖。这部分的第一篇是意大利版本的《荒岛唱片清单》[1]，莱维在这个广播节目中借助音乐回顾了自己的双亲、童年、集中营的经历、归国的旅程还有他的婚姻，以及他后来的作品。然后我们将读到一些丰富的片段：他的化学家工作、他对登山的热情、他对都灵的情感，还有他参与的号召推动科学的良知的运动。第三部分“作品”从他的八部作品出版后接受的采访中筛选了有代表性的采访（除了《这

1 《荒岛唱片清单》（*Desert Island Discs*）是BBC Radio 4的一档节目，自1942年开播至今。每期节目会请一位名人选出自己中意的8首曲子、1本书和1件“奢侈品”。——译者注

是不是个人》明显的缺席，虽然他的那本处女作在几乎其他所有采访中都会被提及），让读者可以沿着时间顺序了解他的职业轨迹和他对自身写作思考的发展。第四部分“文学和写作”中收录的采访反映了莱维对自身和他人的作品更为整体的思考，比方说，其中一篇采访是关于他（作为翻译）和卡夫卡迷人而矛盾的邂逅。在第五部分“奥斯维辛和幸存”中，莱维触及了他的生活和工作中，以及所有的采访者心中的核心事件。其中尤其令人关注的是对一个电视纪录片采访的脚本整理，那次采访追随了莱维重回奥斯维辛的旅程，而长篇访谈“记忆的责任”则属于一个口述史计项目。最后的第六部分“犹太教和以色列”包含了五篇采访，在其中莱维通过对宗教信仰、传统、教育、“离散犹太人”和以色列的关系的讨论，设法解决他自身的犹太人身份问题。

在翻译这些采访的过程中，我们也努力呈现莱维在公开谈话中使用的口头语言是如何不凡，正如马可·贝波里蒂在导读中提到的，莱维的口头语言如此流畅、平易近人，但其中又带着书面语的那种镇静和正式。我们必须要注意一点，在意大利，人们普遍会用“集中营”（Lager）这个词来普遍指代“犹太人大屠杀”（Holocaust），一方面因为莱维不喜欢“犹太人大屠杀”这个词（虽然他也接受这个词无法被回避了），一方面这也反映了莱维的用词习惯，因此“集中营”这个词在翻译中被保留了。编辑们对一些人名，还有英语读者或者年轻读者们不太清楚的一些引用进行了简略的注释处理。人名或引用的注释一般只出现一次。在必要处，我们使用了莱维作品英译本的标题，除了一些作品未被翻译成英文或英译本标题和原文标题有很大出入的情况。

马可·贝波里蒂担任了意大利文版访谈集的编辑和研究工作。罗伯特·戈登是本书的英语译者，为英译本编辑了注释，并和马可·贝波里蒂共同编辑了英译本。围绕英译本进行的这些章节划分或者篇目选择的工作，是为了适应不同的读者群：尤其是本书的第一部分是意大利文版没有的，而第四部分和第五部分增添了一些意大利文版中没有的内容。

编辑在此对为本书出版有过贡献的诸位致谢，他们是：阿尔贝托·卡瓦格里翁、宝拉·瓦拉布雷加、乔万尼·泰西奥、索菲·内兹瑞、马达莱娜·尼希、伊恩·汤姆森、丹妮拉·艾姆沙勒姆、卡萝尔·安吉尔、迪·罗塞利、西尔维娅·拉利亚、玛利亚·塞布雷贡迪、弗朗科·纳齐、亚历桑德罗·卡雷拉、朱塞佩·富尔吉耶里、马丁·麦克劳林、帕特里克·保莱托、克劳迪奥·托斯卡尼、乔万尼·格拉桑诺、布鲁诺·瓦萨雷、圭多·洛佩兹、阿达·卢扎蒂、西尔维奥·奥托那、卢卡·斯卡利尼、安娜·玛利亚·莱维、彼得罗·克里瓦莱利、罗伯托·瓦卡、多梅尼科·菲欧蒙特、尤里·圣加利、科琳娜·萨瓦多利·洛纳根、洛伦佐·恩里克、爱德华多·卡亚内洛、纳蒂亚·富斯尼、贝尼亚米诺·普拉西多。

特别感谢露西亚·莱维、丽萨·莱维、伦佐·莱维，以及恩内斯特·费雷罗、宝拉·佛萨蒂、玛利亚·佩罗斯诺和罗伯特·吉洛迪（艾诺迪出版社）；琳·邓禄普（政治出版社）和简·罗伯森；费德里科·雷维利奥（《新闻报》档案室）；《日报》档案室；米凯莱·古利努奇、埃尔曼诺·安福西和马可·扎卡莱利（意大利广播电视公司）；迪德·卡瓦莱利（梅地亚赛特电视公司);玛利亚·格拉齐亚·拉比奥洛(瑞士意大利语区广播);米凯莱·萨法蒂和利利亚娜·皮乔托·法尔琼(米兰犹太人档案中心)。尤其感谢埃利奥·格拉齐奥利和路易吉·格拉齐奥利、克劳迪娅·维培里和巴巴拉·普拉西多。

第一部分

来自英语世界的采访

杰梅茵·格里尔[1]与普里莫·莱维的对谈（1985）[2]

采访以意大利语进行；部分用引号标注并加注原文的词句是莱维自己用英语表达的。

杰梅茵·格里尔（以下简称“格里尔”）：在《扳手》的第一章中，福索内对那个要写下他的故事的作家说：“如果你要把它变成你的故事，你可以花些精力，对它进行修正、打磨，去掉污点，让它变得光洁，然后你就会有一个属于你的故事。”

即使福索内不是一个值得信赖的见证者，我认为他还是道出了某种关于作家写作的最本质的东西，我想问你一个问题，即关于《这是不是个人》的创作过程。任何一个作家如果要将现实收入他的书页之间，他必须要去掌握现实、让它服从自己的控制。你是如何成功驯服《这是不是个人》的主题，并将恐怖的主题构成一本优雅、清澈而敏感的作品？我认为这是一项惊人的成就。

莱维：我不知道如何回答这个问题。首先，写作这本书已经是40多前的事情了。并且在这40多年里，围绕这本书我已经创造了某种传奇故事，即我从未有写作计划，我是带着很强

1　杰梅茵·格里尔（Germaine Greer，1939—），澳大利亚学者、作家、记者，被视为20世纪后期第二波女权运动重要的代表人物之一。她在华威大学和剑桥大学纽纳姆学院有学术职务。处女作《女太监》出版后成为国际畅销书，她的观点一直备受争议。

2　原文收录在《文学评论》，1985年11月，第15—19页。莱维的生平介绍被删去。

的动力写作的，我是未经思索就写出这个故事的。

我过去与之交谈的那些人接受了这种传奇。实际上，写作完全不可能是自发的。现在，当我思考这个问题，我会发现这本书完全、彻头彻尾是文学性的（因为我是一个糟糕的意大利语文学的学生）。我更喜欢化学。诗歌理论课、小说结构等诸如此类的课程让我昏昏欲睡。当时机降临，我必须要写这本书时，我的确有一种要完成它的病理需求，我感觉自己内心有一个完整的方案（programme），那就是我多少带着点不情愿去学习的文学——我在高中必须学习的但丁、意大利经典文学，等等。

格里尔：在我看来，《这是不是个人》的精湛之处还在于它在呈现如此宏大、令人惊骇的故事时所具有的节奏，以及叙述者的节制——他似乎从不袒露自己。实际上你无法发现他的太多信息：他是个小个子，他可以跑动，他是一个不起眼的人——在当时那种环境下最好如此。然而，通过他的叙述语调，你能够发现某种有教养的敏锐，某种独特的人格，带着某种醒悟、诚实，未被蒙蔽，也无法被蒙蔽。

莱维：我认为你在我的实验之作中发现的力量正是在这个层面，在"醒悟的"（disabused）这点上。你无法承担受骗的后果。透过事实看到下面的东西，永远是一个好主意。

（集中营的）最开始的一些天是很可怕的——对每个人而言。有一种"震惊"（shock），一种伴随着你进入集中营会有的创伤，会持续5天、10天、20天。几乎所有的人都死去了，死在这第一阶段。我们的生活在短短一些天里就截然地、彻底地改变了，尤其是对我们这些西欧的犹太人而言。波兰和俄国的犹太人之前在犹太人聚居区就已经为这段奥斯维辛经历接受了艰苦的训练，这种震惊对他们而言没有那么严重、致命。对于我们——来自意大利、法国和荷兰的犹太人而言，就好像我们在自己的家里被连根拔起，直接被扔到集中营。

但是，伴随着恐惧、饥饿、疲乏，我还感觉到一种极端迫切想要理解周遭世界的需求。首先，就是语言。我懂一点德语，但是我感觉还应该知道更多。我甚至以我分到的部分面包配额为学费，去偷偷上一些课。我当时不知道自己学到的是一些相当粗俗的德语，我也是直到去勒沃库森的一家化工厂出差时才发现这一点的。和我打交道的是一些相当有礼貌的德国人，他们说："真奇怪，意大利人一般根本都不懂德语，那些会德语的掌握的也是一种不同的德语。你是在哪儿学的？"于是我告诉他们："我是在奥斯维辛学的。"他们很是不安，出于很多原因。我们彼此很友善；他们中间至少有一些人，也许他们所有人，都曾是纳粹。

格里尔：人们经常说，莱维的优点在于，他对纳粹没有憎恨或者敌意——

莱维：在我看来这种观念并不那么正确。

格里尔：事实上，在阅读《这是不是个人》的过程中，我能强烈地意识到那个超然、老练的叙述者——他厌恶以任何形式介入别人的生活——在面对这些野蛮的施暴者（不仅仅是纳粹）时的优越感。你几乎从不提"纳粹"这个词，但是你曾大声、清晰地说过，试图去理解德国人毫无意义。

莱维：确实如此。事实上，在那之后我很艰难地去尝试理解德国人。我注册成为都灵本地的歌德学院的学生有五年时间，我也有很多德国的朋友。

格里尔：如果我能继续追问这个问题，关于作者对现实的重新塑造的话……

莱维：嗯，我想有些作家是有意且聪明地做到了这一点，有些是聪明、并非有意地完成了，而质朴的作家对此既无规划，也无欲望。我相信，当我在写作《这是不是个人》时，我属于第三种。这其中必定有某种扭曲——仅仅是因为我去到的是莫诺维茨集中营[1]，它不是那种典型的复杂而综合的奥斯维辛式集中营。它离奥斯维辛有七公里，和后者并不完全一样。但我认为自己在讲述关于在集中营经历的真实故事时，我是在讲述我所在的那个唯一的集中营的故事。

在那个时候，处决囚犯的筛选程序更为温和，他们只杀死集中营10%到15%的犯人，而不是像他们在特雷布林卡[2]那样处决掉40%，甚至是90%的囚犯。你瞧，他们需要劳动力。关于这些都有记录：想要马上杀死所有人的纳粹党卫军和德国工业界的矛盾，后者出于金钱而非人道主义考量的原因，宣称“一个活不过一周的工人对我们没有任何用处。我们需要至少能再活三个月、六个月的工人”。这些在纽伦堡审判时都被揭露出来。我是多年后在柏金（Borkin）的一本书[3]里

1　莫诺维茨（Monowitz）靠近奥斯维辛，在斯雷西亚的北部地区，这里曾是德国人和波兰人混杂居住的一个地区。莫诺维茨集中营是一个劳改营，所有的囚徒都为一个叫布纳的橡胶厂干活。——译者注

2　特雷布林卡（Treblinka）是纳粹德国修建的灭绝营之一，位于波兰东北部，建于1942年夏初，是“莱因哈德行动”的一部分，纳粹计划通过该行动灭绝波兰地区的犹太人。有87.5万名来自波兰和希腊的犹太人被系统性地杀害，已知幸存者仅67人。——译者注

3　约瑟夫·柏金，《法本公司的罪与罚》（纽约：口袋书出版社，1978）。

才知道我当时所属的集中营实际上属于法本公司，这是一个私有的集中营，它并不属于纳粹党卫军。我的职业救了我。我通过了 1944 年 10 月的那次筛选，因为我的卡片上写着“化学家”(Facharbeiter)。我是一个不寻常的案例，一个专业的工人。我也要补充一点：所有那些从集中营幸存下来的人的故事，不存在一个普遍的共性。每一个幸存者都是一个例外、一个奇迹、一个具有某种特殊命运的人。我的特殊命运是我受到的训练。

格里尔：你的那些自传性的作品——尤其是在《休战》中——是一个现代版本的《鲁宾逊漂流记》，但是我认为你比笛福更有怀疑精神，更加悲观。

莱维：有怀疑态度是当然的。充满怀疑。

格里尔：是否可以说，你在描述那些人的时候，无法不带着某种判断色彩？桑德罗会认出你在《元素周期表》中对他的描写吗？（桑德罗 · 戴马斯楚是《元素周期表》其中一章的主人公，他是皮埃蒙特抵抗游击队在 1944 年战死的第一人。）

莱维：不会的，他不会认出那是他。他会抗议的，就好像他的侄子们确曾抗议过的那样。他们激烈地攻击我，原因有好多种：因为我写到他们的父亲是泥瓦匠（capomastro），实际上他是一个工业测量师。将一个人转化成某个形象永远是危险的。不管作者的出发点多么善良，也不管他是否尽己所能不去扭曲任何东西，或努力美化人物的性格，让其更加高尚、动人，（被描写的）那个人永远都会失望的。因为每个人心里的自我形象和其他人眼里他们的形象总是有差别的。就好像我看向镜子时，是看向一张和平常截然不同的脸。一个人是一个“独特的”（unique）、复杂的客体。当一个客体被简化成一纸文字，即便是在最好的作家那里，它也只剩下一具驱壳。福楼拜用了 500 页去描写艾玛·包法利。我想，如果桑德罗还活着的话，我会让他看看我对他的那段描写，他也许会爆出大笑。他是一个如此憎恶修辞的年轻人，会害怕发现自己被描述成一个英雄、一个圣徒、一个战士。他会发笑，说些方言。也许是“讨厌鬼”（balls）[1]。

因为退休，我会去游泳，几乎每周二我都会在泳池遇到桑德罗的兄弟。我们会彼此打招呼，聊些天气的话题，但是他一直拒绝和我讨论桑德罗。

格里尔：这很可怕，不是吗？一个作家就像寄生虫，它的排泄物会比它的寄主存在得更久？

莱维：是的。但作家并不只是一个寄生虫，他同时也是一个创造者。在最好的情形下，书会比写出它们的人存在得更久，并将某种并非真实的现实传递下去。

格里尔：不管他是对何物坦白，一个叙述者永远是无懈可击的。

莱维：因为他是有控制的。作家是全能的，能创造出他想要的事实。

格里尔：我认为《休战》一书中最令人震惊、最具有道德模糊性的插曲[2]是藏身在猩红热病房的你们几个人，听到隔壁病房的病人哀求着要一些水却忽略了他们的祈求。

莱维：我的主观印象与此非常不同，时到今日仍然如此。

1　此处对应意大利原文应是 palle，俚语中指男子阴囊、雄性气概等。——译者注

2　这个插曲最先出现在《这是不是个人》的最后几页中。

我写信给查尔斯——就是当时和我一起在那间病房里的法国人，我们向彼此坦白说那10天是我们“最好的日子”。当然，我们抹除、压抑了我们没有提供水给任何人的事实。但是，我们确实试图拯救10个人的生命，而且成功了，至少是在部分程度上。我们无法拯救400个人，但也许我们可以拯救10个人。在当时那种环境下我们尽了自己最大的努力，即使我们两个都病得非常厉害。我们将那10天记作我们最好的日子，因为我们发明了所有的东西，包括如何做汤，还有做汤的那只炉子，如何取到水，甚至是我们需要的药品。我们创造了自己的世界。我们周围的那几百个人并不属于这个世界，但是我认为我们的审慎估算是正确的。能现实地救下10个人，总比一个人都救不了要好。

格里尔：我想继续问你一个问题，就是莫多·内厄姆（Mordo Nauhm，《休战》中的一个人物）和他的朋友们时常讨论的一个问题。对你而言，“认识”这个词意味着什么？

莱维：我不知道，自18岁起我就没有问过自己这个问题了。我很惊讶，莫多·内厄姆和他的朋友们提出了这个问题。科学哲学的存在就是为了回答这些问题，但是在这个问题前，我的身份还是一个化学家。我通过我的手和鼻子，加上我的感觉去认识事物，就像所有的天真的现实主义者一样。关键不在于抵达认识最深的层面，关键在于一层层地加深认识，比先前认识得更多。当我理解了曲颈瓶里在发生什么时，我感觉更加快乐。我又扩展了一点自己的认识。我并没有认识真实或者现实，我只是重建了一小部分，世界的一小部分。在一家工厂的实验室里，这已经是一个巨大的胜利。

格里尔：莫多·内厄姆的另一个问题：当你说“灵魂”

（spirit）这个词时是什么意思？

莱维：最开始尝试蒸馏的那些人真的认为自己是在提取事物的灵魂。我得说我不知道答案。我的确不相信存在一个永恒的灵魂。

格里尔：莫多·内厄姆的第三个问题："正义"这个词是什么意思？

莱维：人各有异。我想这个词最开始接近于求惩罚有罪者、奖励正义者。但是很难界定孰罪孰义。他们在意大利，或者在世上任何地方对此进行的审判，都是不够充分的。我们永远不能深信自己规定好的某种终极责任，无法确定一个罪犯之所以有罪，是出于他自己的选择，还是他的教育导致的，抑或是他的教导者的责任——他的老师们，他的父母，等等。因此，整个文明世界都创造了法典。

格里尔：你的信仰是什么？

莱维：我没有信仰。因为我的父母是犹太人，我为自身建构了一套犹太文化，但已经是在战后很晚的事情了。从集中营归家后，我发现自己还拥有一种额外的文化，于是试着对其进行开发。但不是出于宗教目的。就好像我的宗教感已经被拔除了。我只是没有获得信仰。我拥有弗洛伊德所说的那种"海洋感觉"（oceanic sense）[1]。如果你仅仅单纯地思考宇宙，你就会有某种宗教感，但是我在这方面并没有问题。

格里尔：你害怕死亡吗？

莱维：我害怕痛苦，但不害怕死亡。我非常恐惧自己还有

1　这是源自罗曼·罗兰，后来被西格蒙德·弗洛伊德提出的一个心理用词，主要用来形容一种感到无限，犹如海洋的感觉，特别适用于宗教信仰。罗兰认为，海洋感觉是所有宗教信仰的原动力，让人们感觉到外在与内在无间断的连结。——译者注

他人的痛苦。

格里尔：你是少数几个从集中营的流亡中生还的意大利犹太人之一，你是否感觉到有某种责任感，要把自己融入这一几乎被历史抹去、少数族裔的文化？

莱维：我不这样想。那是加在我身上的一种角色。到处当有人介绍我为“意大利犹太人”时，我都很吃惊。他们将我和巴什维斯·辛格[1]相提并论，这会让人产生误解，因为我身上的犹太文化都是事后的（post hoc），都是被事后追加的。我学过意第绪语，但它根本不是我的语言，在意大利没人说意第绪语。在美国，他们往我身上贴了一个标签。我接受了25次采访，每次都是关于一个主题：“在意大利当一个犹太人意味着什么”，恐怕没多少意义。

让我感兴趣的是，意大利有这么多成功作家在后来拥有了第二种文化。比如托米扎[2]，他来自伊斯特拉半岛，他的书在意大利到处都能见到，但是他对库内奥省（Cuneese）山谷流域的文化知道得一清二楚，当地人说的是一种奥克语。我是一个意大利人，同时也是一个犹太人，这种感觉就好像有一个备胎或多了一挡。出于实际的原因，我开始学习希伯来文化——无论是意第绪语文化还是和《圣经》有关的内容，以及生活在世界不同地方的犹太人的生活方式——但都带着一种间离的、依然是一种动物学式的兴趣。然而，我在《元素周期表》中描述我的皮埃蒙特犹太人祖先的文化时是带着深情厚谊的，我和皮

---

1 艾萨克·巴什维斯·辛格(Issac Bashevis Singer，1904—1991)，意第绪语作家，曾获诺贝尔奖，生于波兰，1935年后居于美国。

2 富尔维奥·托米扎（Fulvio Tomizza，1935—1999），来自伊斯特拉半岛的高产作家，伊斯特拉半岛是意大利和前南斯拉夫之间的边界地区。

埃蒙特彻底紧密相连。我完全清楚皮埃蒙特人性格中的缺陷，因为它们也是我自身的缺陷。

格里尔：你认为祖国是一种必要的东西吗？让犹太人拥有一个祖国是否必要？

莱维：我的祖国在这里，在皮埃蒙特。我从未想过去以色列。但是第一批去以色列的人并没有这样一个祖国。他们要么是宗教感非常强的人，要么是波兰人、俄国人、罗马尼亚人——这些人从未被允许把他们生活于其中的国家看成自己的祖国。他们国家的掌权者对他们说："你们不是俄国人，不是波兰人，也不是罗马尼亚人。你们是犹太人[1]。"大屠杀在"二战"后继续存在。一些奇迹般地从大屠杀中幸存下来的人死于战后的大屠杀。一种强大的力量驱使人们去到一个祖国，而实际上这样的祖国并不存在。这不是我的现状。我是一个"离散的犹太人"[2]，总之是一个二手的犹太人。以色列现在的情形是戏剧性的，事实上是悲剧性的，部分是因为已经犯下的那些错误。

当我在《休战》中描述满载着锡安主义者的车厢驶向以色列时，我是在表明一种不言而喻的真理。在欧洲已经没有这些人的容身之地了，仅此而已。欧洲是大屠杀发生之地，是奥斯维辛所在的土地。我内心有一种巨大汹涌的情绪，我几乎难以自持。我不知道我的家人是否幸存了下来，也不知道这栋房子是否还在，

1　此处用的是 yid，是对犹太人不敬的称谓。——译者注

2　离散犹太人（Jew of the Diaspora）特指公元前 6 世纪左右，巴比伦征服犹大国，逼迫犹太人离开耶路撒冷和巴勒斯坦，并将一部分犹太人囚禁为奴。之后，波斯王居鲁士征服巴比伦，同意流亡在巴比伦的犹太人可以返乡，但有一部分犹太人并没有回到原居地，他们被称为"外来的""不归属"的犹太群落，统称 Diaspora。之后，这个词又被泛化，用来形容处于类似处境的犹太人。——译者注

但在奥斯维辛被解放后，我唯一的想法就是回到意大利。很多我之前的伙伴都问我，为什么我要回到意大利。他们认为欧洲是个危险的地方。“和我们一起去以色列吧，去复兴那块土地。那样我们就可以复兴自己的文化。我们去那里，建设家园，为了能够重建自己。”这是一个有力的论点，但它是一种简化。如果你考虑实际情形，那些客观因素……首先，这个国家并不是空无一人的。

在美国，我在这一点上遇到了麻烦。在布鲁克林，我必须对某个群体发表演讲，生平第一次，我发现自己面对的都是犹太观众。他们全都是年长的犹太人。我完成了演讲，讲稿是我在英国写的。我不知道他们领会了多少我的意思，考虑到我的英语很糟糕。我一结束演讲，他们就开始问关于以色列的问题，以及在巴以冲突中我站在哪一派。当我开始解释说我认为以色列从历史的角度来说是个错误时，人群中有些骚动，主持人不得不让会议暂停。

格里尔：你认为存在一种现代的犹太文学吗？

莱维：我相信有 500 种。

格里尔：我之所以问这个问题的一个原因是，卡夫卡有一篇故事特别令我想起你的敏锐和风格——

莱维：你知道我翻译了《审判》——这是一个由作家翻译其他作家作品的项目的一部分。我发现翻译并不难，但很痛苦。在翻译时我很不舒服，有六个月的时间我陷入一种很深的抑郁。这是一本致命的书。就好像洋葱，一层包着一层。我们每个人都可能在不明缘由的情况下，被审判、定罪、处决。就好像它预言了那个身为犹太人本身就是一种罪的时代。

格里尔：《这是不是个人》中最震撼我的一个主题是“被

淹没的”和“被拯救的”之间的对立。那些“被淹没的”人的生活是否有任何有价值的东西？[1]

莱维：当然有——在他被淹没之前。但在他只剩下一具“躯壳”（husk）后就没有了。但我说的不是那些让自己沉没、为了不用以某种残暴的方式求生的人们。奥斯维辛的那些“被淹没的人”身上没有任何尊贵的东西。他们不会将自己分到的口粮分给别人。所有人类关系的结构都被摧毁了。

格里尔：打比方说，在埃塞俄比亚，有很多赫比纳克这样的小孩。（赫比纳克是一个残疾的三岁小孩，他和他的其他家人不知如何逃过了灭绝，但是在 1945 年 3 月被解放后没多久他就死了，《休战》里简要描述了他的故事。）在西欧，我们就像你们那 10 个在医务室通过自救幸存下来的人。在西欧以外的其他地方，更多的人被“淹没”，而非被拯救了。

人性就像一座冰山，90% 的部分是“被淹没的”。在集中营里，这些“被淹没的”人是被德国人摁进水下的，但是出于同样的理由，我们就是这个世界的德国人。

莱维：当然。世界的剩余部分都在承担殖民时代的代价。

格里尔：你瞧，在我眼里《这是不是个人》并不是关于一个意大利犹太人在“二战”快结束时在奥斯维辛遭受的创伤的故事，而是某种关于全球格局的寓言。它提出了我们这个时代所有重要的道德命题。

莱维：嗯。

1 《这是不是个人》的第 9 章被命名为《被淹没与被拯救的》，和莱维 1986 年的作品同名，后者在这次访谈结束后不久出版。

一个被他的技艺拯救的男人 (1986)[1]

菲利普·罗斯

在我抵达都灵的那个9月的周五——为了接续前一年春天的一个下午我和普里莫·莱维在伦敦的一次交谈——我提议他带我到他担任科研化学家的那家工厂转转，退休后他又在那家工厂担任了工厂经理。那家工厂一共雇用了50个人，主要是在实验室工作的化学家，以及在工厂的车间工作的训练有素的工人。制造机器、成排的储蓄槽、实验室的大楼，还有那些装在足有一个人那么高的容器里准备被运走的成品，以及对废物进行净化的再加工装置——所有这些都集中在离都灵七英里车程的一个占地四五英亩的地方。那些在干燥松脂、混合油漆以及倾倒废物的机器发出的声音并不高到令人痛苦，而院子里那刺鼻的气味——莱维告诉我，在他退休两年后那种气味附在他的衣服上挥散不去——也并非不能接受；经过防污染处理工序而产生的黑色泥状渣滓装满翻斗车，但也不是特别难看。这很难算得上世界上最丑陋的工业环境，然而，却和莱维自传性作品里标志性的、那些饱蘸作者心灵的句子相去甚远。另一方面，不管这个地方离那些文章有多遥远，很显然它离莱维的心很近；我努力地接受那些噪声、臭气，还有那些管道、大桶、罐子和

1　原文刊于《纽约时报书评》，1986年10月12日，第1页和第40—41页。

刻度盘上的镶嵌图案，我想起了《猴子的扳手》[1]里的福索内，他对莱维——福索内称其为“我的另一个自我”——说“我得告诉你，待在工作的地方是让我觉得非常享受的”。

我们走到实验室区的路上，原材料在投入生产前被仔细检查，我问莱维是否能闻到走廊上隐约弥漫的一种特殊的化学气味：我认为那有点像医院走廊的气味。他只是微微抬起头，用鼻子嗅了嗅空气。他笑着告诉我：“我知道，我能像狗一样分析它。”

在我眼里他有一种内在的活力，就好像那些为森林最高的智慧和力量所锻造的狡黠多变的丛林小生物。莱维个子很小，身材纤瘦，但却不似他谦逊低调的外表给人的第一印象那么柔弱，看起来必定和他 10 岁时一样敏锐、机智。从他的身上还有面庞上，你能看到——你在大多数人身上不大会看得到这些——他还是个孩童时的模样。他的机智几乎无人能及，而在其体内颤动不已的那种热切的敏锐就是他的信号灯。

我们会发现作家和其他人类一样分成两类——那些能倾听你的和不能倾听的——这一点，并不像人们以为的那样令人震惊。莱维能够倾听，加上他那张脸——一张雕像似的脸，下巴上的胡须已经斑白，这让 67 岁的他立马看起来像潘神一样年轻，而同时显得很专业，那张脸上带着一种无法抑制的好奇，一个备受尊敬的博士（dottore）的脸。我能相信，在《扳手》的一开始，福索内对普里莫 · 莱维说，“你真是个好人，让我把这些故事都讲了出来，除了你，我还从没对谁讲过。”难怪

1 《猴子的扳手》是《扳手》的美国版译本标题。

人们永远在告诉他一些故事，甚至在它们被写下来之前一切已得到忠实的记录：他在倾听时很专注，像一只在探测一面石墙顶上未知动静的花栗鼠那样一动不动。

在一栋他出生前多年就已建成的宽敞的公寓里——他也是在那里出生的，因为这原先是他父母的房子——莱维和他的妻子露西娅生活在一起；除却他在奥斯维辛度过的日子，还有他在解放后度过的那流浪冒险的几个月，他一生都生活在同一套公寓里。

这套公寓里还住着——自莱维在战后遇到妻子并成婚以来一直如此——他的母亲。她已经 91 岁了。莱维 95 岁的岳母住在离他们不远的地方；而公寓的正对门就住着他 28 岁的儿子，他是位物理学家；他女儿住在几条街外，是位植物学家。就我个人而言，我尚不认识哪个同时代的作家能自愿让自己在这么多年里和他的近亲、他的出生之地、他的街区、他祖先的世界，特别是当地的工作环境（在菲亚特的诞生地——都灵的一片高度工业化的区域）保持如此紧密、直接、不间断的联系。在本世纪所有那些有天纵之才的艺术家中——莱维的独特之处在于，比起化学家—作家，他更像一个艺术家—化学家——他可能是最彻底地适应周遭整体生活的。也许在莱维的个案中，一种与公共联结的生活，连同他的杰作《活在奥斯维辛》[1]，构成了他对那些人彻底地文明、热切的回应——那些人无所不用其极地试图将他所有现存的社会关系抹去，并试图将他和他的族裔从历史中彻底扫除。

1 《活在奥斯维辛》是《这是不是个人》的美国版译本标题。

《元素周期表》的开头即极为简洁——在描述一段最令人心旷神怡的化学反应过程的段落中——莱维写道，“蒸馏是美丽的。”以下的文字也是一种蒸馏，保留了那个漫长的周末里我们之间生动、话题广泛的对话中最精华的部分，对话用英语进行，大部分对话都是在莱维的公寓里那间远离门厅的安静书房里进行的。莱维的书房很大，装饰很简单。有花饰的沙发，还有一把舒适的安乐椅；桌上是一台用布裹着的文字处理机；桌子后面的书架上井井有条地排列着莱维颜色各异的笔记本；四面墙上的书架上都是莱维的意大利文、德文和英文书。墙上最令人浮想联翩的物件是那幅最小的素描画——画的是半朽坏的奥斯维辛铁丝网——毫不引人注目。墙上更显眼的东西是莱维亲自用铜芯绝缘电线巧妙扭出的玩偶，电线上包裹着他的实验室为此研制出的油漆。墙上有一只巨大的电线蝴蝶、一只电线猫头鹰、一只小小的电线昆虫，书桌后面的墙上高高挂着两只最大的玩具——其中之一是举着一根织针的鸟战士，我辨不清另一个的意义，莱维向我解释道：“一个人在玩着他的鼻子。”“一个犹太人。”我提议道。“对，对，”他大笑着说，“一个犹太人，当然。”

菲利普·罗斯（以下简称“罗斯”）：在《元素周期表》中，你描写了身为一个化学家经历的“强烈和辛酸的乐趣”，你提到一个同事乔丽亚（Giulia），她把你的“工作狂”状态解释为在你二十出头时太过害羞，没有女朋友。但我想她搞错了。你对工作的狂热来自更深的层面。看起来，工作似乎是令你着魔的东西，甚至当你在书里描述被囚禁在奥斯维辛的那段时光时也是如此。

“劳动使人自由”（Arbeit Macht Frei），这句话被纳粹刻在奥斯维辛的大门上。但是在奥斯维辛劳动是对工作的恐怖而拙劣的模仿，是无用、无意义的——作为一种惩罚的劳动通向的是痛苦的死亡。人们有可能认为你的整个文学创作都是为了重建劳动所具有的人道意义，在那些在奥斯维辛雇用你的人带着嘲弄的犬儒主义对其进行歪曲之后，重新改造“*劳动*”（arbeit）这个词。福索内对你说：“我把每份工作都当成初恋。”他就如喜欢劳动本身一样，喜欢谈论他的劳动。福索内是真正通过他的劳动获得自由的“作为劳动者的人”。

莱维：我不认为乔丽亚把我那时候对工作的狂热归结为在姑娘们面前害羞腼腆是有问题的。这种害羞或者压抑是真实、痛苦而沉重的，对我来说它比献身工作要来得更重要。在《元素周期表》中，我记录的在米兰的工厂里的劳动是一种虚假的工作（mock-work），我对其并没有信任感。人们已经在纷纷讨论1943年9月8日意大利灾难性的停战协议，在这种情况下，忽略这一点让自己埋头进行一项在科学上毫无意义的活动是愚蠢的。

我从没有试图认真研究过自己的羞涩，但毫无疑问，墨索里尼的种族法案有很大的影响[1]。我其他的犹太朋友们为此吃了很多苦，“雅利安”同学们会嘲笑我们，说割礼正是一种阉割；而我们——至少在无意识的层面上——倾向于相信这一点，加上我们刻板严格的家庭氛围也有一定的影响。我认为，在那个

1　墨索里尼的反犹主义的种族法案在纳粹的《纽伦堡法案》基础上进行了调整，于1938年被通过。

时候工作对我而言，实际上更像是一种性补偿而非真正的激情。

但是，在经历过集中营之后，我非常清晰地意识到我的工作，或者说，我的两种类型的工作（化学和写作）在我生活中的关键角色。我倾向于相信，每一个普通人的生理构造都是为了完成那些有目标的行为；那种无意义，或者说无目标的劳动（就像奥斯维辛里的劳动）只会带来痛苦或者萎靡。在我的例子里，以及在另一个我——福索内那里，劳动即等于"解决问题"。

在奥斯维辛，我经常能观察到一种让人好奇的现象。那种对"一丝不苟完成工作"（lavoro ben fatto）的需求是如此强烈，以至于会诱导人们"一丝不苟"地完成那些甚至是奴役性的杂务。那个救了我一命的意大利泥瓦匠，在六个月里偷偷地给我带食物，他很痛恨德国人，讨厌他们的食物、语言和他们的战争，但当他们让他砌墙时，他砌得又笔直又牢固——并非出于服从，而是出于一种职业尊严。

罗斯：《活在奥斯维辛》中有一章节是《十天的遭遇》，你在其中以日记的形式记录了自己如何熬过1945年1月18日到27日这10天的，当纳粹带着2000名"健康的"囚犯向西撤退后，你和一群多余的、病入膏肓的将死之人留在集中营的一间临时医务室里。你的叙述让我读来觉得鲁滨逊·克鲁索和你——普里莫·莱维——共同身在地狱，克鲁索将你生存所需的物品都夺走，为的是在一个冷酷无情的邪恶岛屿的混乱废墟中幸存下来。整本书令我震惊不已的是，思考——一颗务实的、人性的、科学的头脑的思考，在多大程度上帮助你活下来。在我看来，你并不是那种靠着野蛮的身体力量或者难以置信的运气幸存下来的人，你之所以能够幸存的根源正是在于你的性格：一个追求精确的人，一个追寻秩序和原则的实验操控者，你面对的是你珍视的那些价值邪恶的反面。诚然，你是被恶魔机器所囊括的一部分，但仍带着一颗永远试图去理解的、有条理的头脑。在奥斯维辛，你告诉自己，“我思考太多”以至于无法抵抗，“我太文明了”。但是对我而言，那些思考太多的文明世界的人，和那个幸存者是无法分割的。科学家和幸存者，是同一个人。

莱维：完全正确——你直中要害。在那令人难忘的 10 天里，我真的觉得就像鲁滨逊·克鲁索一样，但有个很重要的区别，克鲁索是为了他自己的生存在奔忙，我和我的两个法国同伴则至少是自觉且积极主动地为了一个正义、人道的目标——去拯救我们那些生病的同伴——而工作。

至于幸存的问题，这是一个我自问过很多次，也被别人问过很多次的问题。我还是坚持认为，并不存在一个普遍的规则，除了你在进入集中营时身体状况良好，以及懂一点德语之外。除此以外，运气统治一切。我见过的幸存者中有精明狡猾的，也有愚钝的；有勇敢的，也有怯懦的；有“思考者”，也有疯子。在我的个例中，有那么一两次运气扮演了至关重要的角色，它引导我认识了那位意大利的泥瓦匠，并且只让我生病过一次——但是是在正确的时机。

但是你的说法，即思考和观察也是我幸存下来的原因，这一点也是正确的，虽然我自己认为是纯粹的运气决定了一切。我记得，我在奥斯维辛的那一年精神异常饱满，我不知道这是否是我的职业背景导致的，还是因为一种未知的毅力，抑或是一种彻底的本能。我从来没有停止记录那个世界还有我周围的人，以至于到现在他们每个人在我心里都还有一张细节异乎寻常清晰的画像。我有一种迫切想要去理解的渴求，我身上始终有一种好奇心——实际上，日后某人会将之视作一种完全的愤世嫉俗——当一个自然主义者发现自己被抛到一个魔鬼般，但却是全新的、极度崭新的环境中时，他所产生的那种好奇心。

罗斯：《活在奥斯维辛》最初在英国出版时用的书名是《这是不是个人》，忠实于意大利版的原书名——*Se questo è un uomo*（你第一个美国出版商理应有较好的判断力保留这个书名）。你对德国人的“巨大的生理和社会实验”的残忍的描述和分析，正是出于一种定量关注：一个人如何被转化、被摧毁，以及像一种物质在化学反应中分解那样被剥夺了他那些标志性的所有物。《这是不是个人》读起来就像一个道德生化反应领域的理论家的回忆录，而他自己也被强迫加入其中，作为一个有机样本去承受最卑劣残忍的那种研究实验。在发疯的科学家的实验里被逮住的那个生物，正是那个理性的科学家的缩影。

在《扳手》中——这本书的标题也许本可以是《这是个人》——你告诉福索内（你的蓝领谢赫拉沙德[1]）“在世人眼中做一个化学家，反过来却感受着自己血管里作家的血液”，因此你的“身体里盛着两个灵魂，而这太多了”。我会说（在你的身体里）只有一个灵魂，广阔而无缝；我会说，不仅幸存者和科学家这两种身份是无法分割的，作家和科学家这两个身份

1　谢赫拉沙德（Scheherazade），《一千零一夜》中的苏丹新娘。——译者注

也不可分割的。

莱维：这已经超越了一个问题本身，而是一种评价了，我心存感谢接受这一点。我尽可能理性地撑过集中营的生活，我写了《这是不是个人》，挣扎着向别人、向我自己解释我被卷入的那些事情,但是并没有什么明确的文学目标。我的模式(或者用你倾向的说法，我的风格)是那种工厂里很常见的每周报告的形式：它必须非常准确，精炼，用一种让工业系统中不同层级的所有人都能理解的语言。因而当然不能用科学术语或者行话。顺便说一句，我不是一个科学家，也从未是个科学家。我过去确实想成为一个科学家，但是战争和集中营阻挡了我。我必须将自己局限于一个技术员的身份。

我同意你那句关于“只有一个灵魂……无缝”的说法，我要再一次向你表达感激。我关于“两个灵魂……太多了”的说法，半是玩笑，但是一半却暗含严肃意味。我在一家工厂工作了近 30 年，我必须承认，身为一个化学家和身为一个作家之间并没有任何不相容之处：事实上，它们能够互相强化。但是工厂的生活，尤其是工厂的管理，会牵涉到很多和化学本身联系很少的其他繁杂事务：招聘解聘工人；和老板、消费者、供应商争吵；处理意外状况；接到电话要随叫随到，哪怕是半夜或者你在一个聚会上；和官僚体系对抗；还有很多更加折磨灵魂的任务。这一切都残忍地和写作发生矛盾冲撞。因而，当我到了退休的年纪、可以辞职之后，我感到巨大的释然，也就放弃了我的一号灵魂（my soul number one）。

罗斯：《这是不是个人》的续篇（《再度觉醒》，同样不幸地被你最早的美国出版商更改了书名）的意大利语书名叫《休战》(*La tregua*)，是关于你从奥斯维辛回到意大利的路程。这段曲折的旅行真的具有某种传奇的色彩，尤其是你在苏联等待被遣返回国的漫长过程。《休战》中令人意外的地方——虽然也可以理解为带着某种哀悼和无法慰藉的绝望——是它的振奋和活力。你同生命的和解发生在一个有时候在你看来是像宇宙原初混沌的地方。但你是如此为每个人深深吸引，你从他们身上得到如此多的快乐和教育，我想知道，除去那些寒冷、饥馑和恐惧，甚至除去那些记忆，还有比被你形容为"一次无边无际的沉重生活中的间歇，一件命运送给我们的幸运却不可复制的礼物"的这几个月更好的时光吗？

你看起来是那样一种人，他最重要的欲求首先是一种扎根的感觉——扎根在他的职业、他的祖先、他的信仰和语言中——但当你发现你陷入一个人所能想象的最大程度的孤独、无根无依时，你将那种境况视作一种礼物。

莱维：我的一个朋友，一位杰出的医生，在很多年前告诉我："你对（事件）的前后记忆是黑白的；而你对奥斯维辛和你返家的记忆是彩色的。"他是对的。家人、家和工厂自身都是好的东西，但是他们剥夺了一些我至今仍怀念的东西：冒险。命运注定了我会在战争肆虐后满目疮痍的欧洲进行一段冒险。

你也是作家，所以你知道这里面是这么回事。《休战》是在写完《这是不是个人》14 年后完成的。这是一本更加有"自我意识"的书，更讲究方法，语言也更为考究。它讲述了事实，但那是一层带了滤镜的事实。在此之前，我很多次向文化层次迥异的人群复述过每一次的历险（主要是对朋友们，也对高中生们），我将之润色成一种“在路上”（en route）的故事，以获得他们最积极的回应。当《这是不是个人》开始获得一些成功时，我开始看到我的写作未来。我开始将这些历险写下来。我想获得写作上的快乐，同时又能让预期的读者也得到享受。因此，我会侧重那些诡异的、有异国情调的、欢乐的插曲——（这种欢乐情绪）主要是因为人们看到苏联人在逼近——所以我让这本书的开始和结尾，如你所说，“带着某种哀悼和无法慰藉的绝望”。

至于“扎根”这个问题，确实我有很深的根系，而且我很幸运没有失去他们。我的家人们几乎都逃过了纳粹的浩劫，而且到今天我还住在我出生的那套房子里。按我们家族的传说，我现在用来写字的这张桌子摆的这块地方，正是我落地睁眼的地方。当我发现自己“陷入一个人所能想象的最大程度的无根无依”时，我当然为此感到痛苦，但此后那些历险的魅力、偶遇的人，还有从奥斯维辛瘟疫中“康复”的幸福，都大大地补偿了这一点。从这种历史现实的角度出发，我所经历的苏联的“休战”，只有在多年后当我重新思考、写下这段经历，将之精华提纯时，它才变成了一件“礼物”。

罗斯：《若非此时，何时？》和我之前阅读到的你的作品的英文版都不一样。虽然这本书显然是基于真实的历史事件，但这本书变成了一则直接坦率的流浪汉题材（picaresque）的传奇故事，讲述了一支规模很小的、由俄国犹太人和波兰犹太人组成的犹太游击队如何在德军的东部前线后方反复对其发动袭击。你其他的书从主题来说，可能没有那么“虚构”，但从技术角度，它们的想象力让我惊叹。和你的那些自传性的作品背后的写作驱力相比，《若非此时，何时？》似乎带有一种狭隘的宣传倾向，这也因此让作者享有的自由变少了。

我不知道你是否会同意这种观点——当你在描述一群英勇反击的犹太人时，你感觉自身正在完成一件任务，并且担负起对某种在别处并非必然存在的道德和政治目标的责任，甚至当主题就是你身上被烙印的犹太人命运时？

莱维：《若非此时，何时？》的产生和发展是无法预料的。驱动我写这本书的动力是多方面的，我按照重要性列举在下面。

我和我自己算是打了赌：在完成了这么多平易朴素或者说是伪装的自传性作品后，你是否已经成为一个羽翼丰满的作家，是否有能力建构一部小说，塑造人物，描述你从未见过的那些风景？试一试吧！

我一直想写一部“西部”小说取悦自己，用在意大利很不常见的那种场景设置。我试着取悦我的读者，对他们讲述一个本质上是积极的故事，一个带着希望甚至偶尔会振奋人心的故事，尽管这个故事的背景是犹太人大屠杀。

我试图想去批判那种在意大利仍大行其道的共识：一个犹太人是温和的，是一个学者（宗教意义上的或者世俗意义上的），不好战，轻贱卑微，多少个世纪以来忍受着迫害却从不反抗。对我而言，这是一种责任，去向那些在绝望的境况中仍有勇气和能力反抗的犹太人致敬。

我一直想成为第一个（也许也是唯一一个）描述意第绪语世界的意大利作家。我想“利用”我在祖国的名声，强迫我的读者们接受一本聚焦于阿什肯纳兹[1]的文明、历史、语言和思维习惯的书——在意大利几乎无人了解这些，除了约瑟夫·罗斯（1939年去世的奥地利小说家）、贝娄、辛格、马拉默德和波托克[2]，当然还有你在内的一些经验丰富的读者们。

从个人角度来说，我对这本书很满意，主要是因为在构思和写作过程中我感觉很愉快。在我的作家生涯中，第一次，也是唯一一次，我有一种印象（几乎也是一种幻觉），即我笔下的人物都是活生生的，他们近在咫尺，同时对我讲述着他们的特点和语言。我写作这本书的那一年很愉快，所以不管结果如何，对我而言这本书都让我自由了。

罗斯：让我们最后来聊聊油漆厂。在我们这个时代很多作家都当过老师，有些做过记者，而大多数年过五十的作家曾经至少当过兵。如果要列出同时行医又写作的作家，这份名单可谓令人惊叹，另外一些作家则当过牧师。T.S. 艾略特是一个出版人，而众所周知，华莱士·史蒂文斯和弗兰茨·卡夫卡都为大型保险机构工作过。就我所知，只有两位重要作家曾在油漆厂供职——一个是你，在意大利的都灵；一个是舍伍德·安德森，在俄亥俄的伊利里亚。安德森必须要离开那座油漆厂（和他的家庭）才能成为一位作家，而你看起来是一边留在工厂任

1 莱维此处描述的阿什肯纳兹犹太人（英语：Ashkenazi Jews）指的是源于中世纪德国莱茵兰一带的犹太人后裔（阿什肯纳兹在近代指德国），近代逐渐演变为对中欧和东欧犹太人的统称。从中世纪到20世纪中叶，他们普遍采用意第绪语或者斯拉夫语言作为通用语，其文化和宗教习俗受到周边其他国家的影响。到1931年，他们占犹太人总数的92%。——译者注

2 此处指美国犹太作家哈依姆·波托克（Chaim Potok，1929—2002），多描写美国犹太人的精神危机，代表作有《选民》（*The Chosen*）和《光之书》（*The Book of Lights*）等。——译者注

职、追求自己的事业，一边成了作家。我想知道，你是否认为自己同那些没有在油漆厂工作过，也没有经历过这种联结所隐含的事物的人相比，实际上是更加幸运的——甚至面临写作时有更好的准备？

莱维：正如我之前说过的，我进入油漆厂工作纯属偶然，但我的工作和一般的油漆、清漆、亮漆没关系。我们的工厂在成立之后就迅速转向了生产漆包线、铜电导线的绝缘外层。在我的职业生涯的顶峰，我是全世界在这个领域中排名三四十位的专家。墙上的这些动物就是用废弃的漆包线做的。

坦白来说，在你提到他之前，我并不知道舍伍德·安德森这个人。不，我从来没想过像他那样离开家庭或者工厂，投身全职写作。我恐惧于向黑暗纵身一跃，也会因此丢掉我的退休金。

但是，在你列出的这份作家 / 油漆制作者的名单上，我还要加上一个名字——伊塔洛·斯维沃[1]，他是的里雅斯特的一个被同化的犹太人，是《季诺的意识》的作者，生于 1861 年，卒于 1928 年。在很长一段时间里，他都是的里雅斯特的一家油漆厂的商务经理，那家工厂是他丈人的，几年前破产解散了。的里雅斯特在 1918 年前都属于奥地利，这家工厂很有名，因为它为奥地利海军的军舰龙骨提供优质的防污漆，可以防止贝壳类动物的硬壳附着沉淀。1918 年后，的里雅斯特归属意大利，这家工厂又向意大利海军和英国海军提供产品。为了能和海军

1　伊塔洛·斯维沃（Italo Svevo，1861—1928），埃托雷·施米茨的笔名，犹太作家，著有《季诺的意识》（1923；英译本由企鹅出版社于 1964 年出版），他也是詹姆斯·乔伊斯的朋友（是列奥波德·布鲁姆的原型），和莱维一样他也在一家油漆厂工作。

上将沟通，斯维沃通过詹姆斯·乔伊斯学习英文——后者当时在的里雅斯特当教师。他们成了好朋友，乔伊斯也帮助斯维沃为他的作品寻找出版商。

那种防污漆的商标名称叫“莫拉维亚”（Moravia），和著名的意大利小说家[1]的笔名一模一样，这并不是偶然，无论是的里雅斯特的那个商人，还是那位罗马作家，都是从他们的一位共同的母系亲属那里得到了这个名字。原谅我讲了这个偏题的八卦。不，不，正如我已经暗示过的，我毫不后悔。我不认为自己在工厂是浪费时间。我的工厂战斗 (militanza)——我在那里的义务性的、光荣的工作——让我和真实世界保持了关联。

1 阿尔贝托·莫拉维亚（Alberto Moravia）是阿尔贝托·平凯莱（1907—1990）的笔名，他是20世纪最高产，也最著名的意大利小说家之一。

普里莫·莱维在伦敦（1986）[1]

安东尼·鲁道夫

讲述、复述纳粹对犹太人进行的种族灭绝的著作浩如烟海。其中有一些必不可少的著作，关于这些书人们可以说：如果你愿意了解“大屠杀”，那就阅读它们；余下所有的书都是脚注。那些必不可少的书中有普里莫·莱维的回忆录《这是不是个人》及其续篇《休战》。由迈克尔·约瑟夫翻译的莱维其他三本书的英语版于近日出版，它们将在接下来的采访中被引用：《元素周期表》《若非此时，何时？》《缓刑时刻》。

1986 年 4 月，普里莫·莱维和他的妻子第一次来到英国，我采访过他两次，第一次是在由雅卡（Yakar）[2] 组织的意大利犹太人节上的公开采访，第二次是在他的酒店里。以下是我的两次采访的编辑稿。

安东尼·鲁道夫（以下简称“鲁道夫”）：意大利犹太人的同化程度比其他大部分（如果不是所有）离散的犹太人社区都要高，原因是什么？

莱维：罗马的犹太人社群是世界上最早的离散犹太人社群，甚至在提图斯毁坏耶路撒冷的神庙之前，就有犹太人居住在罗马了。生活于公元前 1 世纪的诗人贺拉斯就提到过那里的犹太人；今天，罗马的犹太人会说自己比罗马人更罗马人。所

1　原文刊于《伦敦》杂志，第 26 卷，1986 年 10 月第 7 期，第 28—37 页。

2　Yakar 是一个犹太文化教育机构，全称是“传统和创造力中心”，由拉比迈克尔·罗森（Michael Rosen）1978 年在伦敦创立。——译者注

以，你看，如果说意大利犹太人是被同化的，那是因为长久以来，我们作为一个数量很少的少数族裔生活在主要是基督教徒组成的人口中间。在意大利，血腥的残暴非常罕有。诚然，教皇多次将犹太人驱逐出罗马，但也只是将他们赶到郊区的小城镇，之后他们会返回罗马，然后又再次被驱逐。请注意，意大利南方兴起的犹太社区——在西西里、巴里、奥尔托纳、那不勒斯等地——在 1492 年西班牙驱逐犹太人的禁令辐射到西班牙占领的那些意大利地区后，就彻底消失了。生活在那里的很多人迁移到意大利北部。

鲁道夫：在墨索里尼统治时期，你和其他意大利犹太人经历了什么？

莱维：在我小时候以及当我尚年轻时，身为犹太人这一点对我并不重要。我的家庭不信教。意大利的犹太人讲意大利语，也只讲意大利语。我和我的朋友之间几乎没什么差别。一个同学会问我，“为什么你们没有圣诞树？”或者“为什么不和我们一起过节？”我会解释，表面上我和你很像，但内在来说我有点不同——我不属于某一个民族，而是隶属于一个和你们的传统有些微差异的传统。这种情况在 1938 年墨索里尼颁布了种族法案之后戛然而止，这一法案和希特勒的《纽伦堡法案》如出一辙。但是意大利人经常漠视法律。如果法律是坏法律的话，这就会是一种美德；如果法律是好的，则是一种原罪。法律禁止雇用一个基督徒女仆，但人人都这么干——门铃响起时，你让她到楼上去。法律禁止拥有一部收音机，但是人人都有一台。但在某些重要的方面，局势则变得很艰难、严重：那些职位或工作和政府或者法西斯党有牵连的犹太人则被驱逐。

鲁道夫：那意大利被占领（对你们的影响呢）？

莱维：在 1938 年至 1943 年之间，我们试图找到一种办法和新法律共处。但在 1943 年 9 月 8 日，意大利三分之二的国土落入希特勒手中。我的一位叔叔和一位堂兄也遭到谋害。一周又一周，犹太人的处境逐渐接近波兰或者德国犹太人的处境。按照法律，犹太人被送到全国的集中营。身为一名游击队员，我和一队非犹太人的朋友们逃进了山里。回击抵抗是正确的做法，但我们准备不足、欠缺经验，很快就被捕了。逮捕我的士兵是意大利法西斯党。我被认了出来，出于一种愚蠢的骄傲，我承认自己是一名犹太人。是的，正如后来的事所显示的，这种行为是很愚蠢的，但我想证明，不只是基督徒们，还有犹太人也在反抗法西斯主义。我被遣送到奥斯维辛。

鲁道夫：在集中营里，没有任何的法律条规。每个人身上的道德律又会遭遇什么？

莱维：在集中营里，我们有一种分裂的道德感。我们从未忘记外部世界"十诫"那样的道德律，但是在每天的生活里，这是不可能的。我们被敌人包围，且在这样的环境里，"十诫"并不总是适用的。杀死一个德国人是没有可能的，但如果有这个可能，我们就会这么干。偷窃也不会被认为是一种罪行或者原罪——但不是相互偷窃，当然，否则那就是一种原罪了。另一方面，偷德国人的东西——毛毯、油、任何东西——这不是原罪。反过来，偷东西不被抓住或被惩罚反而是一种骄傲。

鲁道夫：所以，这段在法律之外的年月是一种独立的经验，没有影响你对日后生活的看法？

莱维：是这样。法律并没有消失，它只是在沉睡。在我的第一本书里，我写了在德国人撤退、俄国人到来之间的那10天。我们中的11个人足够幸运，被留在病房里自生自灭。那三个尚有一丝力气的人尽自己所能帮我们生火、做饭——既是为我们，也是为了那些并不算我们的朋友的人。这是一种向正常道德的迅速回归。只有一些人试图复仇。在集中营里，成为一个正派的人（Mensch）是能够幸存的因素之一。但不是每个幸存者都是正派的人。

鲁道夫：你在《这是不是个人》里写道，希腊人是集中营里最团结的民族核心。

莱维：希腊人是了不起的幸存者，他们已被关在集中营两年。他们是萨洛尼卡（Salonika）的码头工人。他们非常文明、彼此忠诚、聪明，出于地中海国家的团结，他们倾向于找出意大利人。你记得我在《休战》里写到的那个希腊人吗？我花费了很多精力试图找到他的下落。战后，我作为工业化学家，需要买一些椰子油。全世界范围内的椰子油都是由希腊犹太人垄断的。在全世界的任何一个港口，你都会看到一两个希腊犹太人只做椰子油的生意。希腊是没有椰子树的，所以我也不知道他们是怎么做到的。我们用椰子油制造清漆。我过去会接待代理商和采购商，他们都是来自萨洛尼卡的犹太人。我会问他们，是否能帮我追查到莱昂·莱维（我在书中称他为莫多·内厄姆）的下落，所有人都告诉我，在萨洛尼卡可能1000个叫莱维的人，他们中大概有30个人会叫莱昂·莱维。我给当地的犹太团体写过两次信，从没有得到回复。莱昂·莱维可能是冷酷无情的，但他给过我一条裤子。我想找到他。

鲁道夫：你的《元素周期表》一书中，有一句意第绪语的题词："讲述渡过的患难是有益的"（Ibergekumene tsores iz gut tsu dertseylin）。作家要塑造、控制那些经常来说是可怕的素材。不管怎样，这会让他变成一个快乐的人吗？

莱维：他可以是快乐的。但是讲故事并不是作家的特权。每个人都可以通过口头上和非书面语的形式来做。每个人都应该这么做。当然，如果你通过写作讲一个故事，你有希望让故事传达给1000个或者1万个人。如果你是口头讲故事的话，也许只能抵达10个、20个人，但是在这种情况下，你能看见他们的脸，这是作家们无法拥有的一种优势。

鲁道夫：你有一种讲述的责任和需要吗？

莱维：是的，也有讲述的快乐。同样，对我而言，写作《这是不是个人》是一种治疗。当我回到家中时，我丝毫不平静。我感觉到彻底的不安。某种本能驱使我去讲故事。我对所有人，甚至不认识的人口述这些故事。然后有人建议我，为什么不把你正对我讲的这个故事写下来呢？所以我开始尝试，通过写作，我有了被疗愈的感觉。我被治愈了。那是我的第一本书。我的第二本书《休战》完成于15年后。这无关乎治愈或者康复，而是复述一个故事的简单的喜悦，我觉得读者能发现这一点。

鲁道夫：在阅读、重读大屠杀文学的经典文本——包括你自己的书时，我想起《哈加达》[1]的提醒：有责任去讲述和复述故事。但是我同样也被柯勒律治的《古舟子咏》中的角色击中，那个人被一种内在的、燃烧的渴求驱使讲述自己的故事。

---

1 《哈加达》（*Hagadah*）是犹太人用来传述逾越节规定的祈祷文，包含了对摩西和犹太人出埃及记的复述。

莱维：是的，确实。当我在战后阅读柯勒律治的诗歌时，我觉得沮丧，因为我在他身上发现了自己。直到我写《这是不是个人》时，我和那个拦住路人的年迈水手一样。我记得自己回家一些时日后，为了恢复化学家的事业，我必须乘坐火车来往于都灵和米兰之间。我很清晰地记得自己在火车上随心所欲地和那些我不认识的人交谈。其中有一个人是神父。他很震惊、不安，然后他问我：为什么你要对不认识的人说话呢？我告诉他自己别无选择，我怎么能够克制自己，抹灭我要讲述这个故事的内在冲动呢？

鲁道夫：你的作品中平静、理性的语调一再被人讨论。对你来说，这种语调是一种文学策略，抑或是一种个人风格？

莱维：它根本不是一种策略，它就是我，是我的生活方式。总体来说，我不倾向于愤怒或者复仇。我的语调既不是一种美德，亦非缺陷，而是介于两者之间的某种东西。对自己的平静，我不会特别骄傲；我因此受到批评。但是我强烈不赞成那些歇斯底里的关于大屠杀的书——它的语调就是一种罪行，那些描写经常是色情化的。

鲁道夫：你对埃利·威塞尔[1]怎么看？我的个人感觉是，他的第一本书《夜》是一本杰作，但之后压力的衰减伴随着他写作上的失败。他的重要性在于，他是一个专业的见证者，他自己的《哈加达》的永恒主祭。但是你选择了另一条道路。你依然选择以化学为业。你的一些书（不是所有的都已经被翻译）处理的是其他的主题。

1　埃利·威塞尔（Elie Wiesel，1928—2016），生于罗马尼亚的特兰西瓦尼亚，曾被关押进奥斯维辛和其他集中营。“二战”后移居法国，后移居美国，成为最著名的大屠杀幸存者。他就大屠杀主题进行宽泛的写作，著有《夜》（*La Nuit*，1958），于1986年获得诺贝尔和平奖。

莱维：是的，埃利·威塞尔和我选择了不同的道路，但是在我看来，他的个人历史赋予了他正当性。毕竟，我是幸运的：我没有失去我的家庭，我是家里唯一一个被遣送进集中营的人。当我回到意大利时，我找到了家人，建立了自己的家庭，我找到了一份工作。埃利·威塞尔和我在同一个集中营里，当然，我们可能没有见过。他是一个16岁的男孩，我已经是一个24岁的大学毕业生。他只会说意第绪语和匈牙利语，我会说意大利语、一点法语和德语。我们通过自己的书结识了对方。我同意你的观点，《夜》是他的杰作。他来自一个有信仰的家庭，在他失去家人的同时，他还失去了他的信仰——至少，他的信仰岌岌可危。我毫不惊讶他会和上帝进行这种无休止的争辩，他仍旧相信这个上帝，但他一直不理解这个上帝。他一直忠于同一个主题，我从中看不到任何机巧手段，因为这是一个用之不尽的主题。

鲁道夫：你也是一个诗人，虽然并不高产。你的作品可以分为三个阶段：从1943年到1946年，你写了16首诗；然后，在之后的30年里只完成了12首作品；但1978年以来，你创作的诗歌数量已经超过了你之前60年创作的诗歌总和[1]。

莱维：第一波作品可以借用阿多诺的著名论断：在奥斯维辛之后，写诗是野蛮的。我会将它改成：在奥斯维辛之后，除了写作奥斯维辛，写作其他的诗歌都是野蛮的。自1978年以来的第二波浪潮，也许和我体内的一股崭新的活力有关。我身体很好。新出版的《若非此时，何时？》也让我开心。另外，

1　参见《不定的时刻》(1984)，英译本题为《诗选》(*Collected Poems*，费伯出版社，1988)。

对我而言，写诗就好像是用另外一种语言写作。如果你成功地写出了一首好诗，你会得到鼓励再去写一首，尤其是当你的妻子、亲友或者评论家们做出积极的评价时。用化学术语来说，这是一种自我催化的过程——自身就会增长。

鲁道夫：相较于一篇小说，个人的反应对于一首诗歌也许更为重要，或者说更加寻常？

莱维：是的。我的很多诗歌都发表在都灵的报纸《新闻报》上。一篇短篇小说或者一篇散文的影响是很小的，只能收到很少的反馈。但是当我发表诗歌，就会收到表扬信，还有很多信上会说“你的诗很好，但是如果是我来写，我建议进行如下的些微改动……”

鲁道夫：你的小说《若非此时，何时？》描述了一群在东欧进行抵抗的犹太游击队员。而你自己并非东欧犹太人。你似乎想拥有一个进行积极抵抗的世界。

莱维：要组织一场抵抗，你需要训练人，这是首要条件。第二，你必须要有钱。有钱，你就可以购买武器；有了武器，你也可以更有效地进行抵抗。在集中营里，这些因素并非完全缺席。有一些抵抗的实例，但它们并非为了实现那不可能的事——解放。人们想逃走，加入游击队。

鲁道夫：无疑，这本小说的名字来自希特勒对《列祖贤训》[1]的评论。其中诸多击中我的话中，有一句是你笔下的人物门德尔（Mendel）说的：“血债并非血偿，血债应由正义赎还。”

莱维：在战争中，就是血债血还，没有第二条路可以走。

1 《列祖贤训》（*Pirke Avoth*）是公元2世纪犹太拉比的语录选集。

但是门德尔的评论所针对的那种状况并非是真实的战争。刚好在战争结束时，一个女游击队员在一个德国的乡镇被一个普通德国人无故杀害，在这种情况下，这些犹太游击队员进行了血腥的报复，为了一个女孩杀害了 10 个德国人。虽然他并没有完全被说服，他还是参与了。

鲁道夫：小说以报纸上关于广岛原子弹爆炸的一句报道结尾。所以我猜想，虽然奥斯维辛和广岛不可同日而语，将它们以某种方式关联起来是合理的。

莱维：对于未来的那些世纪——如果确实存在的话，20 世纪将会作为一个奥斯维辛和广岛的世纪为人所知。这就是我之所以用一个有双重含义的信息结束我的书的原因，带着故意的模糊，讲述了一个孩子的出生——这是人类的延续——还有广岛的原子弹爆炸，这是对人类延续的威胁。有些评论家会称赞这种暧昧的处理，其他人则表示反对，说莱维应该宣告一个更好的抑或更坏的未来。也许，这种模棱两可是一个糟糕的主意。但是我写这本书的初衷是乐观的，整体的基调是积极的。对这种故意的模糊，我现在可能有点后悔了。

鲁道夫：你不该后悔。严肃的读者们、严肃的人类能和这种暧昧性共处。只有对那些僵硬死板的头脑和脆弱的灵魂来说，这种暧昧性才是一种威胁。你是一个意大利人，一个犹太人，一个幸存者，一个有家室的人，一个作家，一个（退休的）化学家。让我回到化学的话题。在文学和化学之间，是否存在过矛盾？

莱维：我总是为实验室里那些真实物体、我的那些管道和冷却器架构背后的影子所着迷。我总会看到一些东西，但这不会影响我的实际工作。我从来没有被我的文学抱负引入歧途。

我是一个严肃的化学家,这里面不存在矛盾。在30年的时间里,我一直是一个实事求是的、朝九晚五的化学家,在晚上则变成作家。在工厂里,身为一个化学家和管理者,有很多次那些来访的销售代表们会问我是否和作家普里莫·莱维有关联,我说我就是。然后我说,我们在这里为的是生意,我们就要讨论生意。

鲁道夫:化学的一个魅力是否在于——恕我冒昧——它与生俱来就是反法西斯的?

莱维:是的,确实如此。在我看来,它内在就是反法西斯的。但是很不幸地,我们也有一些著名的化学家本人正是法西斯分子。注意,意大利的法西斯和德国法西斯是不同的,不是后者那种精英式的“祖国与血统”[1],它是被玩世不恭地接受的。在德国,大概有5%的人加入了法西斯党,在意大利这个数字是90%。(当然我们也有中坚力量。)我的化学教授为了能够继续教书,不得不穿一件黑色的衬衫,但是他穿的并非真正的衬衫,只是胸前一块三角形的围兜,当他转身向两边时你就会看到那块三角形(的布)。

鲁道夫:你的著作《元素周期表》借助我们所有人都学过的化学元素周期表来描写人类。你觉得对一个非化学家的作家而言,周期表能成为他的隐喻源泉吗?

莱维:可以,但你必须知道如何阅读周期表,从左至右,活性元素在左边,惰性元素在右边。人类同样也涵盖了从非常活性到非常惰性的种类。想象你用“铀”这种元素来描述一个

---

1 此处“祖国和血统”(英语为Soil and Blood,德语为Blut und Boden)是当时德国法西斯的口号,强调基于血统和居住领地而进行种族划分。——译者注

人！在我看来，一位在职的化学家用这种方式阅读周期表不是合法的，但我已经退休了。

鲁道夫：在《钒》这一章中，你描述了你和集中营实验室主管米勒博士在战后的通信，你曾在那里工作过。你写道“在我的书（比如,《这是不是个人》）中，他感觉我超越了犹太教而达到基督爱敌人的精神”，你没有做回应。我猜想不做回应是必要的。

莱维：我不是基督徒，在某种程度上我是犹太人。我是一个温和的人，但我不想去爱我的仇敌。我不知道米勒博士是天主教徒还是路德派教徒，但他用自己复杂的方式来读我的书，也发现了一些书里并不存在的东西。我不会选择杀死我的仇敌，但我无法爱他们。如果一个仇敌确是仇敌，从定义上他就是你无法去爱的那些人。

鲁道夫：在你的《缓刑时刻》——近期已在美国出版，今年晚些时候也会在这里出版—— 一书中，有一个章节是关于卢特考斯基[1]，罗兹犹太区的头儿。现在，犹太委员会[2]的角色成了一个引人注目、吸引人的话题。

1　哈伊姆 · 卢特考斯基（Chaim Rumkowski，1877—1944），波兰犹太商人。德国人占领波兰后任命其为罗兹犹太区（Łódź Ghetto）的负责人。他将犹太隔离区转换成一处工业阵地，为纳粹国防军生产军需品，他错误地希望犹太人提供的生产力能让他们免于大屠杀。在德国人要求他将 2 万名犹太儿童转移至灭绝营时，他发表过臭名昭著的演说《给我你的孩子》。1944 年，德国人清洗了罗兹犹太区，卢特考斯基和家人被押解到奥斯维辛集中营。在那里，出于对他和德国人合作的愤怒，他被犹太特遣队队员活活打死。——译者注

2　纳粹占领波兰后设置了犹太人隔离区，每个隔离区由一个犹太委员会（Judenrat/Jewish council）管理，德方任命犹太社区领袖，后者负责隔离区的日常运转，包括分发食物和水、取暖、设立庇护所等。委员会的基本策略是将损失最小化，与纳粹合作，接受日益残酷的虐待，恳求更好和更仁慈的待遇。纳粹要求委员会安排人员，将他们送到灭绝营去。犹太委员会成员尝试了拖延、贿赂、阻挠、求情、辩论等各种方式，直到逼不得已为止。卢特考斯基就是有代表性的犹太委员会成员。——译者注

莱维：这是一个暧昧的话题。在某些情况下，委员会的一些成员会凭借勇气和计谋，成功救出一些人。但这个问题是无法解答的；你相信当你交出 100 个人时，你挽救了 1000 个人的生命。这是否正义？我想，华沙的抵抗是正义的。他们说，我们必须马上停止和德国人的任何形式的合作，他们正是这么做的。他们没有成功地拯救任何人的生命，但他们所有人无论如何都会被谴责。他们是最早理解这一点的人。但华沙的犹太委员会还未被说服，即德国人的最终目标是要摧毁所有的犹太人。

鲁道夫：之前我们讨论过门德尔的那句"血债并非血偿，血债应由正义赎还"。这是否适用于一些国家（比如以色列）的情况？也许它开启了对一个国家是否处于战争状态的争论。我同样记得毕希纳[1]关于丹东之死的先见之明："自卫终结之处，正是谋杀诞生之时。"

莱维：以色列的敌国们认为他们正和她开战。现在，我不相信道德抑或是报复的政治作用，但要做出一个判断则超出了我的理解和视界范畴。时不时地，我会试着对一些以色列的朋友们做出评断，他们说，你怎么能允许自己只通过报纸上看来的东西评论一样东西呢？

鲁道夫：但就和我一样，你一定有一些加入"现在就和平"运动的以色列朋友，他们强烈地反对某些政策。

莱维：是的，当然。和一些国家不同，以色列不只有一位

1　格奥尔格·毕希纳（Georg Büchner，1813—1837），德国戏剧家，因伤寒早逝。《丹东之死》写于 1835 年，描绘了丹东和罗伯斯庇尔之间的斗争。

首领。我们必须意识到，退缩是危险的。我的朋友娜塔利娅·金兹伯格[1]在赎罪日战争[2]期间写过一篇文章，她在文中说道，她宁愿选择以旧有的方式做犹太人，没有武器、受尽屈辱，等等，她反对这种新型的犹太人：骄傲、强壮、随时准备战斗等。我写信给她，说我不赞成她，犹豫不决是危险的，历史已经证明了这一点。她是一个好人，一个优秀的作家，但她不是一个思想家。

鲁道夫：在《若非此时，何时？》中，门德尔说“每一个人都是另一个人的犹太人，因为波兰人就是德国人和俄罗斯人的犹太人。”这句话可以适用于其他场合吗？

莱维：注意，在小说中，你被允许让一些你自己并不必然认同的角色说一些话。美国人和中国人又是谁的犹太人呢？但是，对于波兰人来说，这一点是对的。至于你的观点，即巴勒斯坦人是犹太人的犹太人（同样，巴勒斯坦的民族主义是被犹太复国主义激发的），这确实是真相的一部分，但正如我们所知，这是个复杂的问题。

鲁道夫：和所有意大利作家一样，但丁对你而言也很重要。一位评论家曾经写道，《这是不是个人》就是你的《地狱篇》，而《休战》是你的《炼狱篇》，《元素周期表》则是你的《天堂篇》。

1　娜塔利娅·金兹伯格（Natalia Ginzburg，1916—1991），犹太人，其父名叫莱维，来自都灵一个积极的反法西斯家庭，是著名小说家和知识分子。她是莱维的好友，虽然她要为艾诺迪出版社在1946年和1947年拒绝出版莱维的《这是不是个人》负很大的责任。

2　赎罪日战争（Yom Kippur War），又称第四次中东战争、斋月战争、十月战争。发生于1973年10月6日至10月26日，缘起是埃及与以色列分别攻击六年前被以色列占领的西奈半岛和戈兰高地。战争最开始两日，埃叙联盟占上风，但此后战况逆转。之后，以军越过原来的停火线苏伊士运河，直到联合国停火令生效为止，这场战争对多个国家产生了深远的影响。——译者注

莱维：我不相信地球上存在天堂，更不相信天上有天堂。我不认为《元素周期表》描述了一个天堂，除非你将日常生活称为天堂，可能是这样……如果你享受日常生活，自由地做一个“公正的人”,那你可以将《元素周期表》称为我的《天堂篇》。

鲁道夫：数百万人确实会将那种状态称为天堂。这必然会通向一个政治问题。你之前说过，你不相信地球上存在天堂，但我想知道你是否相信一种朝向某个天堂——用犹太教的术语来说是“弥赛亚时代”——的缓慢进步？

莱维：是的，虽然我并不是一个信徒，但我力图进步。活着却不期冀做点事、不带任何期望——即明天会比今天更好，不管这有多非理性——是不可能的。我从来没有被基督教诱惑。犹太教和基督教相反，对弥赛亚的愿景，与我们这个不完美的世界的日常现实更为兼容。

鲁道夫：民主社会主义的某些形式会成为犹太教的弥赛亚信仰的世俗版本吗？

莱维：我不认为民主社会主义和犹太教之间存在矛盾。本质上,我是个社会主义者,虽然我没有加入意大利社会党(PSI)。我相信互惠、共同体，还有朝向弥赛亚时代的缓慢进步。

谈话中的普里莫·莱维（1987）[1]

伊恩·汤姆森

普里莫·莱维经历了20世纪几乎最糟糕的部分。1944年2月，他和另外650个犹太人被遣送到奥斯维辛，“奥斯维辛当时对于我们来说是一个毫无意义的名字；不过，它总该是这个地球上的某个地方吧。”莱维成了囚犯（Häftling），他的编号是174517，很快他就被转移到布纳劳动营，这是一个和灭绝营有关联的橡胶工厂。他在那里从事化学家的工作，直到1945年1月27日红军的坦克终于出现了。只有3名游击队员幸存下来。那种“讲述故事和做见证”的需求在后来变得如此迫切，以至于在40年后，莱维会将自己比作柯勒律治笔下的老水手，“我的心在剧痛中燃烧，直到我把这故事诉说。”

莱维在今天配得上称为杰作的两本书里讲述了他的故事——《这是不是个人》（1943）和《休战》（1963）——“是从奥斯维辛生还后，我无数次口头讲述的故事的文字版”。但是要几乎过了20年，《这是不是个人》才在意大利获得认可。莱维最早将手稿寄给艾诺迪出版社的娜塔利娅·金兹伯格，她拒绝出版它。但是莱维将这段往事视作一种幸运，“如果我靠《这是不是个人》迅速获得成功，我也许可能会放弃自己作为化学家的事业；但如果没有化学，我可能就不会写出《元素周期表》。”

《元素周期表》（1975）是一本半自传性的故事合集，以

1 原文刊于《PN评论》，第14卷，第2部分，1987年，第15—19页。

门捷列夫的周期表为基础，这本书最终让莱维被确认为——用卡尔维诺的话说——“我们这个时代最重要也最天才的作家之一”。1977年后，莱维从都灵一家化工厂的经理—技术专家的职位上退休，全职投入写作。但是他和化学以及科学世界的联系如往常一样牢固：对《元素周期表》最热情洋溢的评论刊登在《化学与工程新闻》《科学美国人》和《新科学家》上。如果没有化学，莱维可能无法从奥斯维辛幸存，在布纳工厂工作意味着党卫军认为他是“在经济上有用的犹太人”。

在《元素周期表》中，莱维从炼金术和化学那里借用了一些神话般的离奇的类比。在某处，他将后者与意大利的法西斯主义进行类比：

“你是不是认为太古怪了？”莱维问，“但是化学处理的是物质，那些洁净的、易计量的物质。法西斯处理的是精神，那些污秽和‘无法被计量’之物。在墨索里尼的统治下，我们呼吸的每一口空气都被谎言和宣传所污染，我在学校接受的教育也被法西斯主义荼毒。法西斯施加于‘精神’和‘生命力’之上的种种压力都是虚假的：没有材料，没有物质，你根本无法赢得战争，墨索里尼花了很久才想明白这一点，他说：‘我们可以没有武器，但我们拥有勇气。’[1] 尽管事情的真相是，我们既没有武器，也缺乏勇气。”

1941年，莱维从都灵大学毕业，获得化学专业的学位，他以化学家的身份从事过很多工作：为都灵的一家制造金属的企业从一座很大的矿中提炼镍；在米兰的一家化工厂担任实验

1 此处原文是 Noi non abbiamo le arme，ma abbiamo il coraggio。

室助理。回忆过往岁月，莱维不无怀旧之意：和即将遇到的恐怖相比，真是一段快乐的时光。我想知道在当时他对法西斯迫害犹太人的行径了解多少。

“一无所知，”莱维说，“嗯，几乎一无所知。意大利的报纸在那个时候仅仅是在重复法西斯的宣传，对有多少波兰犹太人被转移（übertragen）到特定‘区域’语焉不详。从 1942 年开始，那些从俄国前线回来的意大利士兵们开始带回一些模糊不详的报道，这些消息开始逐渐泄露，而他们说的几乎都是同一件事：他们是如何看到党卫军逼迫犹太人们开挖自己的坟墓，他们（犹太人）是如何被扔进河里，又或者犹太男女们如何被迫衣不蔽体、污秽不堪地在铁路上工作，他们又是如何被强迫躺在铁轨上的火车面前……

“有一些关于俄国人是如何迫害犹太人的模糊传言。但是他们远不及德国人那样冷酷残忍……当德国人说‘全部消灭’时，他们说到做到：全部被驱逐，全部被灭绝。纳粹的死亡营带着一种残忍的军事化的严格准确，那是某种普鲁士的遗产，毕希纳在《沃伊采克》[1] 中曾经戏剧化地描述过这种野蛮的纪律。

“德国人将其称为‘彻底性’（Gründlichkeit）[2]——‘基要主义的’，穷尽事物的本质。当然，这不是一种特别意大利的性格。它和我所说的‘没有分寸’（mancanza di misura）有关——一种不知该在何处停止，并采取中庸之道的无能——我

1　毕希纳未完成的剧作《沃伊采克》（*Woyzeck*）中的主人公是一个备受蹂躏的底层士兵。

2　这个德语单词是指“（思考的）彻底性、深思精神”。下句中，英译本将莱维的阐释翻译为 fundamentalism（意为“基要主义、原教旨”），和德语单词有一定的意义殊异，故将德语单词原文标注。——译者注

相信，是这种中庸之道将你们英国人和德国人区分开来。但是‘彻底性’是一种非常暧昧的品质。我来阐释一下：几年前，有一个巴伐利亚女孩写信给我，说在学校里大家如何小心翼翼回避纳粹暴行是多么可耻。在我看来她是个很聪明的女孩，于是我回信问了她几个和战后德国有关的问题。那个女孩很快给我寄来一张明信片，并承诺会尽快完整回复。20天之后，我收到她的一封23页长的来信，是她孜孜不倦研究的成果，可以说是一篇论文。‘我没有足够的时间，’在信的结尾她说，‘将我想写的都写下来。’这就是彻底的‘彻底性’：一种国民性，没有这个，就不会有奥斯维辛，只有俄国战线上那些管理很糟糕的集中营。”

1943年12月13日，莱维在瓦莱达奥斯塔（Val d'Aosta）被法西斯军队逮捕，然后被押往离摩德纳很近的佛索利，“那是一座很大的拘留营，最早用来囚禁英国和美国的战俘，当时那里正囚禁着无数对法西斯新建立的共和国政体不满的各界人士。”在被押往佛索利的路上，他将自己伪造的身份证撕成碎片、吞了下去，然后将写有他所在的抵抗组织“正义与自由”[1]的成员地址的笔记本埋到雪里。当党卫军到达拘留营后，莱维和其他650名反法西斯主义者全部被装进押送他们的火车：“运货的车厢，车门从外面反锁着，里面关着老弱妇孺，男男女女像成捆的货物，被残忍地挤压在车厢内，运送到无名之地，往前面进发，驶向深渊。”在匆忙间，莱维草草写了一张明信片，

1 “正义与自由”是一个规模很小、有知识分子倾向、自由的反法西斯运动，成员主要在都灵周围活动。

写上他在都灵的公寓的地址，然后将它扔到火车外，那张明信片最后奇迹般地抵达了目的地。

莱维 1919 年出生于都灵，从奥斯维辛幸存下来的他——如他在《休战》中所写，“浑身肿胀，胡子拉碴，衣服破破烂烂”——也选择回到那里。他身材纤瘦，肤色白皙，头发灰白，牛角眼镜为他增添了一种专业感。他灰色的髭须被仔细打理过。他在都灵的那间公寓的书房几乎没有任何装饰：一个安格泡万向台灯、一把转椅、一台打字机。除了墙上那幅描绘了一半被毁的奥斯维辛铁丝网的素描之外，唯一的装饰只有三只古怪的动物（一只猫头鹰、一只企鹅和一只蝴蝶），看起来像是用钢丝衣架做成的，高高悬在装满科学刊物的书架上方。我们的交谈是用意大利语进行的，普里莫 · 莱维太过谦逊，不愿意承认他讲得一口流利的英语，他当然如此。

莱维穿着短袖衬衫，他的左前臂上“174517”的文身清晰可见，“一种德国人特有的归类的办法”，他说。在摩西律法中，文身是被禁止的（《利未记》第 19 章第 8 节）。在当时，这更有理由让纳粹给犹太人打上烙印。然而，莱维承认自己对奥斯维辛有某种“怀乡之情”（用他自己的原话），在回望在那里度过的 20 个月时他将之形容为一段“冒险”（同样也是他的原话）。

“一段冒险”，他说，“在这个意义上，我在集中营的经历是某种重要的仪式，将它写出来是一种……内在的解放。只有在我的人性被完全摧毁后，只有在我写出《这是不是个人》之后，我才感觉自己成了一个真正的‘人’，是那本书（《这是不是个人》）的标题意义上的那种人……但和一段冒险相比，它更像一所大学……奥斯维辛教会我如何在一秒钟之内判断一个人……

“当然，说我感觉自己对奥斯维辛有一点怀旧确实有点儿荒谬。但是集中营的经历恰好发生在我的青年时代，我怀念的是我的青年时代，还有在奥斯维辛和我成为朋友的不多的那几个人。并不是说我想以囚犯的身份重新回到奥斯维辛，显然不是。但是那段记忆会在人身上玩些奇怪的把戏：不知为何，只有过去的那些美好时刻能留下来，你能记住的只是在奥斯维辛经历的好日子——而不是那些恐怖的日子……我能极度清晰地记起我教一个匈牙利朋友一首意大利民歌，作为回报他又是如何教我匈牙利民歌。我还能一字一句背诵出那首歌的歌词，只是因为那些特别的时刻是如此‘异乎寻常’，在那短短的几分钟里我们几乎是狂喜的。”

我怀疑，对于西欧的犹太人而言，奥斯维辛是否更糟糕，因为他们先前并没有经历过犹太人聚居区的折磨？

“当然，对于俄国和波兰的犹太人而言，第一次进入奥斯维辛的震撼要……小一些。对于我们意大利犹太人而言，它严格来说就好像把你从家里的床上直接拎起来送进一座死亡营。我在奥斯维辛注意到的第一件事就是基于语言能力构建的一种强烈的歧视：几乎所有波兰人、匈牙利人和捷克人都会说一点德语，但意大利人却不能。如果你不会讲德语，你就处在十分不利的境况。我自己知道一点德语，但很快我就意识到如果我想有一丝幸存的机会，自己必须要懂得更多更多。我甚至会偷偷上一些德语课，作为交换我会给对方一些我的面包配额。当然，我当时并不知道自己学到的是相当粗俗的德语，充满野蛮的咒语侮辱、亵渎和命令：一种集中营俚语

（Lagerjargon）——我现在会这么定义它。在别的地方，它被称为‘第三帝国的语言’（Lingua Tertii Imperii，L.T.I.）。它当然不是歌德或者海涅使用的那种德语。[1]

“但这些在当时并不重要。因为不会说德语的人会被视为野蛮人。你不是一个‘人’（Mensch）……实际上，波兰（犹太）人是集中营里人数最多的，到 1944 年我进入奥斯维辛时，他们中的大多数人已经逃过了毒气室，并且已经学会了游戏规则。他们精明得不可思议，而且健壮有力：无论是精神上还是身体上。部分是因为波兰的反犹主义——一直以来都是公然的——给了他们某种……身份认同，让他们在被遣送到奥斯维辛之前就已经像钉子一样坚硬。而意大利犹太人的情况就截然不同了：我们中的大多数人觉得自己更多是意大利人，而非犹太人，所以我们很难对一个人因为其信仰而被迫害这一点妥协。意大利人从来都不是特别的反犹。当内政部 1938 年通过种族法案之后，大部分意大利人都认为他们很荒谬。但当然也有例外：比如说，一个和我叔叔相识的意大利人就向纳粹告发他是犹太人。我自己也是被意大利的法西斯党而不是纳粹逮捕的，但是在最后一场战争之前，一个人身为犹太人这一点根本无足轻重：就在这间公寓里，我的父母当时有一个女佣人，她从未意识到自己是在为一个犹太家庭服务。她也许会因为他们的床头没有圣母玛利亚像而疑惑，不然除此之外她会把我们当成一个天主教家庭。”

1 “第三帝国的语言”最早是德国语言学家维克多·克莱普勒（Victor Klemperer）提出的，见《第三帝国的语言》（柏林：奥夫堡出版社，1949）及英译本（伦敦：阿斯隆出版社，2000）。

莱维从来没有践行过犹太教的信仰。实际上，他没有任何信仰。他很敬佩传统的犹太教徒赋予读写和教育的那种重要性，但他几乎不去犹太教堂。1982年，他公开谴责以色列入侵黎巴嫩南部。我问他在奥斯维辛之后他是否有移居以色列的想法，就像他的小说《若非此时，何时？》中的犹太游击队员们一样，他看上去有点恼怒，断然说了“不”。

“我的家永远是我出生的这套公寓。我没有必要去寻找一个新的家。在上一次战争后，大概只有500多名意大利（犹太人）选择移居以色列。换句话说，是极少数人。”

实际上，莱维最激烈的批评者都是犹太人，尤其是美国犹太人。莱维告诉我，最近美国的犹太人杂志《评论》（*Commentary*）上刊登了一篇“影响绝对恶劣”的文章，一个评论家指责莱维对宗教“漠不关心”，说他是一个“被同化的犹太人”。[1] 莱维继续说，“我在美国接受了大约25场左右的采访，那些记者永远都在问我同样的老问题：‘在意大利当一个犹太人意味着什么？’没什么，我会回答。我唯一能熟练掌握的语言是意大利语。我最好的朋友是意大利人，少部分的朋友是犹太人。今天的意大利大约只有4万名犹太人。实际上算不上多。”

莱维从没有将自己的写作当作向那些可能会杀害他的人复仇的工具。他在《这是不是个人》的序言里说：“本书的宗旨并非为了提出新的诉讼；它无非是提供了一些资料，有助于对人性的某些方面进行冷静的探讨。”我提起他对米勒博士——过

1 被讨论的这篇文章是F. 埃伯施塔特的《阅读普里莫·莱维》（《评论》杂志，1985年10月）。莱维的回应《意大利犹太人》，被刊登在1986年2月的《评论》杂志上。

去曾是奥斯维辛的党卫军官，莱维在20世纪60年代曾追踪到他——那不寻常的宽恕。

“你知道，米勒博士当时掌管着布纳橡胶工厂，所以我对他有兴趣并不奇怪。我也对德国感兴趣：有五年的时间，我去都灵的歌德学院学习我在奥斯维辛学得磕磕碰碰的那门语言。但是我的这种好奇……我要说，这种好奇心甚至让我在集中营活下来——在集中营，一个人要在精神上死亡是极其容易的。我对米勒博士这样的人感兴趣，这和我对其他普通人的兴趣一样——他们当然是普通人，和你一样有血有肉的人。”

莱维在《这是不是个人》中展现出来的诚实几乎令人震惊，“跟奥斯维辛里孱弱和无助的人交朋友就更不值得了”。他在这本书的中间部分写道：“因为他们在营地里没有什么靠山，吃不到任何额外的份饭，不在能捞到好处的劳动小队干活，也不知道能办成事的任何秘诀。而最后，人们知道他们在这里只是短暂停留，而且几个星期之后，他们会变成不远的田野里的一抔骨灰，变成名册上被划掉的一个编号而已。”

“你是不是认为，这是可怕的愤世嫉俗的论调？”他问，“嗯，是的，按你的标准，在那些属于‘一般社会’中的人的眼里，这是愤世嫉俗、人人皆自私的论调。奥斯维辛很难称得上是一般社会：它当然是全世界的邪恶的缩影。但没有人会把它视作‘正常的’。在奥斯维辛时，我自己有时候也会和那些‘被淹没的’人交朋友。但很少。通常情况下，一个人会选择让他们滑向死亡。去帮助那些无法被帮助、被拯救的人，是没有意义的。‘好撒玛利亚人'[1]式的道德准则在集中营没有存在的余地，当然在今天的曼哈顿也没有多少容身之地。但是，不：在奥斯维辛的铁丝网后，一个人的道德感只能幸存极少的一部分。如果不放弃这种道德感，抑或……在某种程度上进行妥协折中的话，一个人不得不杀身成仁。"

同样令人震惊的是那段插曲，莱维和一个法国同伴忽略了那间奥斯维辛猩红热病房隔壁，有人索要水的哭号，在德国人撤离后他们就待在那间屋子里避难。

"同样愤世嫉俗对吗？"莱维问道，"我不大确定。你看，情况大概是这样的：我们当时在煮汤——那个时刻对我们而言非常美好，因为我们第一次为自己在创造一些东西：怎么煮汤，怎么搭炉子，怎么净化水——有足够给八个人喝的汤，但对于300个人而言是不够的。所以我们必须对隔壁的病人们关上门。除此以外我们又能做什么？如果我们和其他300个人分享这些汤，我们都会死：结果是，我们成功地拯救了一些生命……

"我要重复一点：一个人不能简单地将平常的道德准则运用到集中营里……在讨论奥斯维辛'特遣队'（Speical Squad）时——他们是被德国党卫军指派来管理焚尸炉的囚犯，负责将囚犯拉到毒气室、清理尸体、拔掉死者口里的金牙、耙出骨灰并完成清理——我们最好悬置所有的道德判断。'特遣队'是被迫完成这些的，这不是他们自愿主动要做的事。无论如何，一旦他们

1 "好撒玛利亚人"（Good Samaritan）的典故来源于《圣经·路加福音》第10章中耶稣讲的寓言：一个犹太人被强盗打劫，受了重伤，躺在路边。有祭司和利未人路过但不闻不问。唯有一个撒马利亚人路过，不顾隔阂，动了慈心照应他，后又出钱把犹太人送进旅店。——译者注

因为劳累或饥饿而奄奄一息时，他们自己也会被送进毒气室。”

莱维 1986 年的著作《被淹没与被拯救的》的作品主题即关于悬置道德判断，本书收录了一组关于纳粹集中营体系的文章。《被淹没与被拯救的》并非是对被意大利人称为“集中营文学”（la letteratura concentrazionaria）的简单补充，莱维认为其中的大部分作品都是糟糕的文学，他也不喜欢梅丽尔·斯特里普版的《苏菲的选择》[1]。应该说，对那些发表轻率的道德判断的人而言，这本书是一种提醒：只有那些从死亡营幸存下来的人才有资格做判断，而且甚至是他们也没有资格去原谅、谴责，因为（用莱维的话说）“那些故事都是没有降到人性沉沦的深渊之底的人写的。那些触碰人性深渊之底的人无法活着回来讲述故事；或者，他们的观察能力由于苦难和不理解的茫然而瘫痪了”。

但是奥斯维辛究竟有多少部分是难以理解的呢？我提到《这是不是个人》中的一个插曲，（莱维的）一个难友指给他看刻在自己的木碗底的一行字：“不要试图理解（Ne pas chercher à comprendre）”。

“我试过，”莱维说，“我试过去理解这些。并不是很容易理解一个人的观察能力被严重削弱了。我们中间甚至都没有人知道奥斯维辛的具体位置在哪儿……我逃出来几个月之后才弄明白集中营到底是如何运作的，以及这种劳工奴役和德国工业的关系。正如我后来所发现的，布纳是党卫军和一家化学工厂的

1 《苏菲的选择》是 1982 年由阿兰·帕库拉（Alan Pakula）导演的电影，根据威廉·斯泰隆（William Styron）的小说改编，讲述了“二战”后的一个美国女天主教徒回忆自己在集中营经历的故事。

合作产物：'我们帮你们建一座死亡营，你给我们的化学工厂提供劳力。'布纳工厂现在还存在：它是波兰最大的橡胶工厂。

"我回过布纳工厂两次，为的是能更多地'理解'一点。非常诡异的是，重返那里时我并没有过多心理波动。今天的奥斯维辛带着一种历史遗迹所具有的冷漠的、非人格化的冷静，和我印象中的完全不同。从另一个角度说，比克瑙（Birkenau）给人的印象要深得多，四周都是残破的集中营工棚，布满泥泞和尘土，寸草不生……一年前，我被一家德国制药公司邀请去拜访他们位于勒沃库森[1]（Leverkusen）的工厂时，发生了一件奇怪的事情。你理解的，一切都建立在严格的公事基础上。'你在哪里学习的德语？'那个经理问道，'很少有意大利人说我们的语言。'我说：'我的名字叫莱维，我是个犹太人，我是在奥斯维辛学会你们的语言的。'自然，这引起了一些尴尬……但是最有趣的部分在于，勒沃库森的那家工厂和奥斯维辛的布纳工厂简直一模一样。我想，一切看起来似乎丝毫未变。"

奥斯维辛一直是莱维的重要主题，他甚至承认，如果没有在集中营的经历，他永远不会成为一个作家："或者我会成为一个失败的作家。"而且，莱维相信，劳动集中营是一个充满悖论的"天赐之助"，给了他"现成的"主题："但你们也可以这样说我心中伟大的英雄康拉德：如果没有海洋，他是否会成为一名伟大的作家？"[2]

---

1 勒沃库森是德国北莱茵-威斯特法伦州南部的直辖市，以拜耳股份公司和勒沃库森足球俱乐部而出名。——译者注

2 指波兰裔英国作家约瑟夫·康拉德，他有二十余年的航海经验，有"海洋小说大师"的美誉。——译者注

当《休战》的英文版最终出版时，在莱维看来，菲利普·汤恩比的言论代表了一种普遍的误解："无论何时，当这个主题(奥斯维辛)被推到我们面前时,我们再一次发现了自己的语言，甚至常用的语法结构的失效……"(《观察家》杂志，1965年1月)。乔治·斯坦纳的评论也是如此："奥斯维辛的世界既超出了我们的语言的限度，也超出了理性的限度。"

"我确实在《这是不是个人》的一两个章节中总结道在表达这种对人类的毁灭时……我们的语言是多么欠缺，"莱维承认，"那些目击了艾希曼审判的人也确实说过：'你不会理解的！所有不在那里的人是无法理解的！'但是无论是《这是不是个人》还是《休战》用的都是一种人人能够理解的语言，一种日常的语言。我相信，用平易的语言表达自己的所见是每一个作家的义务，我相信自己实现了一点。并不是说，用一种高度实验的、令人眼花缭乱的语言技巧来描写集中营是不可能的（虽然我认为，这是先验的[1]，这多少有点不礼貌）：安德烈·史华慈-巴特在《最后的正义》中用一种非传统的方式描述了犹太人屠杀；保罗·策兰同样也用一种极端晦涩、近乎封闭的诗歌体裁写作奥斯维辛[2]……

"但是我想说，在描述科学现象时——那些星星、星系、肉眼无法看到的世界——我们的日常语言是更加无力的。我们

1 莱维在这里用的是拉丁语（a priori)，指"来自先前的东西""经验之前的"。——译者注

2 安德烈·史华慈-巴特（André Schwartz-Bart，1928—2006)，法国小说家，波兰犹太人，他的小说《最后的正义》(*Le Dernier des justes*）描述了一个犹太家庭的世世代代，最后一代人死于大屠杀，该书让作家获得1959年的龚古尔奖。保罗·策兰（本名保罗·安切尔，1920—1970)，诗人，生于罗马尼亚，曾被驱逐到集中营，他写下许多优秀而晦涩的德语诗歌，后移居巴黎。1970年自杀身亡。莱维曾不止一次地提到他难以接受策兰诗歌中的晦涩和阴暗，但也表达了他对策兰的特别敬意。

的语言无法超越我们的感官体验和理解。它缺乏标记。如果我说你很高，我的意思是你不止六英尺，而不是半毫米。但在原子科学世界里，一毫米是一个极端‘高’的尺度了。在描述宇宙和星系时，‘光年’这种表达几乎是无意义的……伊塔洛·卡尔维诺是唯一试图去弥合我们世间的语言和一种足够能描述星辰的科幻语言之间的鸿沟的意大利作家……”[1]

莱维同样认为儒勒·凡尔纳是一位“伟大的作家”，他自己也写某一类科幻小说：他的两本书——《自然故事》（1966）和《形式的缺陷》（1971）中收录的基于化学、天文学和分子生物学的短篇小说，讽刺了未来主义的技术理念，或者说讽刺了人类对这些技术不加鉴别以及滥用技术的隐患。那是些古怪的中篇故事，和卡尔维诺在《宇宙连环图》和《时间和猎手》中的故事有点类似，莱维相信这些故事“必须要承受所有科幻小说的命运”，即“经历一个迅速老化的过程”。他并不为那些故事感到特别的骄傲。

“但是一个人不能够不交流，”莱维说，当又回到奥斯维辛和语言的问题时，他的皮埃蒙特口音变得更加明显，“即使沉默自身也有某种意味。如果一个丈夫一直在说话，而他的妻子闭口不言，那她的沉默也带有诸多积极的意味。但沉默是一种糟糕的交流方式……我不能忍受萨缪尔·贝克特这样的作家：交流是每一个人类的责任。我对埃兹拉·庞德的判断也是如此：用汉语写作仅仅是在宣告对读者的不敬。写作应该是一种公共

---

1 伊塔洛·卡尔维诺（1923—1985），那个时代最重要的意大利作者，他和莱维很熟悉，曾在艾诺迪出版社工作时与莱维合作，他和莱维都对文学—科学领域有兴趣，这一点在下文中也有提及。

服务：所谓的‘无法交流’（incommunicability），这个词（如此丑陋！）在 20 世纪 60 年代之后就过时了……”

然而，莱维也拒绝接受卡夫卡——即使他知道卡夫卡对贝克特的影响。“通过《审判》，”他说，“卡夫卡预言到仅仅身为犹太人这一点就是一种罪。事实上，我受艾诺迪出版社的委托，将这本书《审判》翻译成意大利语。回头看，我希望自己没有接下这个活：整个过程让我备受折磨。我陷入很深、很深的抑郁……自那以后我没有读过卡夫卡的任何作品，他的作品让我代入感太强了……”

莱维谈论道，“准确和简洁”是化学家的两大特质，它们在写作中也各有其对应物：

“当某化工厂的某个人要写一份‘周报’时，它必须简练清晰，能为所有人阅读，下到工人，上到经理。歌德和莱奥帕尔迪[1]都说过，一本书只有先被知识精英阶层，后被普罗大众接受，才能被称为是重要的。如果它在这两项中间的任意一项上失败，它自身一定有某种问题。现在，说这些不是自夸，我相信《这是不是个人》和《休战》都符合这个标准，因为在意大利至少有 100 万人读过它们，从身居要职的精英知识分子到中学学生。自然，不同的人对同一本书有不同的阅读方式，但我希望它们能对所有人传达一些东西。我真的相信，这和我在工厂工作的经历有关……《扳手》的读者里有那些可能从来没有摸到过书的人——劳工和工人们……”

1　贾科莫·莱奥帕尔迪（Giacomo Leopardi，1798—1837），意大利浪漫主义文学的代表，哲学家、语言学家。代表作有《但丁纪念碑》《一个亚洲游牧人的夜歌》和《道德小品》等。——译者注

这本书在英国以《扳手》(迈克尔·约瑟夫译)的书名出版，描写了一个在桥上、吊车上或石油钻塔上工作的名叫蒂诺·福索内的建筑工人的流浪和历险。这本书在意大利反响很好，但莱维担心它在英语国家的接受度：小说用了皮埃蒙特方言，对译者而言应该是场噩梦。无论如何，我们希望《扳手》中那种近乎拉伯雷式的幽默在翻译过程中不会丢失，因为这本书绝妙地吻合了莱维的信仰——“人类承受着不公;但人类依然伟大，他们能够被自己的理解和笑声拯救。”

第二部分

生　活

记忆的小剧场（1982）[1]

（一首皮埃蒙特流行歌曲）

这首歌叫“O dì-mi ün po’，bel giuvu ，da lu capè burdà……”我来翻译一下开头，“哦，年轻的男孩，带着有檐帽的年轻英俊男孩，可曾带来我的爱人的消息？”我得说我印象中这首歌和我们刚刚听到的这首歌不大一样，稍稍有点不同。这是一首很有名的歌，这里是庄园合唱团（La Grangia choir）演唱的版本，歌词是科斯坦蒂诺·尼格拉[2]编写的。但我对这首歌的印象并不是来自什么饱读诗书的文化人，当我还小时，我母亲经常会唱这首歌给我和我妹妹听，但她的版本是不一样的。她是从她母亲那里听来的，而她母亲就是从她母亲的母亲那里听来的，以此类推。我母亲现在还会唱这首歌，她唱给我们听，我们唱给我们的孩子听，所以这首歌里有很多旧日回忆，那时候机器传播的或者说机器化的音乐，通过无线电波传输的音乐，还没有侵入人们的家中，那时候，一首歌可能是一个地方、一代人的灵魂，是一代代人之间的纽带。

1　这次采访来自一个广播节目，播出时间是1982年11月10日、17日、24日和12月1日，节目的名称是“记忆剧场”（*Il teatrino della memoria*），参加节目的嘉宾要选择并点评自己最喜欢的一段音乐。普里莫·莱维选择的曲目用括号标注了，后面是他的评论。

2　科斯坦蒂诺·尼格拉（Costantino Nigra，1828—1907），是一位外交官、学者、诗人，他还搜集皮埃蒙特地区的流行歌曲（见《皮埃蒙特流行歌曲》，1858）。

（奥芬巴赫的歌剧《地狱中的奥菲欧》选段）

如果说我的第一段回忆是和我母亲相关，那么这段奥芬巴赫歌剧中的片段则和我父亲有关，他去世几乎快40年了……事实上，到今天刚好是40年整。我父亲非常严谨认真地对待自己的学习，对待他的工程师职业也是如此，但是在文化上，他完全是自学的，是一个自学成才的人。通过多年学习，他为自己构建了一个平行的文化，他疯狂地阅读当时的文化业所能提供的一切。他同样也学习音乐，而且是相当严肃地对待——虽然这次不是自学的。他在音乐上不是靠自学成才，他正式地学过钢琴，而身为工程师，让他有机会在那些音乐国度——奥地利和匈牙利——度过较长的时间，在某种意义上，他浸淫于音乐的氛围中。他所有的空余时间——实际上很少，因为他是个活跃的人——都被音乐填满了。他刮胡子的时候，会哼一些曲目，当然并不全是奥芬巴赫，也包括其他很多人的作品。你可以说，音乐填充了他所有的空档。他自己也演奏，会在晚上弹钢琴，就好像我们今天看或听电视，他也会走进他自己的休息室（我们姑且这么叫），他的钢琴摆在那里，他会弹奏，尽管并不是那么娴熟完美，但充满激情和欢乐。这些咏叹调——奥芬巴赫的这些主题是他的保留曲目之一。从为人的角度，他就好像奥芬巴赫，热爱生命，享受生活的乐趣，试图去规避麻烦和危险。不幸的是，在他生命晚期也是如此，直到最后他也努力不想看到他和我们周围在发生什么。他的另一个保留曲目是接下来的这段协奏曲，来自《第五钢琴协奏曲》，即《皇帝钢琴协奏曲》。

（贝多芬的《皇帝钢琴协奏曲》）

现在听来有某种东西很不同了，虽然还是属于那段时光。你也许会说，现在让我们从私人领域转向公共话题吧。

（法西斯颂歌《岩石欢呼》）

“岩石欢呼，高声喊出那个波多利亚男孩之名……”[1]好吧，这些并不是快乐的回忆！和所有人一样，无一例外地，或者说只有 1% 的例外——我也加入了“巴利拉”（Balilla）[2]。我必须穿着那身讨厌的制服，倒不是出于意识形态的原因而讨厌它，因为我肯定还没有那样的理解能力，只是因为那身制服太不舒服了，因为它从头到脚都很紧，因为它太丑了，有点……它被称为“意大利面条线”，我记得，胸口横穿了一根带蕾丝的白绳子，而且必须要保持原位。鞋子也不是我们常穿的那种，袜子要被提得很高，土耳其毡帽的缨穗总是会刮蹭到你的鼻子，还有本身很沉闷的学习之外还要额外参加的各种会议，还有那些列队行军。这些并不都是那么艰苦，只是要步伐整齐地行进，这违背了我们的天性，是不自然的。如果只是一些身体的锻炼，你还能接受，还算能有点乐趣，但像那样假装自己是军人，在城市里闲逛，是我所不能接受的，我觉得很无聊，甚至还为此

1 法西斯主义歌曲《岩石欢呼》（*Fischia il sasso*）讲述了男孩乔万尼·巴提斯塔·佩拉索（绰号巴利拉，也见本页脚注 2）的故事，他于 1976 年朝一位奥地利军官身上扔了一块石头，引起社会骚乱，导致热那亚脱离奥地利。

2 国家巴利拉组织（The Opera Nazionale Balilla）是一个法西斯青年组织，主要面向意大利的小学生，得名于本页脚注 1 中的热那亚男孩。

哭过。我注定不是做士兵的料，我确实也没当过兵。

（《我的风中之歌》）

我不记得这首歌第一次出现的电影叫什么名字，但可以肯定那部电影很有名。我记得自己很早就听过这首歌，大概是在 1937 年或 1938 年[1]。我已经高中毕业，进入大学了，种族法还悬而未决。我想解释下，出于某些原因，这首歌成了那些年里的主题曲……对，我知道其中的原因了：那些年里有对这首歌的滑稽戏仿，“风啊，风啊，求你带他走”。我不大确定是不是这种戏仿让它深深扎根在我的脑海里，但是它的的确确将我带回那些奇怪的本可能更加糟糕的时光，确实，我非常欢欣、带着深情去回望那段时光——我的大学时光。我已经和其他一些同学被打上标记，被归类成“犹太裔的意大利公民”。情况还没有那么险峻，或者说我们还没有意识到，但是我们已经被打上了标记。同样，我们生活的环境，那所法西斯的大学，也还没有那么多敌意，或者说至少我们没有感觉到周围存在这种敌意，我没有看到这些。我的雅利安朋友们——按照他们被称呼的——会在实验室里唱这首歌，而化学系的实验室真的是一处世外桃源，一个社会主义化的地方，在那地方缔结的友谊一直延续至今。我们每天在实验室努力工作五个小时，从下午 2 点到 7 点，氨和盐酸盐一边冒着白烟，一边有人唱着这首歌，“风

1　这首曲子出自圭多 · 布里尼奥内（Guido Brignone）的同名电影《我的风中之歌》（*La mia canzone al vento*），这首曲子是由比克肖 · 凯鲁比尼（Bixio Cherubini）作曲，由朱塞佩 · 卢戈（Giuseppe Lugo）演唱的。莱维在下文中提到的这首曲子的流行版本中，标题的意思变成了人们恳求风将“他”（比如说墨索里尼）带走。

啊，风啊……”

（莱维说话时仍然伴随《我的风中之歌》的段落，这首歌后面跟着的是一首德国的军队进行曲）

这首进行曲或者说纳粹歌曲——它是纳粹党的圣歌——的正式标题是《旗帜高扬》（*Die Fahne Hoch*），也叫《高扬旗帜》。但在德国人那里，这首歌叫《霍斯特·韦塞尔之歌》[*Horst Wessel*（*Lied*）或 *Horst Wessel Song*]，这首歌很奇怪：霍斯特是一个皮条客，靠他的女人们过活，他在纳粹党成立之初就加入了该党，在和红军的某次巷战中被杀，何时死于谁手不得而知。他成了一个烈士，成了纳粹党在德国经受磨难的象征。无论在哪种情形下，这首歌都不算糟糕，它是一首动听的进行曲，非常动人，富有教育性。对于我们而言，至少对我和我的同代人而言，这首歌能让我们毛骨悚然，但对当时听到这首歌的人们则不然。这种鸿沟，这种作品的音乐或艺术层面的分裂，它所能产生的效果以及它能让听众失去自控力的能力，还有不同团体的听众使用、阐述它的方式，在我看来非常富有教育意义。

（继续播放进行曲，逐渐切入一段更轻柔的旋律）

这段世界知名的波尔卡舞曲叫《罗莎蒙德》（*Rosamunda*），虽然我发现唱片封套上这首曲子的名字有点不同，叫《啤酒桶波尔卡》（*The Beer Barrel Polka*）。我不知道这词是什么意思，有可能它被翻译得很糟糕。至少因为两个原因，这首歌对我而言特别重要：当我被遣送到奥斯维辛时（1944 年 2 月），我们到达那个恐怖而未知的世界时相伴的就是集中营的交响乐团演奏的进行曲。我们当时并不知道，这个交响乐团每天早晚会在劳工小队出发时和回到集中营时演奏音乐。因此，我们当时完全无法理解，如此悲剧的场景——血一般的夕阳，陌生的国家的刺骨寒冷，还有我们几乎都无法猜懂的那些用波兰语或者集中营德语发出的尖声刺耳的指令——会和我们都熟悉的诸如《罗莎蒙德》这样的音乐相伴随。在意大利，我们经常会哼唱这首歌，它是一首舞曲，我们随之起舞；在这里，它产生了一种陌生化的或者说间离的效果，地狱的入口和一段舞蹈联系在一起。然后，随着时间的推移，我们意识到这一切并不如它看上去的那么不可思议；并非每个早上，但频率也非常高，这首《罗莎蒙德》会换成其他的歌曲——有些是军乐，有些则不是——在这邪恶的仪式上为那些列队前行的幽灵们演奏，早晨他们蹒跚着离开集中营，晚上则拖着更沉重的步子回到营地。但是故事并没有到此结束。1964 年，也就是我的《这是不是个人》出版几年后，意大利广播电视公司（RAI）建议为这本书制作一个广播版[1]。对我而言，这种实验——我的第一次广播实验——既让我兴奋、快乐，同时又让我深深不安，因为节目的录制是在户外，在夜里进行的，为了更好地还原集中营背景的声音，以及避免录音室的那种音效，录制地点是在都灵附近的山里的一个叫布罗佐洛（Brozolo）的小镇。经过我的选择，副部主题和主题（或者说是主旋律）都是这首《罗莎蒙德》，但并不是你刚才听到的这个版本，我想应该是波尔扎诺

1 《这是不是个人》的广播版是由乔治·班迪尼（Giorgio Bandini）导演的，自 1964 年 4 月 24 日起通过意大利国家电视台和意大利广播电视公司的广播网络播出。

乐团带着一种非常坚硬、军队化，甚至是好战气息的风格，用一种突兀的节奏（zackig）——我想不起那个意大利词了——演奏出来的。那个曲子的效果非常有力。顺便说下，我很高兴地回想起那天负责音效的技术专家是皮耶里诺·博埃里（Pierino Boeri），他今天也在玻璃的另一边负责音效。

（柴可夫斯基《1812序曲》）

你现在听到的是柴可夫斯基《1812序曲》的最后一部分，也许你已经注意到它其中引用了一段《马赛曲》。如果我没记错的话，柴可夫斯基写这首曲子是为了纪念俄国军队在1812年战胜了拿破仑：《马赛曲》则代表了被击溃的法国军队。但是这首歌扎根在我脑海里有另外的原因。我们在奥斯维辛被解放后，我在波兰四处游荡，想要寻觅一张床或者一个可以遮雨栖身的屋檐。最后有一天，我站在克拉科夫火车站，正逢外面飘着大雪，极度严寒，整个城市的喇叭里都在播放这首序曲。对于我和其他人而言，一段类似这样的旋律就像某些嗅觉的回忆一样，深深地嵌入了我们的脑海，到今天就像某种触发器一样。即使这是一段充满英雄气概的旋律，对我而言它让我想起了那段……我在一个个食堂、一个个收容所之间漂泊，乞求一张温暖的床铺和一碗热乎乎的汤的那一周。

（一首苏联民歌《卡林卡·卡拉》在莱维谈话时充当背景音）

这是《卡林卡·卡拉》（*Kalinka Kala*），一首非常著名的苏联民歌。是不是很动听？就像柴可夫斯基的旋律一样，这首曲子也能激起我对过去深刻的回忆。1945年夏天，我在森林腹地的某个残破不堪的苏军军营里，和其他上千个意大利人等着被遣返回国，虽然结果证明要回到祖国异常艰难，我们几乎不会主动讨论这个[1]。苏联人告诉我们:“放松点,你们会回家的，我们也还没有被送回家，我们在浴血奋战，而你们没有，你们是意大利人，是法西斯党，所以你们有什么理由抱怨？我们是苏联人，我们打败了德国人，我们还在这里，我们也还没有回到祖国。”现在，在那漫长的，并非不快乐的等待中——当时是夏天，天气炎热，没有足够的事做，吃的食物也不够——我们唯一感觉到的不快乐来自那种不确定性。隔着很远很远的距离，我们能听到远处的地平线上传来这首苏联曲子，还有其他的苏联曲子，唱这些歌的人是那些被以最粗暴、最简单的方式遣送回国的苏联士兵们，他们的军官对他们说：“你们已经结束战斗了，现在回家。”于是他们就走路回家了。现在，任何一个对距离——对苏联内部各个国家所处的不同纬度之间的距离有任何了解的人，都会意识到这是一种什么样的遣返。那些列队步行前进的士兵，有的甚至光着脚，为了不将鞋子穿破而把鞋子扛在肩上。其他人则找到了最不可思议的交通方式，他们爬上那些货运卡车，爬上那些像一节节火车车厢那样被拖曳前行的柏林的公共汽车，我们看到有一个摩托车拖着两三辆柏林的城市公车前进，这些汽车身上还有柏林的城市标记，车队向东驶向回家的方向时，车上满载的那些满心欢喜的人会发自肺腑地朝我们欢呼，他们还有剩下的一千、两千、三千公里的路要赶，也许他们的目的地是西伯利亚腹地，经过我们跟前时，

1 莱维对其艰辛的返乡之旅的描述被记录在他 1963 年的作品《休战》中。

他们唱着《卡林卡·卡拉》，还有其他一些曲子，他们朝我们所有人——幸存者还有其他人——挥手致意。

（那首苏联民歌再次响起）

（《阿曼多米欧》，电影《吉尔达》中的音乐）

你刚刚听到的这首曲子是电影《吉尔达》（1946）中的《阿曼多米欧》（*Amado Mio*）。事实上，对那部电影和丽塔·海华丝我几乎一无所知，但是《阿曼多米欧》这首歌几乎流淌在我的血液里。对我而言，这首歌和我生命中一段剧变的时期正吻合，我从集中营归来，结束了在被战争洗劫一空的欧洲那漫长的流浪，我回到了一个分裂的、动荡的意大利，满目疮痍，人民还在挨饿，一切都要依靠受限的配给，但有一种让我心动的热情活力。当然，这一切并不需要多少理由，《阿曼多米欧》成了一种纽带：对于我们所有人而言，一段旋律，一首歌，能产生某种新的意义，而并不需要和它的作曲者或者演唱者有必然的关联。这首歌和我那骤然的、意外的重返刚好是同一时间。我当时 28 岁，非常渴望工作，对世界充满好奇，我有四年失去的时光需要弥补，那四年比失去还要糟糕，是被监禁的四年，是备受折磨、流浪的四年。当时大街小巷都能听到这首歌，每个人都会轻轻哼着或者大声歌唱，有些人的调子是对的，有些人则走音。它也和我的订婚、结婚、蜜月那段时间吻合……嗯……那也是为什么……我关于《阿曼多米欧》这首歌的记忆中心就是我那相当鲁莽仓促的婚姻的日日夜夜，我们无所依靠。那不是一个成家的好时机，但是我们以平常心面对这一切，和那个年代的人惯常选择的那样：这关系到告别过去，开始新的人生。我的订婚持续了两年——按当时的风俗，那两年里我开始寻找一份稳定的工作和稳定的薪水。这是一段异地恋（莱维笑）：我未来的妻子生活在都灵，而我生活在阿维利亚纳[1]，我在那里的一家已经损毁过半的蒙泰卡蒂尼工厂上班，我在那里学习制造油漆。在工厂和实验室里，他们都会唱《阿曼多米欧》，因为你会在实验室里唱歌，从来如此：无论何时，我们都会一边唱歌一边工作。那段时间，我尽可能地多去都灵，有时候会搭乘那些运货的火车，有时候就骑自行车，一共有20公里的路程，听起来不算远。骑自行车去都灵，然后在黄昏的时候蹬着自行车一路爬坡回家，这些似乎都很自然。在我毕业后、被遣送到集中营之前，我已经从事了一年化学家的工作，那是我人生中第一份正经的工作，但是在我和所有人看来，那份工作都只是暂时的，不是属于我们的。现在我有了一份感觉属于自己的、可以被认真对待的工作，对那里的其他人来说他们也是一样的感觉。他们把技术难题交给我，我会试着尽己所能漂亮地解决这些问题。有时候我也束手无策，毫无头绪，但我还是会将自己全身心地交给这项任务，就和我面对其他任务时一样，因为——现在想到这些，我很开心自己当时能同时做两三件不同的事，当你年轻时，你能同时做好多事——我同时还是一个人的未婚夫，是一个化学家，我在写一本书。我对《阿曼多米欧》的回忆和我面对空白的稿纸（有时候是一台打字机），并无清

1　阿维利亚纳（Avigliana），意大利皮埃蒙特大区都灵省的一个市镇，莱维下文提到的蒙泰卡蒂尼（Montecatini）是皮斯托亚省的一个市镇，距阿维利亚纳约400公里，此处应该是指蒙泰卡蒂尼的一家工厂在阿维利亚纳开设的分厂。——译者注

晰的头绪，开始写《这是不是个人》时的那些时光交织在一起。我感觉自己在口述，为后代留下我的记忆的痕迹。那本书的核心部分正逐渐成形。

（《La femno luerdo》）

这是托雷佩利切[1]的瓦勒度派唱诗班演唱的一首圣歌，它是瓦勒度教派[2]极其丰饶、优美的音乐宝库的一部分。1948 年，我女儿出生时，我经常用拙劣的嗓子唱这首歌还有这个教派乐库中的其他音乐给她听。我是在几年前学会这首歌的，虽然似乎有一道深渊将我和那段时间隔开——那是在 1942 年、1943 年的米兰，在我毕业之后，被遣送去集中营之前，我经常和一帮都灵的朋友厮混在一起，他们自己不是瓦勒度派，但和很多瓦勒度派教徒保持友好的关系，他们从后者那里学到了那些歌的歌词，我深深地喜爱那些歌，到今天也是。它们是我们的歌，我们会在空袭或者疏散间隙碰头聚会，大家都认为唱歌是件自然的事，今天，人们似乎不认为在悬崖边上唱歌是件自然的事，而我们当时就是这么做的，不止是我们，整个欧洲都是[3]。但尽管如此，它是一处避难所，一种逃避，你也可以说它同样是一种表现我们自身的补偿或复仇的方式。

---

1 托雷佩利切（Torre Pellice），意大利都灵的一个市镇。——译者注

2 瓦勒度教派是集中在意大利北部的一个小型的新教团体，缘起是 12 世纪诞生于法国的一种持异端宗教立场的教派。都灵的瓦勒度教派和犹太社群之间存在某种相似性：两个团体人数都很少，也都是非天主教团体。

3 莱维在 1975 年出版的《元素周期表》的部分章节中描述过这段时光。莱维和他的朋友们半开玩笑、同时也是预言性地将他们的团体描述为“泰坦尼克号的乐队”。

（《一个美国人在巴黎》片段）

这是格什温的《一个美国人在巴黎》（*An American in Paris*）的片段，如果说我们刚刚听到的那些音乐带有某种程度的条件反射性，让我能回忆起特定的时光、地点或者环境，格什温则更加发散，他（的音乐）为我召回了一整个时代——我们重新开始劳动，奋力为自己创造现在和未来的那个时代，我甚至都没法告诉你我喜欢格什温的确切原因。我的音乐教育少得可怜，事实上几乎没有，我只是跟随我的感官和直觉。这段音乐给我慰藉，让我愉悦、充实而平和，所以我可以将它当作20世纪50年代的主题曲，对那个时代而言，未来不再是岌岌可危的，我自己的精神也比较平静，我当时已经写了一本书，还没有想写更多书的想法。

（格什温的音乐继续……）

（一段进行曲，渐至高潮）

这是著名的电影《桂河大桥》（1957）中的那首进行曲《布基上校进行曲》，亚力克·基尼斯曾参演该片。这部电影的开篇堪称史诗，你看到一群落到日军手里的英国战俘，所有人都伤痕累累，身负重伤，拖着步子从战场走向一个集中营。他们蹒跚前行时，有一个人突然用口哨吹起这首曲子，然后所有人都恢复了他们的力气和勇气，甚至是那些负了重伤的人也都如此，这群被遗弃的人看起来又像是一支队伍了，他们虽然被打败，但还没有屈服，虽然被打败，但还没有被彻底摧毁，他们通过这种方式表现出他们的沉着、刚毅[1]：用口哨吹出一段根本不是军乐的进行曲，而是一段欢快的进行曲，以此向战胜了他们的日本人宣告，战争并未结束。

（交响曲《自新大陆》片段）

这是德沃夏克的第9号交响曲《自新大陆》的片段，是由布鲁诺·沃尔特（Bruno Walter）指挥。正如我在先前提到的，我的音乐教育几乎可以说一片空白，但这段旋律几乎陪伴了我的一生，我也不知道所因为何；可能和这部作品的名字有关，因为对德沃夏克来说，新大陆意味着美国；而对我们而言，新大陆是一个全新的、从未存在过的、即将在未来降临的地方。也许，这部作品的标题间接地促使我从上千首曲子中选中了它，并珍视一生。又或者，这是音乐的某种特质，因为只让行家来欣赏音乐是毫无道理的，那将会是一场灾难。关于我们之前听到的那些音乐，它们所产生的条件反射或者类似的反应，我在这里就不具体展开了。我们有幸生活在这样一个年代，生活不会骤然发生残酷而毫无预料的剧变，那个年代为某种符号、某段旋律所标记。今天我的生活——至少我们还生活在和平年代——很幸运地没有那么悲剧，没有那么戏剧性，没有这些迅疾的剧变。这个时代更为放松，也许正因为这个原因，这段本身很欢快（至少在我看来）的音乐成为我在路上的良伴。

1 莱维在这里用了英文单词 sturdiness。

（穆索尔斯基的《展览会之画》片段）

这是穆索尔斯基的《展览会之画》中的片段。我和这段音乐并没有直接的关联，事实上，我和它的关系应该是非常间接的，同样又要说到意大利广播电视公司。四年前，就在这里，我们一起工作了两个月，为我的第二本书《休战》录制、编辑广播节目，我们用《展览会之画》的片段作为两幕之间的中场配乐[1]。我也很高兴谈一点这段经历，因为对于身为作家的我来说，这是一段额外的、巅峰的体验。我可以毫不夸张或毫不迎合地说，基于我的作品改编的电视尤其是广播节目对我意义非凡，因为它们填补了我之前未能填补的空白，我很少涉猎那种活生生的体现，还有戏剧，对于电影我则从未涉足[2]。能直接抵达一部分观众，不需要通过书页作为媒介，而是以眼、以耳，对我而言是很大的激励。我可以坦率地说，在这里和一个团队一起度过的那些日日夜夜，是我在战后的职业生涯，我作为作家的生涯中，最快乐的一段时光——对我，这也是崭新的体验，不再是枯坐在书桌前的作家，而是和其他人一起在一个团队中工作，一起在一个更大的格局中制造点什么，作家这个职业的孤独的产出开始具有了生命。

1 《休战》的广播版由莱维自己写作脚本，由埃德默·费诺利奥（Edmo Fenoglio）导演，从 1978 年 4 月 25 日开始在意大利广播电视公司的 Radiouno 频道播出。

2 除了这篇采访中先前提到的作品改编，莱维的科幻小或本身就是戏剧，或后来也被改编成广播节目、电视或者戏剧。《这是不是个人》于 1966 年在都灵被搬上舞台，并且在同一年以剧本形式出版。弗朗切斯科·罗西（Francesco Rosi）根据《休战》改编的电影于 1997 年上映，虽然罗西在 10 年前，即 1987 年就和莱维说起过这个计划，并得到了莱维的首肯。

都灵（1980）[1]

乔万尼·泰西奥

乔万尼·泰西奥（以下简称“泰西奥”）：在经历了集中营的地狱，还有你从集中营返家的那段漫长的旅程之后，你眼里的都灵是什么样子的？

莱维：首先，我想说一些我从未写到书里去的东西。在我被押送到奥斯维辛之前，我先从奥斯塔（Aosta）被遣送到佛索利[2]。当火车抵达基瓦索（靠近都灵）时，是2月的一个黄昏。天空昏暗，我能分辨出那个车站是安托内利尖塔[3]。那是令我极度痛苦的时刻，这种告别让我心碎。我在战后的一个清晨回到了都灵。火车将我们放在了新门（Porta Nuova），我当时和一个朋友在一起。在火车上时，我那个朋友看到了索梅勒街（Sommeiller）上的一栋建筑，他有些亲戚住在那里，那座房子还安然无恙。他对我说，无论发生什么，我们今晚都能在这里找到一个落脚的地方。因为轰炸，还有后来的暴动，整个城市已经面目全非，但我记得自己被我朋友身上这种异乎寻常的生命力深深打动。他们都是胜利

1　原文刊于《新世界》（*Nuovasocietà*）的“作家访谈”栏目（Intervista con lo Scrittore），1980年3月22日，第167页。

2　1943年12月，作为抵抗分子的莱维被法西斯党在瓦莱达奥斯塔的山区逮捕，然后在奥斯塔的监狱被关了两个月，后以犹太人的身份被关进位于意大利中部佛索利的一个收容所（战俘集中营），1944年2月，他从那里被遣送到奥斯维辛。

3　安托内利塔（Mole Antonelliana）的主体是都灵城市天际线最具标志性的建筑之一，1863年这座建筑动工时是一座新的犹太会堂，当其于1897年完工时则变成了公共纪念碑。

者，但我不是。

泰西奥：这座城市里最让你亲近的地区是哪里？

莱维：我书里不时会出现的这些地方。我家附近、我的学校——马西莫·达泽伊奥中学、大学、瓦伦蒂诺周边，还有坡街（via Po）——除了其他的原因，那里还是我的祖母过去住的地方。还有过去的老罗马街（via Roma），虽然我对那里只有一些模糊的记忆了。我祖父母中的一位是传奇人物，曾经在老罗马街上有一间纺织用品商店，在嘉年华游行的时候，我们会到夹层的阳台上看那些经过的队伍。（让我觉得亲近的）名单上还要加上 20 年间我每天从都灵到塞蒂莫（Settimo）通勤的那段路程。某一天，在这段路上我看到了一个商店的名字，在我后来写《自然故事》时就把它拿来用作我的笔名——达米亚诺·马拉拜拉。

泰西奥：你出生在都灵这一事实对你成为一个作家有影响吗？

莱维：我不太知道该如何回答这个问题，就好像当我被问到"如果我没有被送进集中营是否还是会成为一个作家"一样。我是一个都灵人这一事实，当然对我成为作家的决定没有任何影响。但是它确实影响了我的写作。今天我可以这样说：这个城市在发生日新月异的变化。我想，在过去的那个城市完全消失之前，去参与保留一些过去的画面是有价值的。

泰西奥：在创造蒂诺·福索内（《扳手》一书中的主人公）这个人物的过程中，你的脑海里是否有一个这样勤勉、机警的都灵工人的形象？我尤其想到了戈贝蒂[1]对菲亚特工厂的拜访，还有那些“占领工厂”运动。

莱维：当然没有。福索内对任何工联主义都没有概念。他总是独来独往，他认同其他的价值，这就是他的个性。

1 彼罗·戈贝蒂（Piero Gobetti，1901—1926），是“一战”后杰出的自由知识分子，他曾拜访了菲亚特工厂，并在1923年完成了关于菲亚特的文章。“占领工厂”运动指的是1919年到1920年之间的劳工运动，当时安东尼奥·葛兰西领导着都灵的苏联式工厂委员会。

登山（1984）[1]

阿尔贝托·帕普孜

从西南翼登上皮耶罗山（Torre del Gran San Pietro）[2]山顶的道路，还有另一条替代路线，后者也被安德里斯、查波德和桑迪编写的《帕拉迪索山攀登指南》（*Guida del Gran Paradiso*）所引用：那是亚历桑德罗·戴马斯楚（Alessandro Delmastro）和他的妹妹加布里埃拉（Gabriella）在1938年7月11日所选择的道路。戴马斯楚就是莱维在他的《元素周期表》的《铁》那一章中所描绘过的桑德罗。

"他中等身材，瘦而肌肉发达，最冷的日子也从不穿大衣……他有双长茧的巨掌，粗犷的外貌，晒红的脸……"在莱维的叙述中，桑德罗似乎是用铁打的，他们通过登山完成了那些最愉悦的冒险。

彼时的普里莫·莱维还是一个化学系的学生，他会在周末去攀登帕拉迪索山的山峰，在冬天，他连人带雪橇被淹没在厚厚的雪里，在春秋两季，他则会去攀岩，草堆尖石（Picchi del Pagliaio）、古明拿之牙（Denti di Cumiana）、裸石（Roca Patanüa）、布罗石（Plô）和沙如石（Sbarüa）[3]——这些都是都

1 原文标题是"登山？可以犯错的自由"（"L'alpinismo? E' la libertà di sbagliare"），刊于《登山》杂志（*Rivista della montagna*），1984年3月，第61页。

2 皮耶罗山属于大帕拉迪索山峦，位于皮埃蒙特区和奥斯塔山区之间，海拔约3692米。——译者注

3 这些岩石的名字在普里莫·莱维的《元素周期表》《铁》一章中均出现过，译者参考了中文版译者牟中原先生的相关译文。——译者注

灵附近的攀岩训练场，有些后来成了经典的攀岩据点，其他的如今则被人遗忘，但在当时，这些地方吸引的都是那些勇敢、离经叛道的攀岩者，他们穿着灯笼裤和旧靴子就去登山。

那些已经过去了。今天的普里莫· 莱维是蜚声世界的作家，在艾诺迪出版社四壁雪白的一间房间里，他面带笑意看着我们，那笑容里不乏出乎意料，毫无疑问他很吃惊，因为他是第一次因为登山者和探险者的经历而接受采访。这对于他的个人历史而言，根本算不上不寻常，充其量只是他的个人史，一个男人的个人史的一部分。

“十三四岁的时候我就开始在山里玩了，”莱维解释道，“我的家庭有个传统，将山峰视为力量的源泉，就好像娜塔利娅·金兹伯格在《家庭絮语》中所描述的那个世界[1]。并不是那种性质的登山，在岩石的表面攀爬……你只是到山里去，试图获得和自然的某种联系……”

很快，在他第一次登山时，他就变成了另一个莱维，娜塔利娅 · 金兹伯格的父亲也许会用“黑人”来形容他。

“我当时在巴尔多内基亚（Bardonecchia），我和另外一个和我一样是 14 岁的朋友以及另外一个宣称要掌控大局的 16 岁的朋友，决定开始一场旅行。我们的计划是通过玛吉链（Catena dei Magi）到达斯特瑞塔山谷（Valle Stretta）。但我们是在下

---

1 《家庭絮语》[*Lessico famigliare*，都灵：艾诺迪出版社，1963；英语版由卡卡奈特出版社（曼切斯特）于 1984 年出版]，是娜塔利娅 · 金兹伯格的自传作品，记录了她在都灵的一个反法西斯积极分子家庭成长的童年经历。她父亲喜欢用的一个古怪的词是 negrigura——这个词是从“黑鬼”（negro）衍生出来的，表示“黑鬼的”意思，莱维在下文会提到这个词，这个词被用来形容那些笨拙和愚蠢的人或物。

午才出发的，身上没有任何食物和行李。当我们到达最高点时，已经接近黄昏了。我们面前是一段非常凶险的陡坡，只看到距离很远的庇护营的微弱灯光，我已经不记得庇护营的名字了。我们开始大声喊叫起来，引来了一队登山队员。他们朝我们大喊："只是一帮哭鼻子的孩子……"然后他们把我们像意大利腊肠那样捆起来，就着灯光用绞车把我们运下山。"

莱维是到十八九岁才第一次登山，他生来就渴望冒险，渴望独立，相信亲身尝试："我想用正确的方式去爬山，但我不想要向导。"他的这种欲望和当时的时代是吻合的，那是法西斯政权的时代，而对莱维来说，身为犹太人，那是种族法的时代。

在 20 世纪 30 年代末期，对一个都灵的年轻犹太人而言，去登山且独自登山，到底意味着什么？

"这是一个荒诞的反叛形式，"莱维回答道，"你们，法西斯党，你们歧视我，隔离我，你们说我是无用的、低等的（unterer）。好吧，我要向你们证明情况并非如此。我很快就把自己变成了登山者中的佼佼者，即使我没有任何经验，也没有受过专业的训练。实际上，这种鲁莽正是游戏的一部分。我第一次独自攀登的山峰是赫伯泰特峰（Herbetet）的东岭。我们这个团队甚至和意大利登山协会都没有联系，因为意大利登山协会是一个法西斯党组织，而我们是反体制的[1]。山峰象征着自由，是通向自由的一小扇窗户。也许，我们懵懵懂懂地感觉自己需要为未来发生的事做好准备。"

这种要让自己做好准备的需要，莱维解释道，在桑德罗·戴

---

1 意大利登山协会（CAI）全称是 Club Alpino Italiano。

马斯楚身上表现得尤为明显。他是一个出身工人阶级的粗犷山民，他的家族反对法西斯，来自一个真正在意识形态上很偏远的地区，而莱维是一个体面的中产阶级男孩。用莱维的话说，戴马斯楚对事物的结局将如何深信不疑："以眼泪告终"。和他相反，布尔乔亚犹太人则拒绝直接面对未来，仍然甘愿做一个懒惰、恐惧的和平主义囚徒。

戴马斯楚成了莱维感受到的所有那些张力和理想在回忆里的投射，当时的困惑迷惘到今天变成一种几近升华的澄澈。戴马斯楚的登山，从后视的角度来看，就好像一组沉默、慢速的画面，是那种投射的活生生的隐喻，他对舒适、时尚和消费的拒绝，"已经超越了时代，即便在当时……"

"我们从没有去过塞斯特列雷（Sestriere），因为那里有升降机，升降机简直比魔鬼还要邪恶！我们不穿棉服，没有新鞋子，意大利登山协会的指南在我们身上只起到和他们的宣传南辕北辙的影响。我们的装备少到不能再少：我的妹妹们给了我一把锤子，一对挂锁，还有三根钉子。我所有的装备就只有这些。尽管如此，我们信奉的规则是每一次都要突破身体和技术的限制。我记得某一年的复活节，达拉第对墨索里尼说'不'[1]。这其实意味着战争，但我们当时的心思根本不在这里。我和戴马斯楚还有阿尔贝托·萨莫尼走了一整夜，从巴德（Bard）走到卡恩波尔凯尔（Champorcher）[2]。第二天，我们穿着滑雪板，每人身上背着30公斤重的行囊，我们想要穿越当时被称为

---

1 爱德华·达拉第（Edouard Daladier）1940年时担任法国国防部长，当时德国入侵法国，意大利宣布参战。

2 两者都是瓦莱达奥斯塔的城镇。——译者注

‘卡恩波尔凯尔之窗’的地方，从那里下去，然后爬上瓦莱利（Valeille），再到达皮安托内托（Piantonetto），最后朝帕拉迪索山行进……这些是戴马斯楚的主意：他的身体越疲乏，他的精神则越亢奋。我早在到达科涅（Cogne）时就放弃了。”

这就是拉默的登山哲学：一种对于危险带着狂喜的漠视，山峰象征着受难。“是的，我也读过拉默，”莱维说，“《青春泉》，还有温珀和马默里的著作。[1]这些作品透出来的是一种将自己面对极限的思想，关键就是要拼尽全力。”

然而，伴随这种浪漫化的意识形态的是一种最为积极的态度。莱维和戴马斯楚征服山峰的驱动有着双重目的。拉默的那种浪漫主义混杂着一种对山峰的世俗的、科学的兴趣，也是为了研究世界的起源。无论是莱维还是戴马斯楚则共享着一种对化学的激情。

“我很确信，通过化学我能够找到那些哲学至今无解的问题。通过化学，我想实现的是一种对世界的想象，而不仅仅是以它为职业。现在，我对登山的热情在内在层面上和我对化学的激情密不可分，我能在山峰里找到元素周期表里的所有元素，那些被夹在石头中间，被封存在冰块内部的元素，通过它们我能揭开山峰的奥秘和结构，弄清一条小峡谷为何会有那样的形状，某座冰塔构造的历史……有一次，在草堆尖石上，桑德罗挂在一个结晶岩点上面，但脱落了。他面不

1　尤金·圭多·拉默（Eugen Guido Lammer，1863—1945），爱德华·温珀（Edward Whymper，1840—1911）和阿尔弗雷德·弗雷德里克·马默里（Alfred Frederick Mummery，1956—1995），第一位是奥地利人，后两位是英国人，他们都是19世纪末期最重要的登山家。

改色地给我指了指那块石头，然后说‘解理面 001’，他用的是球面投影的术语，可以依靠晶体与之分割的平面来鉴定水晶[1]。于是，山峰也成了我们考察勘探的对象，替代了那些发现世界、发现我们自身的旅行，那种旅行对我们任何一个人而言都是不可能的——在我们当时的书本中，由梅尔维尔、康拉德、吉卜林和伦敦所描述的旅行。我们所能拥有的简易对等物则是去赫伯泰特峰的旅行。”

“二战”后，从奥斯维辛回家后，在他完成了一本《这是不是个人》后——这本书是有史以来讲述面临种族大灭绝的暴力时的人类状况的最优秀的文学见证——普里莫·莱维还是经常去山里旅行。他会去远足抑或滑雪，但他只独自登山过一次，他选择了一些三等道路，去攀登位于格雷索内伊（Gressoney）上方的特斯塔·格里加峰（Testa Grigia）的某一侧：“我想向自己证明，即便我已经 40 多岁了还是一样能做到……”但是他和山峰的关系深深扎根在那遥远的年轻岁月；作为一个城市公民去眺望远处的山峰、去山里寻找他在自己的生活中——更确切地说是在他都灵那死气沉沉的、被剥夺了过去和未来的生活中——所找寻不到的线索和答案。他和比他年长的那一代知识分子，比如蒙蒂、米拉和福阿等人[2]都无交集——虽然这些人存在无法消除的分歧，而未来又被那些守旧盲从的群众集会

1 “解理面 001”指的是米勒指数中常用的的参数，用以确定晶面和三个晶轴之间的截距。它解释了为何岩石会碎成一块块薄石板。

2 此处提到的三个人都是都灵自由派和左翼反法西斯知识分子：奥古斯托·蒙蒂（Augusto Monti，1881—1966），曾在著名的马西莫·达泽伊奥中学教书多年；音乐学家马西莫·米拉（Massimo Mila，1910—1988）；工团主义者和作家维托里奥·福阿（Vittorio Foa，1910—2008）。

和关于种族的谬论所掩盖了。

“在那个时候，我甚至还尝试写一篇关于登山的故事，”莱维带着一丝愉悦回忆道，“但我未能完成，这个故事没有也永远不会被出版，因为它本质上是个糟糕的故事，充斥着关于山川的那些宏伟的史诗，还有关于登山的形而上学。山峰变成了所有事物的核心，我想去描述，当你的视野里只有山峰的走势曲线时那种攀登的感觉：你一路向上攀登，眼睛里除了这道线什么都没有，突然间你就穿过了这条线，你就到了山峰的另一侧；就在几秒钟的时间里，你看到了一个新的世界，你将身处一个新的世界。就是这种感觉，我想试图捕获的就是旅途的那个瞬间。然后我把这个故事读给自己听，觉得它失败了。”

1943 年 9 月 8 日之后[1]，普里莫 · 莱维又一次去了山里，去寻找属于他的旅途瞬间。这一次，登山并不只是生死攸关的形而上学，而是他选择的立场，还有那即将到来的战斗。众所周知，他没过多久就被捕了，然后被送进了集中营。他的朋友、登山搭档桑德罗 · 戴马斯楚在库内奥（Cuneo）被杀，是行动党[2]第一位牺牲的皮埃蒙特指挥官。

莱维和桑德罗一起经历的一次最美妙的冒险是在某年深冬，他们在一处高山上的露营地，双脚放在睡袋里，“靴子冻住，敲起来像铃。”“我们要怎么下撤？”当他们爬到顶端时，暮色

1 1943 年 9 月 8 日是意大利和盟军签署停战协议的日子，在之前几周，墨索里尼下台。那天以后，德国人占领了意大利的中北部，很多意大利人（包括莱维）从那时起选择加入抵抗组织。

2 行动党（Partito d' Azione）是在反法西斯运动——“正义与自由”运动（Giustizia e Libertà）中成长起来的一个政党，是一个参与了抵抗运动的小型自由党，吸纳了一大批都灵的自由知识分子。

已深，莱维问他的朋友。

“船到桥头自然直。”戴马斯楚说，然后又补充道，“最糟的情况是必须尝熊肉。”

那天晚上被困在酷寒的营地时，他们确实尝到熊肉了。莱维在《元素周期表》中最令人感动的一个章节中回忆了这段插曲，他写道：“多年过去，我后悔我吃得那么少，因再没有任何东西尝起来那么香，那是健壮和自由的滋味，可以犯错的自由，做自己的主人的自由。”

已经有太多太多文字描述过山峰，还有登山的意义，但是没有一句比莱维的话来得简洁、准确：可以犯错的自由，做自己的主人的自由。

化学（1983）[1]

恩里科·博埃里

恩里科·博埃里（以下简称“博埃里”）：莱维博士，这对你而言必定不是一次寻常的采访，你之所以坐在《化学技术》杂志的这把椅子上，不仅是因为你是一位作家，写过一系列成功的获奖作品，更主要因为在你漫长的职业生涯中，你一直担任一家化工企业的管理者。你能和我们分享在这一领域你的经历吗？

莱维：1946 年，我从奥斯维辛回家后不久便开始了化学家的职业生涯。

甚至在“二战”中（自我 1941 年毕业后），尽管当时已经出台了种族法，我还是偷偷摸摸地在米兰的一家制药厂找到了一份化学家的工作，以及在一处矿场的实验室里，我曾想尽办法拼命去浓缩一种主要由镍构成的、非常粗劣的原材料。我在《元素周期表》里都描述过这些经历，除了些微的改动。我故事里的那个“中尉”就是已故的马里奥蒂博士，他后来是皮埃蒙特化学联盟的主席。

在那本书中，我也描述了自己试图成为一个化学产品生产者的努力，我和一个朋友想提纯出氯化锡和香草醛，获得一点儿可怜的经济回报。1948 年，我终于打听到都灵附近的一家油漆厂 SIVA 正在招募年轻的化学家。我在那家工厂的第一个

1　选自《四次对谈》，原文刊于《化学技术》，1983 年 12 月。

职位是实验室化学家，后来成为技术主管，再后来成为主管。我在SIVA工作了将近29年，直到1977年（退休）。1975年时，我就已经告知工厂方面我即将退休了：考虑到我和工厂老板从过去到现在所缔结的友谊，不事先告知就离开是不合适的。所以我给了他们两年的时间寻找我的继任者，他们也找到了。我也将这段时光写进了我的书里。比如，在《扳手》中我在苏联的旅行是自传性的，即便那趟旅行的目的并不是我在书里写的（是为了凤尾鱼罐头内部的一种漆）。我改动了很多细节，出于同样的原因，使用工厂的真实案例并不得体。

从那时起，作为化学家的我就退休了；但是你们的杂志勾起了我对那份职业的怀旧，这份职业在奥斯维辛救过我的命，也是我多年的谋生之道。

博埃里：正如你在书里写的，这份职业“是个特例，是一种更为艰苦的营生”，而也正是这份工作给你那些最动人、最成功的书提供了素材。关于那段时光，你还记得什么？

莱维：（《扳手》中）“与世隔绝”那个插曲，同样也完全是自传性的。里面提到的那个酸萃取柱就属于SIVA，在都灵—米兰的高速公路上你就能看到它，就在路右侧的收费站那里。我负责建造了这根萃取柱，并教会工人们如何操作它，还花了好几个晚上监测它的运行。

这根萃取柱一开始是由一个米兰的工程师设计的，是依照另一个已在运行的萃取柱的模型设计的。但萃取塔中心是金属圈。不管这个事实是否属实，SIVA的这根萃取塔下端的金属圈是用陶瓷替代的，它终于因不堪过重的负载而碎裂了。萃取塔里满是浓烟，导致压力过大。

博埃里：你创造了一个可怜的形象，“一个病人想吐却吐不出来”，这个形象出自你笔下的人物装配工福索内之口，而这是任何一个在蒸馏工厂工作的化学家无疑都熟悉的场景。

莱维：正是这样。为了要解决问题，我们必须临时搭建蒸馏塔板，就像书中描述的那样，然后将萃取塔的中间填充部分换掉，以便能让它重新正常运作。

但是现实里真的有一个叫福索内的人，他确实也是一个装配工。当我虚构这个听起来有点蠢的姓氏[“福索内”（Faussone）这个词和典型的皮埃蒙特人形象一样，有时候也可以指“虚假”（false），在皮埃蒙特方言里这个名字就是“大镰刀”的意思]时，我从没想到这一点。直到有一次，我被邀请去在圣毛罗托里内塞（San Mauro Torinese）举办的一次会议上发言时，有一个举止得体大方的年轻人在会议快结束时，用他纯正的皮埃蒙特方言对我说：“抱歉，我叫福索内。”我当时以为他是在恶作剧，然后他拿出了自己的身份证件。然后他问道：“你猜我是干什么的？”我说：“你一定是个装配工。”完全正确。

当时那本书刚刚出版，一个电视节目邀请我去做嘉宾，我建议我们——作家和他笔下的人物——可以一起露面。但是他不愿意，他说，我在这里引用他的原话，“这（名字）没什么重要的，但他的工作却是重要的。”

博埃里：你能否和我们的读者分享你在化工行业更多的趣事？

莱维：有一个故事可以分享。所有的化学家都知道静电的危害，因为这个原因，即便是将粮食从船舱运出的系统也必须接地。

嗯，在 SIVA 我们有一个倾倒合成树脂的系统，我们确实也安装了接地电线。但是我不知道液体也会有同样的危险：在一根钢管里流动的碳氢化合物也会因为静电爆出火花、起火，液体纯度越高，它起火的概率越大。

在工厂里，我们用巨大的罐子装着那些溶剂：甲苯、二甲苯、己烷等等。那场意外发生是我的责任。出于便利的考虑，为了加快我们经常要做的事——从那个 1000 升的大罐子调取少量甲烷——的速度，我在容器壁上安装了一根管子。好些年里，什么都没有发生：工人们提着空桶跑过去将其注满。但那一次，是某年的盛夏，甲苯从管子里流出来时突然起火了。工人们都吓得逃走了，但是幸好那个部门的主管就在附近，他跳上罐子，把主要的那个龙头关了。

直到那个时候，我才知道有大量的文献是关于这种起火状况的预警和危险的，同样也存在一种解决的办法，一种金属皂能让碳氢化合物具有传导性，我们赶紧采购了一部分（金属皂），它一被送到工厂，我们就赶紧将这种金属皂加进我们的溶剂。说句题外话，这也是为什么汽油泵不会有这个危险的原因，那是因为汽油中的四乙基铅和其他添加剂让汽油导电。

类似于这样的插曲让我相信，中学和大学的化学课程应该由那些有相关工作经验的人来教授。

不过说到添加剂的问题，如果去研究下为什么那么多添加剂的配方的起源已经被人遗忘，而变成了一种约定俗成的配方，应该是有意思的。比如，在我工作的油漆行业，有很多我敢肯定毫无用处的添加剂，但是没有人胆敢将它们移走，他们是不是担心负面反应可能要过几十年才能显现出来？

博埃里：回过头来看你的生活，哪一种职业离你最近，是化学家还是作家？

莱维：这是两种非常不同的职业。在化学界，你的生产力最多只有20%的误差。而在写作时，会存在你面对空白的稿纸好多天都没有进展的情况，而在其他的日子，也许你在车里，或者在路上时，那些美妙的灵感就会突然向你涌来：写作者的生产力完全没法预期。

另一方面，这两者的不同还在于，身为一个化学家，你很少会将自己的工作归到自己名下，抑或你这么做的时候，它也属于团队协作的一部分。管理一家工厂，意味着你要依赖一系列宽泛的外部条件：同事，客户，老板，供应商，等等。与此相反，身为作家，你是完全自治的，如果作品很糟糕，你也只能责怪你自己，虽然也正因为此，当你出色地完成作品时你从中得到的愉悦也会更多。

博埃里：你现在在写什么作品？化学会激励你产出更多的作品吗？

莱维：目前为止我正在将一部作品从德文翻译成意大利文[1]。我在努力达到他们的预期。

从逻辑上讲，我的《元素周期表》的后续作品应该是关于有机化学世界的。我甚至想好了那本书的名字——《进退两难》——一个有暗示性的题目，但是我没有往前推进，因为其中的很多材料都被我用在了《扳手》里。眼下我还没有其他

1　莱维当时在翻译卡夫卡的《审判》。参见本书另一篇访谈《一场名为弗朗茨·卡夫卡的袭击》。

创作的想法。

博埃里：一个常设的问题，能分别说一个你的优点和缺点吗？

莱维：我的优点是我很有现实感，这是作为作家的普里莫·莱维亏欠作为化学家的那个普里莫·莱维的部分。我的缺点是缺乏勇气，对自己和他人都有一种恐惧。

博埃里："缺乏勇气"在你的生活中并不明显，无论是从你选择加入抵抗组织，还是从你在奥斯维辛的经历来说……

莱维：我的意思是说，我害怕的是他人，不是某些具体的事，如果碰到别人的反对意见，我的反应一般都是忍气吞声地走开，避免争执。那是不对的。

科学的邪恶力量（1987）[1]

假定我们都相信和平的必要，你觉得意大利或者全世界是否有可能为和平运动的进程做出特殊的、建设性的贡献？

你所处的特定专业领域可以做出何种科学或文化贡献？

你是否已经在进行某些相关的研究或者学习去推进实现和平的目标，或者说，在你看来此类作品中有哪些可能实现此积极目的？

我想我应该将自己的回答分成两部分：在我们国家和在那个更宽泛的世界里，和平运动一直，并将继续拥有截然不同的命运。在意大利，可以说整个国家都接受了和平主义。我们不再有边界纠纷，我们没有侵略性的邻国，我们有迫切的内政事务要处理，但不存在敌对的少数派，或者敌对的多数人让少数派变成受害者这些问题。没有一个意大利人好战，即使我们令人遗憾地加入了北约（NATO）[2]。服兵役被看作是一种可悲的、不必要的邪恶行为，我们的军队也绝不好战，即使在他们面对那种恐怖的死亡武器时。

但是我们握有有着致命力量的军备，希冀我们永远不会使用它们（也许毫无根据）。我生活在一个随时为战争做好准备

1　本文是对菲奥拉·温琴蒂、罗伯托·圭杜奇和马里奥·米奇内西的提问的回答，原文刊于《男人与书》（*Uomini e libri*），1987年1—2月，第112期。

2　意大利是最早在1949年加入北约的签约国之一，虽然意大利国内的左翼和北约盟国之间的关系持续紧张。

的世界，至少在今天，在远离欧洲的地方，战争每天都在进行。

因此正如罗伯托·圭杜奇[1]所建议的，强制实行一种和平的文化，让这种文化获胜是不可或缺的。但在我们这样的国家，这方面并没有太多的要做。无论如何，即便需要做的事情再少，也还是需要去做的。意大利必须做一个表率：我们的《宪法》支持和平、拒绝战争，并以此作为解决国际问题的一种办法，而这一事实应该在我们的学校、在社会的所有层面得到强调。

更进一步说，如果不是因为那些来自为政治权力服务的科学家和大学所持续提供的战争导向的创新和技术完善，那世界上所有的军队，尤其是好斗的第三世界国家的军队，就会失去他们的力量。全世界的（但为何不从我们国家开始）物理学家、化学家和生物学家应该完全意识到自己的邪恶力量。我很确信，科学从假设上来说是完全中立的，但我也同样确信，存在另一种与此截然不同的科学，正是那种科学需要被马上制止。在所有的大学科学教育工作者中间，我们应该鼓励一种精确的道德意识："我接受这个任务，但是我不接受那个。我会研究一种新型抗生素，但我不会研究神经瓦斯。我会把自己的精力投入核聚变的研究，但我不会去研究中子弹。"在每一个例子里，年轻的科学家必须要求去获悉他正在进行的研究的目的和用途，如果当科研的目标令他厌恶时，他应该拒绝为毁灭的力量服务。信仰者们可以被一种类似于希波克拉底誓言的东西约束，信仰者们可以他们的荣誉起誓而受到约束。每一个科研人

1　罗伯托·圭杜奇（Roberto Guiducci），社会学家、作家，也是莱维这次回应的采访者之一，曾创立"和平科学俱乐部"（Club per le scienze della pace）。

员都应该提供一门课程或者几堂课，来唤醒我们每个人内在的道德意识。

当然，永远会有愤世嫉俗者和做伪证者，但是也永远会有一些有良知的反对者，谁也不能说意大利的楷模不会在其他国家找到相似者，甚至在那些科学最有活力但最服膺于权力的国家。

诗歌与计算机（1985）[1]

诗歌能够和计算机相容吗？

可以确定，诗歌早在写作之前就存在，当一个人看到在与今天相隔遥远的那个时空，我们文明中的那些诗歌与其他文明（阿兹特克人、印第安人、古埃及人）的诗歌的联系时，他会被一种敬畏感击中。诗歌历经了多少世纪被传承下来，体现在多种不同的介质中——从石头或黏土雕塑到羊皮纸和纸莎草，从中国的毛笔到蜡板，从鹅毛笔、钢笔和圆珠笔一直到现在的打字机。诗歌似乎并不非常仰赖双手的工作：诗意的形象诞生于我们脑海中的某处，它会让自己经过各种各样、无甚分量的阻碍最后抵达“记录”。所以，如果我们刚刚是在讨论作为书写技术的计算机，讨论的是不同的文字处理过程，我看不出两者有任何不相容的地方。相反，可以删除、修正、增添或者替代的便利性，让灵感从大脑抵达纸端的过程变得更加流畅。也许，计算机让这个过程变得过于流畅了，缺少阻碍和苦难（在屏幕上写作比在任何其他介质上都要来得轻松），可能会让文本变得冗长而累赘，它会破坏手写的简洁，虽然反过来说也成立：你可以即时进行修改，不用在纸上留下任何痕迹，摆脱冗长多余的描述从未如此容易、如此

1　本文是普里莫·莱维就《对普里莫·莱维的提问》（“Una domanda a Primo Levi”）的书面回复，原文刊于《天才》杂志（*Genius*），1985 年 1 月 4 日。

不费吹灰之力。

我们知道，计算机能完成的工作远不止如此。它们已经被证明可以作为被称为定量语言学的工具，可以让学者们免于辛劳：计算某个特定作家或者特定时间段使用某个特定词语的频率。在这种层面上，不管是否有充分的证据，我们都有希望获得一种可靠的方法确定一段有争议的文本的归属。精神分析师们拍打着翅膀在空中盘旋，等待时机扑向自己的猎物，他们试图去发现但丁、莱奥帕尔迪还有蒙塔莱有多少次用了“水”这个词，而这又和他们的出生或童年的灾难存在何种关联。对于这种沉闷的事业，计算机是理想的工具，虽然这并不能诞生诗歌；相反地，这是一种验尸行为，是对诗歌本身进行的尸体解剖。

在那些创造性的过程中，计算机能够指示文本中的韵律、重复、头韵、照应、深思熟虑和其他手法；它们能够迅速地改变时态，找到同义词或反义词，或者能纠正错误的拼写；它们可以作为观念的仓库，或者作为不同的观念之间的桥梁，毫无疑问，它们还能制造很多奇迹，那些是我这个初学者——我也是最近才买了我的文字处理器——甚至都无法想象的。尽管如此，在我看来，所有的这些服务都是无足轻重的，它们永远无法让一个业余的人写出诗歌，或者提高一个真正的诗人的诗艺。我应该再补充一点，它们也永远不会对诗人产生多大的伤害。我认为，因为“计算机”（computer）这个词在意大利文中的丑陋发音，当诗歌与计算机被并列提及时，对话里很多时候总会接着出现一长串的单词。计算机—藏书（computisteria）—账单—增值税（VAT）—银行对账单—借方—银行信用—银行汇票：人们会进行一连串迅速的联想，不管是有意识还是无意识。更为专业的一些术语（比如英语和意大利语中的“文字处理器”）也并没有更加令人兴奋，不过这只是命名法的问题。很明显，我们现在所思考的这个问题是一把双刃剑，在某种程度上也是一个微妙的问题：计算机进入人类的生活已经有40年了，而在这段时间里，它比任何其他发明都有着更快速、更令人震惊的飞跃。它在计算、规划、储存记忆、组织信息等方面已经能被称为人类的接班人了。今天的计算机已经能够下象棋或者玩桥牌，即便它还没有足够高明。它驾驶着宇宙飞船去寻找“让人嫉妒的真理”[1]，或者搭载导弹来解决我们这个星球上的问题。最近一段时间，每个酒馆里都有一群青少年在电子游戏上浪费自己的时间。因此它能做任何事情，因此它也应该能够写作诗篇。

我深知给出消极的预言是不明智的：就在第一架飞机诞生前10年，那些著名的科学家还充满信心地宣称进行“比空气要重”的飞行器的实验是荒诞的；而后一代的科学家则预言道，如果我们有能力建造一台电子计算机的话，它也会和一座大教堂一样高，它会消耗掉一个尼亚加拉大瀑布的能量，并且造价比一艘航空母舰还要高。无论如何，虽然我对计算机理论和诗歌理论一窍不通，我也不想信口雌黄，我倾向说，永远不可能有一种计算机能自动分泌那种原创的、真正的诗歌。那些必定是糟糕的诗歌：用正确的重音。正确的寓意或者符合拉丁诗体

1 莱维在此引用的是但丁《神曲 · 天堂篇》，第10篇，1.138（“让人嫉妒的真理”）。

学的十一音节诗行[1]来写诗，（甚至在今天，要是有人将自己的头脑奉献给这徒劳的事业）并不是难事。它们对人类诗歌拙劣的模仿甚至会让人惊讶、（或者）捧腹大笑，但是它们无法通过强烈的语感来创造诗歌。

为什么？我没有强有力的证据，但是我怀疑电脑只能进行逻辑运算，或者（如果它们被编程的话）进行随机化的选择。诗歌是比逻辑和概率都要伟大的东西。它可能涵盖这两者，但是它的边界是更宽阔的。它还包含其他的东西：那些深刻而微妙，同时也必然很新颖的联想，原型的回响共鸣，能指和所指之间以及音乐、幻象和词语之间那无法定义的关联，对那些杰出的前辈有意或本能的引用，因而，用保罗·艾吕雅的一个可爱的书名来形容，我们能够真正讨论的是传承了几个世纪、穿越了地理疆界的“不间断的诗歌”[2]，一份用其历史和痛苦伴随着人性的极其独特的诗歌遗产。

对那些清晰、明确的任务而言，计算机是一种更高级的工具，但诗歌并不是：它是流动的、隐晦的，充满气味和阴影。虽然诗歌已经陪伴了我们1000年，但没有人能够对诗歌有一个清晰的定义，或者说有一个普世的关于诗歌的“规则”，这不是偶然的。简而言之，诗歌是可以和计算机媲美的，但它能从计算机那里得到的益处很少，面对后者它也没什么恐惧的。

又及：我想我已经做了一番玄妙深奥的断言，现在我越来

1　十一音节诗行（hendecasyllable）是有11个音节的诗行，是意大利文中标准的“史诗”诗句，类似于英语中的五步抑扬格，或法语中的亚历山大格式的诗行。

2　保罗·艾吕雅，《不间断的诗歌》（*Poésie ininterrompue*）（巴黎：伽利玛出版社，1946）。

越担心自己是出于嫉妒或者恐惧才这么说的。或是出于卢德主义[1]的心理：正是出于同样的心理，19世纪初的那些劳工才会跟随内德·卢德，因为害怕失业他们就摧毁了那些新型的纺织机器。如果诞生一台能产出可观的、有质量的诗歌，且花费不多的诗歌机器，我想我自己也会买一台的，虽然我也需要咨询律师（可能是一个人，也可能是一台机器）我是否能在这台机器生产的诗歌上署我自己的名字，以及我是否有权得到这种诗歌作品的版税。

1　卢德主义（Luddism）指19世纪英国民间对抗工业革命，反对纺织工业化的社会运动思潮。工业革命运用机器大量取代人力劳动，使许多手工工人失业，1779年一名叫内德·卢德的织布工怒砸两台织布机，因此后世也将反对任何新科技的人称作卢德主义者。——译者注

我，老了吗？（1982）[1]

60岁：退休的年纪。退休之后，有大量空闲时光要去填补。老年是无用的同义词。这个观点有其合理性吗？

我，老了吗？当然，我出生的日期，我的老花眼，我的白头发，我已成年的孩子们，这些都说明我老了。上周，我人生中第一次遇到有人在电车上给我让座，这让我感觉很奇怪。

照例地，我自己并不觉得自己老了。我还没有丧失对周围世界、对他人的好奇心，我的好胜心，以及我对游戏和解决问题的热衷也没有减退。

我仍然喜欢和自然沟通，在调用自己的感官面对自然、研究自然时，在演讲或者写作中描述自然时，我感到愉悦。

我的所有器官、四肢、我的记忆和想象仍然在有序工作，我对我刚刚两次写下的这个可怕的词——“仍然”——的黯淡氛围再清醒不过。

1　原文刊于《晚报》（*Stampa sera*），1982年9月15日。

第三部分

作　品

《休战》（1963）[1]

皮耶尔·玛利亚·保莱蒂

他穿着一件暗绿色的夏季西装，还有一件薄薄的短袖衬衫。袖管下面露出两条白皙的、青筋暴突的手臂，腕上戴着一只老式的手表，手表上方的黝黑皮肤上是一行已经微微褪色的蓝色数字：174517。当你看着他，听他说话时，“囚犯”普里莫·莱维的形象被这个画面完美地捕捉到了：一个纤弱的小个子男人，比他的书的封底常用的那种照片给你留下的印象还要脆弱，那些照片里的他穿着军队的毛衣，脸上是游击队员的神色。那个数字曾摧毁了他的青年时代，并注定了他日后会成为一个作家。他激烈的、一丝不苟的道德热忱，被他谦逊而温和的外表，以及他平静、礼貌的交谈中和了一些，他的话语中充斥着行为、人和事，表达直接，没有那种尖锐的憎恨，他的幽默感以及他对用古怪、无耻的漫画刻画恶魔般的、轮廓鲜明的、极度自信的“雅利安人”的那种顽皮的喜好，都透着他的这种热忱。“雅利安人”是他在恐怖的往昔中遇到的（用他的话说）“动物学”样本。

当然，我们谈到了《休战》，那本书记录了他从集中营回家的漫长旅程，是今年的斯特雷加奖[2]真正的“发现”。在此之前，他的处女作《这是不是个人》被翻译成多种语言，在国外获得

1　原文标题是“我是个化学家，偶然成为作家”，刊于《日报》，1963年8月7日。

2　斯特雷加奖（Premio Strega）是意大利最高的文学奖项。1963年，该奖项由娜塔利娅·金兹伯格的《家庭絮语》摘得。

诸多赞誉，那本书是他在匆忙中写下的，为的是“与他人一起分享”，在他从奥斯维辛奇迹般的返乡之旅结束后不久被出版，而那个时候文学事件所能激起的公众关注并不如今天。“你知道，对于斯特雷加奖我并不感到心烦。”他兴奋地说着，带着他浓重的皮埃蒙特口音，“当然，如果能获奖我会很高兴，但未能获奖我也一样高兴，毕竟我已经说了自己想说的话。无论如何，它是我在文学世界第一次活生生的体验，”他停顿了片刻，有很多次这样的停顿，他的脸上会流露出微笑，沉浸在自己的思绪里，他的眼睑因为兴奋而颤抖，直到他完成剩下的句子，“但是我意识到我是一个外来物体。”

“我为什么会写这本书？”他继续说道，自问自答着，“《休战》的历史就是我在那些年里向我的朋友讲述的所有故事的历史，一字不差。在咖啡馆里，在家里，在坡街上一起散步时，我对都灵的少数几个密友——你知道，就是我在学校里认识的那些朋友——讲述这些故事。他们经常会对我说：你为什么不把它们出版出来？”又停顿片刻。“我的闲暇时间，我自己的欲望和他人施加给我的压力，我生命里的方程式达到完美平衡的一天终于到来。”一个外来物体、方程式。然后，他又用他精确的、科学的语言说道：“《休战》花费了我 200 个小时的时间，一章一个月。如果你认为我只能在下班后、利用晚上的时间写作，而且在下笔前还要再花差不多一个小时调整我的状态的话，你也可以说这本书是花费了三四百天才写完的，或者说，用了一年的时间。”

一个必须要问的问题是，在《休战》突然广受欢迎和《这是不是个人》再版之后，你现在的身份是什么：一个同样也是化学家的作家，还是一个写出了几本书的化学家？“哦，化学家，对此毋庸置疑，我们不要混淆了。我的这两本书是在偶然中写出来的。”

众所周知，普里莫·莱维是（都灵市外）塞蒂莫一家树脂和油漆工厂的技术主管；在那里，作为一名管理人员，他要接待客户，带他们参观工厂，向他们展示设备。他并不是特别享受这些。即使，时不时地，在工厂里或者在他去莱茵兰的频繁出差行程中，他很乐意向那些曾和法本化学公司[1]合作的德国工业家们展示被刺在他手臂上的那个数字，他会向他们这样自我介绍：“（我是）莱维，你好。”（他会字斟句酌地先说出自己的名字，确保击中目标。）任何人都不能剥夺他的这项乐趣。

莱维更享受他作为科学家的工作。他真正的职业——他用的是这个词的法语（métier）——让他着迷。比如，客户可能会问他要一种特殊的符合特定机械、技术和电学标准的树脂；比方说对方可能需要一种用于大西洋邮轮上的散热器的油漆，这种油漆能够在特定的使用期限和特定的温度下承受海洋中含盐分的气体环境。他的工作就是研究这样的案例。然后他每天晚上沿着阿庇安街回家，回到翁贝托国王大街上他居住的那栋新艺术主义风格的大楼，他就是在那里长大的（整洁、空气清新的书房，他最喜欢的书都整整齐齐地排在一起，其中有很多书的作者都是自相矛盾的幻想家和反叛者——维庸、拉伯雷、斯威夫特、康拉德，还有一些意大利经典作家，比如但丁和阿

1 法本化学公司是布纳劳动营的所有者，在莱维被关押在奥斯维辛–莫诺维茨集中营期间，他和其他的奴工在布纳劳动营工作。

里奥斯托，但是没有福斯科洛或莱奥帕尔迪的作品，后两者由于他的学生时代而永远被“阻隔”在他的脑海之外），然后他改头换面——用他的话说——成了一位作家。但不是一位偶然的作家，而是一位真正的、地地道道的作家。他深知这一点，即便在他佯作谦虚时。

鉴于他身上的那种皮埃蒙特式的严格和不妥协，人们可以允许他带着一点儿顽皮。他让自己立刻回答说，他只不过是区区一个化学家，偶然写出了两本书。然后，随着他对自己的主题的讨论逐渐升温，他开始逐渐接近那个真实的答案。他的答案很简短，但很明显是经过深思熟虑的。

“你看，今天写作给我带来的快乐也许超过我当一个化学家的快乐，但是我真正的雄心，我隐蔽的渴望和梦想，就是在这两者之间寻得某种一致性。让我解释一下：我想向更多公众讲述可以说明科学研究的意义的故事。这些故事是以贴近真相的方式，对在实验室的秘密世界里发生的一切迷人的事情的记录；记录的不过是对人类而言最古老、最神秘的感情的当代版本，是充满不确定性的时刻——比如是否该杀死那头水牛，或你是否会找到你在寻求的东西。我的意思是，基于矿工、医生、妓女生活有一整套的叙述传统，然而关于化学家们所经历的冒险的描述却几乎没有。”

他抬起头，笑了笑。他还没有说完。“科幻小说？”我问，我想起他的那些短篇小说。“对，科幻小说。这类小说有很多主题都让我觉得有趣、迷人。我把科幻小说看作伪装的道德故事。我在空闲时间，或者从管理工作的间隙尽力挤出一点时间来写了几篇。”我问他是否有将这些小说结集出书的计划。“在未来几年里，我很乐意这样做。现在，它们和《休战》的相关性会令人困惑，”惯常的停顿，“自然，只要他们同意出版。”他补充道[1]。

“所以关于集中营的经历你已经写完了吗？”“绝对没有更多的话了。什么都不用再说了。我已经说了所有我该说的东西。都结束了。”也许就未来的主题而言，它已经完成自身的角色了。但是那些人物还在，那些问题还在，为什么这一切会发生，为什么“金发碧眼的那些人本质上是邪恶的”这一点仍是个谜——用他自己的话说——这些还没有得到解释。莱维在战后花费了好多年，小心翼翼、持之以恒、不知疲倦地在全欧洲追踪 98 号劳动队的潘维茨教授[2]的下落——他就是《化学考试》那一章中的人物。他不是为了复仇，而是为了完成未竟之事，去理解他的人性中“最秘密的部分”。或者说，去理解他的非人的部分。最后，他发现对方已经去世了。

《休战》中那些外向的、疯狂的、流浪汉般的人物呢？在他谈话时这些人物不停地出现。比如，塞萨尔，那个“太阳的孩子，每个人的朋友”，那个江湖医生、骗子，喜怒无常，天性欢乐，鲁莽而纯真。“当然，他的真名不是塞萨尔，但是请不要写出他的真名；他现在生活在罗马，在一个要承担道德和财务责任的位子上。我的书可能会给他带来伤害。有一

1　莱维的科幻小说直到 1963 年才结集出版成《自然故事》一书，从 1960 年开始他在不同的报纸上发表了其中几篇故事，确实，从 1946 年开始他就零星地写作这些故事，即他从奥斯维辛回来后的几个星期。

2　潘维茨教授是让莱维通过一个模拟化学考试的那个人，莱维在《这是不是个人》的《化学考试》一章中强有力地、带着愤慨地描述过他。

次他写信跟我说，罗马人都太精明了，你在罗马什么工作都做不了，你知道，他说的是他个人意义上的那种‘工作’，他想搬到北部去，问我能不能给他找个妻子。在《休战》出版后，他再也没有给我写过信。也许他不能理解我试图做的事情，又或许他觉得很失望。但是请不要写出他的真名，我不想对他有任何冒犯。”

他甚至也不想让那个希腊人莫多·内厄姆不高兴，他花了20页的篇幅来描写这个人物。内厄姆在自己被与文学史上那些最著名的形象并置时也能泰然自若，他是一个超级希腊人，一个狡黠的生意人，推崇无政府主义，毫无妥协，带着他怪异的男子气概，有着月光下的夜鹰那样贪婪的表情。他生活在萨洛尼卡，当然他的真名也并非莫多·内厄姆。“但也请别写出他的真名，也许他现在是个体面的人物。”他很愿意去萨洛尼卡会会莫多·内厄姆，但是他害怕自己可能不会认出他来，他害怕发现对方因为“人类文明生活的所有陷阱”而变得苍白。

不，他不会再写关于集中营的任何文字了，所有要说的话已经说完了。带着一种无畏的超然。现在《休战》正在角逐坎皮耶洛文学奖，事实上，它离摘得这个奖项仅一步之遥。莱维几乎是错愕的，他担心会冒犯到像来自贝隆奇家族[1]这样的人，担心后者会将之视为一种冒犯（鉴于他们对他表示了那么多的善意）。“这和我没有任何关系，你明白的。所有工作都是别人操办的。一切都是在我没有首肯、不知情的情况下发生的。”

1　戈弗雷多·贝隆奇（Goffredo Bellonci，1882—1964），评论家、记者，和他的妻子玛利亚一起在1947年创立了斯特雷加奖。

现在，普里莫 · 莱维博士站起身来，整理了下自己的夏季西服，对我们致谢，为自己带来的不便表示歉意；他必须要回到工厂，去研究他那些麻烦的树脂和漆料，要带领重要客户四处参观，也许他们中有一两个也是金发碧眼的体面人物，也许他们曾是法本化学公司的模范工人。

科幻故事 1：《自然故事》（1966—1971）

埃多拉多·法迪尼

正如很多读者所知，著名作家普里莫·莱维的本职工作是都灵郊外的一家工厂的化学家。这个月的后半月，都灵的十剧场（Teatro delle Dieci）将会上演根据莱维的剧本改编的三出独幕剧，导演是马西莫·斯卡廖内（Massimo Scaglione），他同时也经营着这家剧院。三出话剧合称《自然故事》，它们都是科幻小说：《冰箱里的睡美人》，由意大利广播电视公司委任创作；《拙劣诗人》，1965 年 9 月到 10 月之间曾由意大利广播电视公司的广播节目录制；以及《第六日》，莱维在 1946 年到 1947 之间构思这部作品，1957 年才完稿。

作为《这是不是个人》和《休战》——对“二战”和集中营的悲剧经历最伟大的两部记录作品——的作者，莱维想要从科幻小说当中获得什么呢？莱维的回答非常平静：“如果你对科幻小说的定义就是未来的世界、廉价的未来主义的梦想，不，它们并不是科幻小说。这些小说比很多其他小说更有可能发生，确实它们发生的可能性如此高以至于它们中的部分故事已经成真了。以《拙劣诗人》为例（一个商业化的诗人买了一台写作诗歌的机器，以提高自己服务客户的速度，后来这台机器变成了我们正在观看的这部戏剧的作者）：在这些方向上，一些非常有趣的尝试已经存在。所以这是先发生在自然历史边缘的故事——即标题的来源，但是从某一个角度来看，它们也是非自然的。很明显，这两者亦有所重叠。”

那个集中营里的男人和这些关于机器诗人、冬眠美人以及官僚创造者的故事之间有什么关联吗？对此，莱维的表态非常尖锐：“我是一个两栖动物，是一头半人马，我内部被撕扯成两半，一半的我在工厂，是化学家和技术专家；另一半的我和第一个我完全是脱离的……生活在写作的世界中，接受采访，处理我过去和现在的经验。这是我大脑的两半。我带着这种妄想狂式的分裂生活着（我想，正如加达、西尼斯加利和索尔米一样[1]），它们是我的完全独立存在的两部分，以至于我没办法用第二个世界——我运用钢笔和想象力的劳动——来覆盖第一个世界——那个工厂的世界。我曾经试图写下我在工厂经历的故事，但它们是我写过的最糟糕的东西。不，我从来没能驾驭这个，我非常确定。我作品中的世界是某种距离很远的东西，那是我年轻时代的世界，是那个种族歧视的世界，是关于我努力不让自己被迫和学校里的朋友们隔离开的世界，然后是我对犹太传统的重新确认（犹太教是法西斯主义的对立面，就像自由是恐怖的对立面，因为除了其他东西之外，我发现在最纯粹的犹太传统的核心之内有很多自由主义的原则），那个世界里还有游击运动，以及最终的集中营和我描写的人性遭遇的可怕扭曲。我的书都是关于这

1　这三位都是 20 世纪意大利作家的代表——他们在写作的同时，对科学抱有很强的兴趣或在某一科学领域工作：卡洛 · 埃米利奥 · 加达（Carlo Emilio Gadda，1893—1973），乔伊斯式的小说家、哲学家，以工程师的职业闻名；诗人莱昂纳多 · 西尼斯加利（Leonardo Sinisgalli，1908—1981）也是如此。赛尔焦 · 索尔米（Sergio Solmi，1899—1981），作家、评论家，出版过一些科幻小说，并翻译了雷蒙 · 格诺的作品［卡尔维诺后来曾修订了索尔米的《便携式小型宇宙演化论》译本（1950），并向莱维咨询了一些技术问题］。

些内容的，同时它们也给我带来了知名度，一些新的经历和人性新的维度，但是所有这些都在我的日常生活之外。基于这些，我觉得自己开始写作科幻小说很自然。《自然故事》是我偶然拥有的那半个我对科学和技术的观念。”

莱维很谨慎地去限制自己，尽可能地将自己的评论限制在个人经历层面。但是很明显，他的话意味着更多：面对那种他深度经历的野蛮，以及那种玷污了他的深层自我的东西，他必须要让自己投射到未来的可能世界，接受人性内在的分裂——有必要对这种分裂进行密切的监视以避免更大灾难的恐怖——除此之外没有别的评判方法。看起来，他在集中营的经历意味着除了在他前两本杰作之外，他并不打算更多泄露自己的想法。作为一个男人，他仍然谦虚正直，准备为他信仰的观念战斗，但是，他经历了一些撕裂般的痛苦，而那种陌生的、恐怖的、扭曲的阴影，仍覆在他的眼睛上。

在这段经历之后，他认为事情应当通过什么样的方式变化，甚至在形式和语言的层面上？“我不太能理解这个问题，”他回答道，“语言就是语言，是用来交流的。毫无疑问，对我们犹太人而言，在集中营里，语言确实是一个问题。我对语言学家们有种不求回报的爱。我是在集中营里学会德语的。[1] 我没有学会(德语)语法。但对集中营里的语言最可怕的就是‘理解’的问题。想一想，听着那些你不能理解的、可能会将你送进火

1 在这本书前面的采访中，莱维解释道，在被送进集中营之前，他在大学里学习化学，使用的是加特曼编辑的教材，因此他了解一点和科学相关的德语，但仅仅是基本阅读层面上的。后来这本教科书的部分内容被收入他在1981年出版的自选集《寻根》中，这本书是关于他最喜欢的书籍的。

炉的命令，是多么可怕。这些命令将你直接送入火炉，这是因为‘你不能理解’。在那些‘能够理解’的囚犯当中，存在着不同的等级，俄国人过去会把德国人喊作‘哑巴’。我们很多人都在学校里学过语言，但我们现在处在一种闻所未闻的野蛮状态当中，我们必须通过创造一种共同的行话以重建我们之间原先被打破的联系。此外，还有‘外国人’‘陌生人’‘局外人’，这三者可能会同时在一个人身上存在。在我们头上，还有德国人、第三帝国和纳粹党。”

很多人也许不能理解莱维想让自己“超越”现实的决定：他们会将之看成一种逃避，逃避那些和过去一样悬在我们头上的悲剧问题。但实际上这个决定是莱维的现实主义和勇气的证明。如果《自然故事》能够被称为科幻小说的话，那么它们再一次地展现了人类一直以来的想象力：这是一块储藏了关于人类存在问题的答案的丰富水库，恰恰就在我们周遭那些正在抬头的凶险预兆中间。简而言之，这绝非一种逃避，它是朝向道路、隧道和矿井终点的旅行，其中包含了那些组成人、社会和今天的历史的元素。莱维选择了变形，断裂，带着一种对自己的行动了然于心的人所具备的那种勇气，让自己走到了跳板的最边缘。

科幻故事 2：《形式的缺陷》[1]（1971）

卢卡 · 兰贝蒂

经过了六年的沉寂后，普里莫 · 莱维又回到了文学的镁光灯下……他的新书《形式的缺陷》在这周由艾诺迪出版社出版了。这本书包含了 15 篇短篇小说，故事都设置在并不遥远，或者说令人担忧的极有可能发生的未来。他用发明的方式来预期未来的科学和技术。但这种发明永远是夹在乌托邦和大灾难，夹在某种特定的希望和那些突然的，几乎是可笑的失望中间。

普里莫 · 莱维，50 岁，来自都灵，他的职业是化学家。他在讲述故事时，不仅带着客观的技术专家的兴趣，同时也带着他自身那种大胆的、毫不畏惧的、无尽的好奇心。某种程度上就像《尤利西斯》一样，这些文本也带着一种伦理学家与生俱来的讽刺，以及从亲身经历中深切体会到理性的沉睡会带来何种灾难的男人所特有的琐碎的烦恼。

莱维是一个特例：他用严格的自传性作品奠定了自己的名声，但是，他发现除了那种直接的个人见证之外，他并没有穷尽自己的文学冲动。于是他继续创造自治的文学世界。

卢卡 · 兰贝蒂（以下简称“兰贝蒂”）：我想问的第一个问题是，《这是不是个人》和《休战》以及《自然故事》（最初是

1　原文标题是“形式的缺陷：技术将拯救我们”，刊于《阿迪杰报》（*L'Adige*），1971 年 5 月 11 日。这份采访是在《形式的缺陷》出版时推出的。

用达米亚诺·马拉拜拉这个笔名发表的）和《形式的缺陷》之间存在着哪些连续性和断裂？

莱维：所有的作家都很难评断他们自己的作品，我想，对我而言尤其困难。当我写完这些书时，它们激起了我的好奇心，然后又令我感到厌恶，再后来经过了几个月，我又重新像皮格马利翁那样爱上了它们，几乎带着一种为人父母般、不吹毛求疵的心理。说到这里，我想我能，至少从表面上，看到在最初的两部作品和之后的两部作品之间存在着断层，或者说一道裂缝。写完《休战》的时候，我感觉自己似乎完成了什么，就好像我穷尽了一群人的独特悲剧，但（我自身）却反常地珍视这段经历。我感觉，作为一个见证者、叙述者和某种现实或者可以说是历史的一章的阐述者，我已经彻底地燃烧了自己。但是我仍然觉得自己还有东西要说，这些东西我只可能用另外一种语言来说，这种语言可能会被有些人形容为讽刺的，但这种语言在我看来却是尖锐、隐晦的，带着一些愤恨以及故意的反诗意、反人类（disumano）——我早期的语言是冷酷的、非人类的（inumano）。是的，也许这个问题正是阿多诺的那句断言，即在奥斯维辛"之后"，不应该继续写诗——至少对那些曾经在那里的人而言。但同时仍有可能继续写作和奥斯维辛有关的诗——一首沉重而紧密的诗歌，就像金属溶液，它会到处流淌，让人受伤。

兰贝蒂：今天有很多——也许太多了——谈论小说的危机的言论。在你看来，文学在今天的社会当中应当承担什么样的责任？肩负什么样的压力和荣耀？艺术和社会之间的关系是什么？

莱维：我不认为存在一种普遍的规则。不存在什么压力或荣耀。存在100种写作的理由：有些是明显的，有些是隐秘的，有些是有意识的，有些是无意识的。至于说到它的价值，“你只有观其行而知其人”。在这上百种不同的理由中，也存在为了获得荣耀，或者出于某种文化担当而进行写作的可能性。但无论在哪种情况下，写作的成果都是不可预计的。

在定义艺术和社会的关联时，我仍然会保持同样的模糊，艺术可以是一份指南、一面镜子、社会的一个对立面或一个审判者。它同样也可以忽略社会，或者说至少它尝试这么做。我们能向那些创造者要求的只有他们既不应该卑躬屈膝，也不应该丧失诚实，他们应该保持谦卑，能够关照周围的一切，并且实现艺术家-先知的那种形象，他们作为上帝的声音的形象或者说真理之源的形象已经过时了。另一种文化已经兴起，并且在快速地发展。诗人必须要为物理学家、经济学家、心理学家让出位子。如果他这么做的话，他会发现自己有很好的同伴，并且他会找到更多的写作素材。

兰贝蒂：在《形式的缺陷》里，当你在描绘一个令人不安的、即将降临的世界图景时，你显示了对“人”（homo faber）这种形象的根本信任。即使是在妥协最多的局面下，他也能够对世界和他周围的社会表现出人性。有些人会觉得这种信任来自一个身上有着永远无法抹除的集中营经历的人，这在某种程度上是令人惊讶的。这种信仰，来自何处？

莱维：我不知道《形式的缺陷》是否可以算是一本令人绝望的书。有些读者这么认为，也许他们太过于从字面意思上理解书中那种伪预言了。我本人并不绝望，一天中有八小时，我是一个技术专家，一个和物质的迟钝、恶意的惰性斗争的男人，而你并不能带着绝望进行战斗，因为至少你能看到一个终点。出于同样的原因，在奥斯维辛时我甚至也不绝望。那些感到绝望的人，那些在绝望面前缴械投降的人，在几天之内就死去了。但是，我不能就我内心这种对人类未来的信心，给出一个完整的、清晰的、正当的理由，这种信仰我可以称之为生物性的，它充满着地球上每种生物的神经纤维，并且让人类在面临无数错误的情况下征服这个地球。这也许并不理性，但同时也不令人绝望。这种信仰不解决任何问题，事实上它制造了一些新问题，而且从本源上说，它会产生痛苦。当然，我的一些故事会以灾难结尾，但是我倾向于让它们带有一种讽刺，或者你可以称之为有条件的灾难：除非我能做点儿什么，否则我们将会这样结束，但我们有方法，有智慧，也有力量来阻止它们。

兰贝蒂：我希望你不介意我问一个跟文学无关的问题，在你看来我们是否只能希冀通过技术来实现“星球秩序的重建”，而这种技术的影响也许会取代“政治命题”？或者，换一种说法，科学和技术是否已经显露出成为对权力忠诚而盲目的仆人的面目？政治问题是否仍然或者永远是最本质的？

莱维：如果任何一个关于优先或者选择的问题是政治问题的话，那很明显，我们必须求助于政治家，但是我们必须谨慎选择自己的用词，理解它们的意思，政治家自己是不能做任何事情的，他们已经显示出自身的无力。

在最近几十年里面，科学家们已经向政治家的命令低头，这是事实，也是可耻的，但是这并不是最重要的一点，或者说，这并非他们所犯过的最严重的错误。只有那些每天沉迷于政治琐事的人才不会注意到今天的世界正在发生的巨大变化，无论好坏，都是诞生在实验室里的，如新的农耕形式、新的武器、新的疾病和新的疗法、新的能量来源和新的污染。在我看来，应用科学家（理论科学家是另外一回事）犯过的最大的错误并不是对权力的臣服，而是低估了他们自己的影响力以及他们的工作所能释放的变革的规模，这才是他们真正的“形式的缺陷”（vizio di forma）。我从来不认为这种错误是不可挽回的，而且我希望，全世界的科学家们能够理解，未来取决于他们良知的觉醒。我很确信我们能够重建这种均衡，而且要使用我们已有的这些工具，而不是通过一些理论上的新发现，或者最糟糕的是通过暴力来实现（这一点）。

《元素周期表》（1975）[1]

乔治·德·里恩佐

欧内斯托·加利亚诺

普里莫·莱维 56 岁，是都灵人，他的专业是化学，他曾经写过两部著名作品（《这是不是个人》和《休战》），他最近出版了一部新的作品《元素周期表》。这本书一共有 21 章，每一章都描述了一种化学元素，每一章的灵感都来自他生命中的某一个时刻。书中描述了战争、他的实验室研究、纳粹的集中营以及让一切重回正轨的努力。除了描写他遇到的那些人，还描写了他和物质的关系——有时候是充满敌意的，其他一些时候则是非常友好的，甚至是救赎性的。作品非常成熟流畅，透着一丝讽刺，同时也不乏深情，这些事件（即便是那些暴力的、动荡的经历），也被置于理性支配的框架之下。我们就一些问题采访了莱维。

提问：你的书是一个化学家的自传吗？

莱维：在特定的层面上是的，但任何一本只有一张面孔或者你只能以一种方式来阅读的书，在我看来，都是一本相当糟糕的书。一本好书必然——我并不会说是模棱两可的——或至少是多价的（polyvalent）。在这个层面上，我希望隐藏在化学家身后的隐秘状况是对人类普遍状况的描述。

提问：你谈到了人和物质之间的斗争，其中的关系是

1　原标题是“要时刻保持理性”，刊于《晚报》，1975 年 5 月 13 日。

什么？

莱维：这里，同样，人和物质的关系在这本书中是非常模糊暧昧的。物质是母性的，甚至从词源意义上来说也是如此，但它同时也带着敌意。对自然来说也是如此，而且无论如何人类都是一种物质，也因此和他自身充满矛盾。正如所有的宗教所理解的那样，物质同时也是生命的一场教育，一所真正的学校。对抗物质，你会变得成熟、得到成长。在和物质抗争的过程当中，你或许会赢，或许会失败，有些时候物质似乎是诡计多端的，而另外一些时候，它们总是迟钝的，这两者并不矛盾，因为这两种不同的方面是共存的。

提问：你的作品没有出乎意料的开场，既平静又超然。在经历了那一切——那一切迫害和集中营的经历——之后，你是如何做到还能相信理性的？

莱维：相信理性意味着相信你自己的理性，这并不代表理性统治世界，甚至能统治人类。但是，我曾经历过理性的毁灭——这里，我不仅指的是纳粹主义，同时也指我们自己的法西斯主义——这不应当并且也无法让我们投降，我会同意卡拉曼德雷伊[1]的说法。他说，对于我们这一代人而言，不存在短暂的休息。对于理性而言也是如此，并不存在暂时的休息，我们并不能从理性那里得到短暂的假期，对我自己来说，我对任何时候理性的缺席都抱有怀疑之心。因此我认为，任何能够锻炼理性的职业都是健康的，而我的职业也是其中一种。在这本

1 皮耶罗·卡拉曼德雷伊（Piero Calamandrei，1889—1956），著名法学家、政治家，在“二战”后意大利宪法起草方面功不可没。他曾主编过很有影响力的杂志《桥》，这本杂志在20世纪40年代后期收录过莱维的两篇故事。

书中，我一直将自己的工作比作打猎，这一点并非偶然，人类是通过打猎才成为人类，也就是说通过训练自己的理性。

提问：你是否认为每一种化学元素可以有一种特定的、跟人类相关的意义？

莱维：我们不用夸大。钐和钆这两种元素现在被普遍认为是完全有害的，对人类完全无用的。但是这是一个时间和了解程度的问题，就和对人类的了解一样。其他的元素——像金、铁、硫等，它们都有一段漫长的历史——毫无疑问，它们有着人类的面貌，一种拟人化的特征。我曾经探索过这种特征，比方说在《铅》那一章中，另外，要探索氧和铜的特征则没有那么困难，你无需是化学家就能做到这一点。

提问：你相信工作带来的快乐，为什么？

莱维：并不是所有形式的工作都是令人愉快的，这是一个悲伤而明显的事实。但是如果一个人或者社会能选择可带来愉悦的工作，这会是一件好事，任何一个能够做到这一点的人都有机会去明白那种快乐，即便只是偶然的。

今天，我们的周围笼罩着一种受虐狂倾向，我认为这是粗暴愚蠢的，甚至应当被鄙视的。那种观点认为，工作是一种惩罚，即使《圣经》上也这么说。然后，他们就会得出草率的结论，说工作就是受苦，因此最好不要工作。好吧，这不是真的，或者并不必然正确。即便在今天，如果你想想集中营里面的工作，今天的工作从各方面来说比 40 年前的压抑程度要轻很多。

在这本书中，我试图去阐述我的工作的高贵之处，它的教育价值和塑造价值。这同时也是对我们国家当下的意识形态的一种反驳。今天我们的国家仍然将拉丁文、希腊文和美学研究界定为获得文化、通向成熟的主要路径，而数学和物理似乎是无用的、晦涩的，抑或只有对找工作或谋生有帮助。你一定注意到，人们经常会大言不惭地——实际上带着某种骄傲——坦白说“我对代数一窍不通”，而如果他们对拼写或者语法一无所知，或者他们实际上什么都不知道时，他们并不会夸耀这一点。我的目标是展示科学或者技术不仅仅可以成为一本书的主题，也可以是一所思想的学校，一所写作的学校。如果一个物理学家或者生物学家跟随我的道路，我会非常欣慰。至于医生，多年以来，他们一直在写作关于他们职业的故事。

《扳手》(1979)[1]

西尔维娅·贾科米尼

普里莫·莱维是一个个头很小、沉默寡言的男人，但是你能从他的眼睛中看到一丝狡黠。因为那一丝狡黠，我开诚布公地坦白自己在采访一个身上存在诸多不同角色的人时感到的困难：一个人为那些不能发声的人发声，几乎像一个先知；一个来自都灵的小家族的人，在外人看来似乎也有一些傲慢；写过关于技术和科学世界的作品，追随着一种辉煌的，抑或可以说是轻微的伦巴第传统。

在我们交谈的过程当中，他眼中的狡黠盖过了他的沉默。当我们谈到"卡塔内奥"[2]这个名字时，莱维放声大笑起来。他大声说道："难道我这一辈子都要被别人看成幸存者吗？让我们开诚布公，我是一个幸存者，但我并不想只写关于集中营的事情。我也想对更年轻的一代发言。你瞧，我至少去了130所学校为《这是不是个人》这本书进行演讲。但是，我已经决定不再接受任何这类邀请了。最近一段时间以来，我面临的一个问题是：我所写的是否真的是事实？无论如何，我相信关于集中营的写作仍然是震撼人心的，但它并不是当下的话题。今天

1　原文标题是"魔法师梅林和工匠"，刊于《共和报》(*La Repubblica*)，1979年1月24日。采访的最后一部分与《扳手》无关，因此删去。

2　卡洛·卡塔内奥(Carlo Cattaneo，1801—1869)在这里被用作采访者前述"辉煌的伦巴第传统"的一个例子。卡塔内奥是历史学家、散文家、记者，曾参与1848年米兰的起义，也曾于1839年创办了革新杂志《政治》。

至少在欧洲，重回那个世界的危险并不存在，或者说和其他威胁、恐惧、不确定性相比，这种危险是次要的，甚至是第三位的。

西尔维娅·贾科米尼（以下简称“贾科米尼”）：所以你想通过《扳手》试图对今天的那些恐惧和不确定性做出回应？

莱维：是的，我认为，对工作的讨论是很重要的，我并不十分清楚自己之所以会写这本书的原因，我想试图填补一种（文学）生态位[1]：文学里从来不乏王公贵人、妓女、冒险者，所以为什么没有一个像我们这样的“物质的转化者”呢？而且我认为，“68学生运动”对工作的态度是非常抽象的。我想到那些沙龙里的工联主义者们，他们眼里的世界是由流水线上的奴隶和邪恶的老板组成的，但实际上世界的组织更加缜密，在这两个极端之间，有完整的一段。在那块区域里，工作既非惩罚性的，也不是异化的。就好像我从事了多年的工作，管理一家小型工厂一样，这些年的时间并没有被荒废。我在工作中找到了一种康拉德式的生活观，也就是去努力实现目标的意义以及其中包含的积极劳动。我在其中看到了对责任的承担，而不是拒绝，是一个人成人的道路。

贾科米尼：所以你创造了福索内这个人物，这个来自都灵的专业技工，他讲述了自己游历四海，建造吊车和桥塔的故事。福索内的语言是一种非常特殊的语言，一种有趣的皮埃蒙特方言，为什么呢？

莱维：我不知道原因，如果帕索里尼能够让《有活力的年

1 生态位（ecological niche）又称生态区位、生态栖位或生态龛位，是对一个物种所处的环境以及其本身生活习性的总称。——译者注

轻人》一书中的人物说罗马语，或者爱德华多·德·菲利波能够让他饰演的那些角色说那不勒斯方言，那我不知道皮埃蒙特人这样做有何不可[1]。福索内说的那种意大利语在现实中确实存在：那是一种在工厂环境中所使用的民主的、也许被污染的意大利语。我非常喜欢用福索内的语言写作，我的写作从来没有这么容易过，以至于有些记者会认为，这个人必定实际存在，也许是因为他讲的故事都是真的，除了那个关于猴子的故事之外。第一个故事——关于诅咒的那篇——我将之设定在一个未知的中东国家里，实际上，这个故事发生在米兰，发生在一家工厂委员会都是由南方人组成的工厂里。这个故事是罗伯托·莱迪[2]的一个朋友告诉我的。

贾科米尼：但在阅读你的作品的过程当中，我想起了小时候曾经读过的一本流行科学著作给我带来的感受，那本书讲述了一个叫梅林的巫师，他会在夜里将一个孩子从床上叫醒，带他去环游宇宙，对他解释磁场、重力的法则。我过去经常想，如果这一切都是真的话，梅林和那一切有什么关系。然后我体会到你在创作福索内这个人物的时候，一定体验到的那种乐趣：如果这些故事都是真的话，为什么要虚构这个人呢？

莱维：因为用标准的意大利语讲述这些故事会非常困难。

1　皮埃尔·保罗·帕索里尼（Pier Paolo Pasolini，1922—1975），在20世纪50年代末期写了一些以罗马的贫民窟为背景的小说和故事（后来在60年代将它们拍成电影），其中使用了大量的罗马方言和俚语。《有活力的年轻人》[英文版由卡卡奈特出版社（曼彻斯特）于1986年出版]是其中的第一篇故事，于1955年出版。爱德华多·德·菲利波（Edoardo De Filippo，1900—1984）是20世纪那不勒斯最伟大的演员和剧作家，他的很多剧本都是用那不勒斯方言写的。

2　莱维在此处提到的故事是《扳手》中的《帮手》和《"蓄谋"》两篇，分别是书中的第三章和第一章。罗伯托·莱迪（Roberto Leydi）是一位民族音乐学家。

（福索内）他们有自己的语言，那些技术术语在意大利语中从未出现，更难以理解。什么样的人就用什么样的语言。试着用意大利语说“scodimento”这个词[1]，你也许要使用两行绕来绕去的话。试着让乔尼·邦奇讲意大利语看看。[2]波尔塔让他说米兰方言并非是心血来潮。我不知道《大师》（*el mestèe*）是否成功了，但是我不认为他的方法是错的。再者，即使福索内这个人物是虚构的，他的父亲——比方说——却不是杜撰的。这个人物其实是我借鉴了我管理的工厂里一个铜匠的父亲的形象。他的父亲是一个我多年前遇到的铁匠。所以当我需要给福索内安排一个父亲的形象时，我就问那个铜匠，让他对我讲述他父亲的故事，他瞬间就明白了我说的“讲故事”的意思，然后我给他看了故事的草稿，他帮我修改了两三处技术术语。

贾科米尼：但是当你在讨论工作时，其他人仍然在怀疑纳粹集中营的历史真实性。我们最后会像忘却了对卡特里派基督徒（Cathars）和阿尔比派基督徒（Albigensians）[3]的种族灭绝那样，忘却集中营吗？

莱维：当我开始写作的时候，我就不再像一个幸存者那样行动，但是我仍然是一个幸存者。下一周我会去参加一个会议，

---

1 Scodimento 是形容某种泄露的专有名词，现被收入《UTET 意大利语大词典》，该词条里引用了莱维。

2 乔尼·邦奇（Gioanin Bongée）是 19 世纪用米兰方言写作的诗人卡洛·波尔塔（Carlo Porta，1775—1821）作品中的喜剧形象。

3 卡特里派（Catharism），又称为纯洁派（Cathari），名称源自希腊文 Katharoi（指“清洁”），是一个中世纪的基督教派别，受到摩尼教思想的影响，兴盛于 12 世纪与 13 世纪的西欧，主要分布在法国南部。由于该教派于 1145 年传入法国南部的阿尔比（Albi）城，因此又称阿尔比派（Albigenses）。12 世纪该教派被教皇确定为异端，教皇发起十字军东征，致使该教派在 14 世纪末期全部消失。——译者注

组织一场在意大利举行的纪念奥斯维辛的活动。但是在过去的35 年里，我已经积累了其他的经验，而且我认为谈论它们会有好处。乔万尼 · 拉博尼[1] 指出，《这是不是个人》和《扳手》在对人类尊严的处理上有某种连续性。

……

1　乔万尼 · 拉博尼（Giovanni Raboni，1932—2004），诗人，文学评论家。

《寻根》(1981) [1]

奥雷利奥 · 安德烈奥利

普里莫·莱维的最新一本书《寻根》[2](艾诺迪出版社)收录了一些仿佛是大学图书馆藏书的节选。也就是说,它是一本结集,仿佛收录了自《荷马史诗》以来的所有的文学作品,从讽刺诗、戏剧到史诗等不同的形式,这些作品都依照一种次序同时共存。除了其他的作品,还有《约伯记》的内容,一个正直的人渴望柏拉图式正义的故事;《奥德赛》的部分章节,在其中尤利西斯将自己称为“无名氏”;托马斯 · 曼重写《旧约》的故事(《约瑟夫和他的兄弟们》);《白鲸》或者说梅尔维尔的幻想世界;马可 · 波罗关于旅行的记忆和梦想的《马可 · 波罗游记》;还包括卢克莱修的《物性论》和艾略特的《大教堂谋杀案》(可以说是在一个绝望的时代所抱有的一种基督教的希望)。

普里莫 · 莱维来自都灵,62 岁,他是奥斯维辛的幸存者,也是一个工业化学家。他已经在艾诺迪出版社出版了《这是不是个人》(1958)、《休战》(1963)、《扳手》(1978)。

奥雷利奥 · 安德烈奥利(以下简称“安德烈奥利”):为什么你会出版一本个人化的选集?

莱维:这是朱利奥 · 波拉提[3]的想法。这本选集其实是来

1 原标题是“普里莫 · 莱维另一种表达自己的方式”,刊于《晚报》,1981 年 8 月 21 日。

2 这本选集的意大利文标题是 *La ricerca delle radici*(《寻根》),莱维在后文多处提到的“自选集”即为此书。——译者注

3 朱利奥 · 波拉提(Giulio Bollati,1924—1996)是艾诺迪出版社的一个重要人物,后独立创办博拉蒂 · 伯林西里出版社(Bollati Boringhieri)。

自作者自己的藏书。所以某种自反性的因素——作者的毛遂自荐——是存在的，但这是作为一种背景存在的。这样的一本选集实际上是某种形式的自传，但是对我而言，它不仅仅包含这些。我并不是天生的作家，我的“根”只有部分是文学性的：在30年里，我是一个全职的化学家，那份工作有时充满激情，有时充满沮丧，是一种生活内部的生活。

安德烈奥利：为什么会选择用《寻根》这个题目？这是否可能是对你自身从书本当中获得的文化身份的一种观察？

莱维：我无法自我审视。我的作品是属于夜晚的，经常是在无意识的状态中写出来的。我想本来也可以将这本书称为“另外一种表述自我的方式”，在前言中，我追问了我们自身有多少根基是来自我们所读的那些书，以及就我的情况来说，有多少写出来的文字是来自我读过的东西。现在很多东西都来自“别处”。不是我读过的书，而是集中营的经历（逮捕、旅程、被驱逐）启发我写了我的第一本书《这是不是个人》。

安德烈奥利：这本自选集针对的读者是谁？对你的读者而言，这本书可否成为他们形成小说和诗歌的个人书目的一份指南？

莱维：这本书没有任何教导性的目的。虽然我曾经想过为艾诺迪出版社的教科书系列推出我自己作品的自选集，作为同一主题的不同呈现。我的读者？……首先，是我的化学同行们，我其他书的读者们，在寻找个人和集体之根的其他人，评论家们（并非期望过高的那种），但是最主要的是年轻人。即便正如我说的，我根本不想把它变成一个教育项目。

安德烈奥利：如果要为一所大学图书馆选择藏书书目，哪些当代意大利作家会是你的选择？

莱维：在这方面我有些没有自信。我当然不会是那种在新书一上市就读的人，我会等着看它们的热度会持续多久。幸运的是，我并不是一个专业的读者，我并不需要立刻去阅读所有人写的任何东西。当然，我一定会选择卡尔维诺的作品，毫无疑问。然后是里戈尼·斯特恩[1]，因为他是一个让我觉得亲近的同行；斯特凡诺·德阿里戈，这个经常被不公平地忽略的作家应该得到公平的对待；还有艾尔莎·莫兰特和娜塔利娅·金兹伯格。

安德烈奥利：为什么你没有在你的书目里收录我们国家的经典作品？

莱维：我的选集里没有但丁，也没有曼佐尼，因为世界上的任何一个图书馆里都会有《神曲》。如果把莱奥帕尔迪和薄伽丘收录进来，也许会有用。但是同样，我决定将这些属于每一个读者的遗产的书排除出去。虽然，必须要补充一点，因为我们之间那种根深蒂固的差异，莱奥帕尔迪从来不是我最喜欢的作家：他如此绝望地看待这个世界，而我则沉浸其中……

安德烈奥利：但是在你的选集里，收入了一些你形容为“遭

1　莱维这里提到的作家都是和他同时代的意大利作家。他和伊塔洛·卡尔维诺（1923—1985）以及娜塔利娅·金兹伯格均有私交。他同样也认识马里奥·里戈尼·斯特恩（Mario Rigoni Stern,1921—2008），后者写过一些战争小说和自然小说。斯特凡诺·德阿里戈（Stefano D'Arrigo，1919—1992）著有厚度惊人的《鲸鱼杀手》(*Horcynus Orca*)。德阿里戈和斯特恩的作品都被收入《寻根》中。艾尔莎·莫兰特（Elsa Morante，1912—1985）著有几部著名的小说，包括《历史》[*La Storia*，都灵：艾诺迪出版社，1974；英文版由艾伦·莱恩出版社（伦敦）于1978年出版]，这是一部以战时的罗马为背景的宏大的畅销小说。

受不公之难的人”的作品，然后你收录了艾略特和巴别尔[1]的作品。

莱维：是的，但我在艾略特和巴别尔身上看到了某种超越绝望的东西——在艾略特身上是他的信仰，这是我无法与之分享的东西；而在巴别尔身上，是他身上那种充满活力的冲动，这让他从犹太人变成一个哥萨克人。我认为我们在巴别尔的作品中看到的绝望是他死后被赋予的，只是因为他被谋杀，才将绝望安到他头上。在我看来，巴别尔是一个充满冒险精神的男人，一个精神的探索者。然而策兰的作品中有那种纯粹的绝望。我也把他的作品收入了我的选集当中。

安德烈奥利：让我们讨论一下你的阅读中另一个重要的类别，你称之为“笑的拯救”，这个名单从拉伯雷，到波尔塔，到贝莉，到沙洛姆 · 阿莱赫姆[2]……

莱维：这几个不同的作家是通过他们对语言快乐的、天才的运用联系在一起的。他们都是语言的开拓者，他们是有意无意的语言学者。在他们所有的作品当中，他们使用的语言本身就制造了欢乐。我没有收录斯威夫特是因为他的作品中带有某种苦笑。也许我应该将萨缪尔 · 巴特勒当成一个讽刺批评家、一个狂热的科学家收录进来。我从朋友们和读者那里收到的最

1　伊萨克·巴别尔（Isaak Babel，1894—1941？），俄国犹太作家，著有《红色骑兵军》（1926；英译本，伦敦：阿尔弗雷德 · 克诺夫出版社，1979 年版），此书根据作者的亲身经历写成，讲述了真正的恐怖。他还描述了俄国人在他的出生地敖德萨的生活。他死于苏联的某所监狱，具体日期不详。

2　关于卡洛·波尔塔，参见莱维在前文关于《扳手》一书的采访。沙洛姆·阿莱赫姆（Shalom Aleichem，1859—1916），著名意第绪语作家，创造了诸多文学形象，包括“送奶工特夫耶”（是电影《屋顶上的小提琴手》中男主人公的原型）。

常见的问题是，为什么选择这位作家，而不是那一位？但是很自然的是，我必须有自己的品位。

安德烈奥利：为什么你收录的当代作家当中不包括博尔赫斯？

莱维：我对他的作品知之甚少，我想我大概对他有一种隐隐的反感。在博尔赫斯的作品中，我看到了一种和我极其不同和疏离的东西。无论如何，想要让我为自己的喜好和厌憎进行辩护是很困难的。对于有些人，理由是非常清楚的，对其他人则并非如此。甚至，我对拉伯雷的爱明显也是不可解释的，但是他是我在所有的作家当中觉得最亲近的一个人。那种亲近几乎就像一个儿子（对父亲）怀有的感情。如果有可能，我愿意选择他当我的父亲。

安德烈奥利：作为一名犹太作家，你为什么没有选择艾萨克·巴什维斯·辛格这样伟大的作家？

莱维：因为我不确定他是不是一个伟大的作家，首先他太高产了，正因为如此他的作品看起来很单薄。从个人角度，我对他有一种亲切感；但如果要将他收入我读过并且一直重读的作家名单，那是不诚实的，可这部书的主题却是如此（我阅读、重读的作家）。我不认为他能称得上是一流作家中的“脊梁”。我担心，下一代人中只有专家才会读他的作品。将辛格的一页作品放在另外一个知名度不如他的意第绪语作家——比方说阿莱赫姆（我收录了他的作品）的作品旁边，看到两者在“文体活力”方面的区别。

安德烈奥利：为什么你没有收入来自中欧的传统作家，如普鲁斯特、穆齐尔、卡夫卡？

莱维：我认为普鲁斯特非常无聊，穆齐尔的作品我并不是很熟悉，而卡夫卡在我身上激起了一种非常矛盾的感情。一方面，我认为他的一些作品极端重要；而另一方面，我很抗拒那些作品中带有的明显的心理分析成分。

安德烈奥利：让我们再谈一谈你厌烦的那些文学……

莱维：反感并不永远都是理性的。有些是偶然或者环境使然，或者因为你碰巧读到了错误的作品，或者是说在错误的时候读到了对的作品。在所有令我厌烦的作品当中，包括陀思妥耶夫斯基的作品。最近我试图再次潜入他的作品，之前他乏味的风格每次都让我半途而废。我在他的作品当中发现了一种令人惊叹的内省的洞察力和令人讨厌的混乱的结合。如果将他的书删去三分之一，则会好很多。当然，我读的是译本，从个人经验来说，我知道译者的工作是艰辛和危险的。所以，那些我并不通晓他们语言的作家，比方说陀思妥耶夫斯基和俄国作家们，总体说来我对他们抱有某种羞怯。巴尔扎克是另外一位我拒绝的作家，我只读过他的两本书然后就放弃了。生命太短，巴尔扎克太长。

安德烈奥利：你作为化学家的经历在哪些方面影响了你的阅读和写作?

莱维：化学家并不仅仅是一个职业，它同样也是一种有关存在的构造，也塑造了我的一些特定思维习惯，其中最重要的一点就是清晰性。一个不能清晰表达自己的化学家是一个糟糕的化学家。我在一家小的油漆厂担任化学家的工作（就像伊塔洛·斯维沃一样），对我而言这份工作至关重要，它给我提供了最原初的素材，以及可以讲述的诸多故事，但我的写作仅仅严格局限在晚上的时间，在晚上 6 点之后。

《若非此时，何时？》(1982)[1]

罗茜莉娜·巴尔比

几年前，在谈及《这是不是个人》时，普里莫·莱维写道："我渴望讲述这一切的冲动是如此强烈，于是我开始描述我在那里经历的一切，就在现场，在那间刺骨寒冷、被战争和充满警戒的眼睛包围的德国人的实验室里。然而我知道，在任何情况下我都不能保留这些在仓促中草草涂就的笔记，我必须尽快将它们销毁，一旦它们被人发现，他们就会认定我在从事某种间谍活动，我会立刻因此送命。不管怎样，这些记忆在我的五脏六腑中炙热地燃烧，一回到意大利我就有强烈的冲动要将它们写下来。"

在艾诺迪出版社最近出版的《若非此时，何时？》开头，有一个在最终版本中删去的联句："演员们已经准备好，或者几乎就绪了。他们的面容依然在面纱之下，他们还没有从朦胧中现身，从那还未诞生但想要降生的万物中现身。他们虚弱地走动着，和他们的背景融为一体；他们用一种含混不清的口吻说话，或者他们根本没有张口，只是在嗫嚅、在呻吟，就像新生的小狗一样。他们在等待，怀着希望和恐惧，等待进入这个世界。"

我对普里莫·莱维说："让我印象深刻的是，自《这是不是个人》出版以来，这是你第一次感到一种紧迫的、压倒一切的、无法阻挡的写作冲动。你将《若非此时，何时？》的故事情节

1　原文标题是"门德尔：一个安慰者"，刊于《共和报》，1982 年 4 月 14 日。

设置在和《这是不是个人》以及《休战》的情节差不多的时期。为什么会重返那段时期，我想是不是因为今天的氛围中再次出现了这种特定的态度和倾向？是不是多少与反犹主义令人毛骨悚然的新浪潮有关？就在一些天前，我们得知了一条新闻：两所德国大学拒绝让自己以海涅和爱因斯坦的名字命名。”

莱维专注地听我说完。（后来他告诉我，我是迄今为止唯一读过他全部作品的人——“在艾诺迪出版社，他们没有读完就将书出版了”——所以他非常好奇我会问他什么问题。）他思考了一段时间，然后摇摇头：“不，我不这么想，或者至少，如果存在那种冲动的话，我也并没有意识到那一点，我内心深处的强烈冲动是想要展示那种指控是多么没有事实根据——这些指控来自犹太人和其他任何人——他们指控犹太人一动不动，任由他们自己像羔羊那样被屠宰。

“10 年前，我的一位朋友埃米利奥 · 维塔 · 芬齐告诉我一个令我印象非常深刻的故事。1945 年，当时 17 岁的维塔 · 芬齐在米兰联合大道上的‘助理办公室’工作。有一天，他在那里发现了一群怪异的人，后来那些人变成了我书中的主人公。你也许会问，为什么我要等上 10 年时间，才会将这些听到的故事写下来。事实是我太忙于其他事情了：我仍然在从事化学家的工作，所以在当时我只是写了一页纸或者做了一些笔记，但当我后来清理‘休眠的灵感仓库’时，我发现了这张纸，然后决定将它变成小说。但是维塔 · 芬齐已经记不清故事的模样了……所以我必须通过一系列的阅读和研究，在那些笔记中间搜寻，直到完成这本书，这中间大概花了一年的时间。

“研究是为了什么？是为了发现犹太抵抗运动的真实情况，

为了确认它比人们通常认为的更为重要——无论是规模还是其道德重要性。并不仅仅是一帮犹太人，还有犹太军官和士兵领导的苏联抵抗团体。苏联的档案可以证明这些，它们并没有特别区分谁是犹太人，谁不是，但是有一些名字是不会错的。”

在最近的这本书中，用莱维自己的话说，他讲述了一群选择抵抗的犹太人（他们的行动和在意大利北部山区的抵抗运动身处截然不同的环境：后者的游击队员在离家不远的地方进行抵抗；而我们的抵抗分子带着无尽的孤独，在森林、沼泽和冰川当中穿梭，没有任何的腹地）。这群（犹太）游击队员四处游荡，有时候也会加入别的队伍，有时候会被另外的队伍拒绝，然后在经历了重重冒险之后，最终抵达意大利。在阅读这本书的过程当中，我想起了莱维早期的一本书《寻根》，在书中作者提供了一系列的阅读路线，从《约伯记》开始：那个受到不公正压迫的义人，经过了不同的（由不同的作者所呈现的）驿站——讽刺，知识，意识到这一切对人类的意义——达到了某种救赎。在某种程度上，我感觉这部小说里的主人公们经历的路线和莱维提供的那个知识的路线并没有多大的不同：在这里，我们同样从压迫和不公出发，借助或多或少平静的意识抵达救赎（基大利所领导的队伍唱的那首歌的副歌即这本书书名的由来，出自公元2世纪一些拉比的语录合辑——希勒尔拉比说：“我若不为自己，谁会为我？我若只为自己，我是什么？若非此时，何时？”）。

我问道：“你，普里莫·莱维本人，会认同你的哪一个主人公？门德尔这个人看起来和你尤其接近……”

“确实如此，实际上我对门德尔有一种认同，我的意思是他做了我本可以做的事，或者说如果有能力就应该去做的事。”

门德尔是斯特列尔卡（Strelka）来的修表匠，他曾经有一个妻子，他妻子最后和村庄里的其他犹太人一样死在了“大坑里”。他和红军一起战斗。1932 年 6 月，如同很多其他抵抗分子，他失去了和红军的联络。“他们清点活着和死去的人，然而失踪的人既不是活的，也不是死的，无法清点，他们就像幽灵。”门德尔“这个名字，是梅纳赫姆（Menachem）的简称，意思是‘安慰者’，可我从没安慰过谁”。也许不是在小说开始前，而是贯串整个小说中，门德尔都是一个强壮的、见多识广的——也因此带有安慰性——存在。并不是说他心怀某些幻觉，恰恰相反，他之所以那样行动并非因为他觊觎这种或那种希望，或者因为他对未来的乌托邦有任何幻想。他甚至都不确定，在这个问题上，自己过去是否有过，或者将来会不会有任何的自由选择。在这本书的结尾，当他和他的同伴们发现自己来到了米兰的一间富丽堂皇的大宅的客厅,门德尔“(感觉)晕头转向，在一间满是漂亮东西和斯文的人的客厅里，他感觉自己也是两军残忍厮杀的大棋盘上的一个小卒，也许一直以来，他就是一个小卒，自从他成为一个失踪的人，自他遇见列昂尼德以来。你自以为自己在做决定，实际上是跟随别人早已写下的命运”。之后不久，他转身对基大列说:“基大列，我们走，我们去道别，这不是我们的地方。”

那间米兰的客厅……

“确实，那间米兰的客厅在某种意义上代表了小部分阿什肯纳兹犹太人和意大利布尔乔亚犹太人的某种碰撞。这两者是如此不同……无论如何，当我们从集中营回来之后，我们也感觉自己和别人处在一个不同的世界。他们什么都不理解。”

也许这和爱德华多·德·菲利波在《那不勒斯：百万富翁之城》(1945) 中描述的情境一样：一个遭遇了可怕经历的人回到家，想要讲述那段经历，和别人分享这一切，让自己获得自由。但是每个人都告诉他："让它过去吧，那是无法改变的事，现在吃点儿东西吧，不要再讲这些了。”然后他们就去讨论别的事情了。

莱维点点头。“奇怪，你也这样说。就在另外一天，一个朋友，也是集中营的难友，他也在引用《那不勒斯：百万富翁之城》……你也许记得——我在《这是不是个人》里写过——所有集中营的囚犯最常做的一个梦就是‘当他们讲述自己的故事时，却没有人聆听’。”(“这里有我的妹妹，还有一些认不出来的朋友，还有其他很多人……回到家，身处友好的人们中间，有这么多要回忆的事，这其中有一种强烈的、生理性的、无法描述的快乐，但是我不能不注意到我的听众们并没有在听我说，实际上，他们完全表示漠然，他们慌乱地讲着其他事，就好像我不在那里一样……”)

你告诉过我，你想通过这本书重建一个历史事实，那就是犹太人确实参与了抵抗。但这种反抗的能力是否在欧洲的每一个地方都存在？

“我只能说在意大利，我们并没有准备好。我也并不只是在说犹太人。我所有的同代人在面对真相的那一刻都是手无寸铁的，无论是从字面意义上还是从象征层面上。对于犹太人而言情况更是如此。我们应该说，犹太抵抗运动的种子更多是犹太复国主义，而不是共产主义……今天在意大利，犹太复国主义相对而言得到的支持更少一些：那些仪式、集体舞蹈、共同的行动，在我们看来都没有那么重要了。”

莱维的书中没有一个人，或者说几乎没有人是犹太复国主义者，很多人最后——我们假设，虽然书的结尾并不明确——都去了巴勒斯坦，但并不是因为他们在追随某个古老的梦想，而是因为他们无家可回，没有可以寻找的亲人，也没有一个可以重新捡回的身份。也许，对门德尔来说，预示希望的唯一信号是小说的最后一页出生的那个婴儿。在他们等待罗柯尔分娩的时候，那个年轻的姑娘琳对门德尔说：“我们也是刚刚出生的。俄国孕育了我们，养育我们，让我们在它内部的黑暗里生长，就像在子宫里。然后它生下了我们，它经受阵痛、宫缩，把我们扔出来，现在我们就在这里，赤裸裸的，崭新的，像刚出生的婴儿一样。”之后门德尔思考了重新开始的问题，但是从什么地方开始？然后，他想到了那个正在分娩的女人。他说，他们是对的，他们闭上了眼睛，放纵自己，男人的种子就不会浪费了。

他好像猜到了我的想法。莱维说：“我想补充一点，当我开始写作这本书时，让我兴奋的一点是，我在考验自己能不能成为一个小说家。这个职业对我而言是全新的，我必须从无到有虚构这些事件，我必须完全自由地创造所有的人物。然后我创造了他们，游击队的所有人，他们这些人物可以恶作剧，可以跳舞，可以开枪，他们带着恐惧，也都充满勇气。只有波琳娜——那个年轻的女飞行员——是个真实的人物。因此，尤其在写第一稿时，我有一种近乎妄想的感觉，就好像是自己在分娩，但接着，一旦孩子被生出来，他们就会拉着我的手，他们就会反抗，他们——我该怎么形容呢——会开始联合起来，并且抗议，他们也需要选择的权利。事实上他们也决定了，尤其是在碰到女人的问题时。我曾经有一份后来被彻底忘掉的提纲，我本想将他们变成拉辛的戏剧里的那种主人公，他们的角色有相同之处，是平均的，他们更多是由那些困境而非令人难忘的姿态所塑造的……”

有点像皮兰德娄的《六个寻找剧作家的角色》[1]……

“正是如此，我想我现在已经彻底理解了皮兰德娄……还有皮格马利翁的伟大的故事。”

短暂地停顿之后，莱维继续谈起这个话题：“一个小说人物，真的是一个奇怪的生物，他们是从纸上诞生的，白纸黑字，生活在书页里面。但是我们会爱上他们，厌恶他们，我们从情感上被拖进他们的生活里。甚至对别人创造的形象也会如此，所以当你自己为这些人物赋予命运时，你和他们之间产生了一种——或者至少，在我身上如此——特别的纽带或相互作用，或者说是一种同盟关系。”

所以你并不排除一种可能性，笔下的人物会对你产生一些影响，也许会说服你，甚至强迫你让他们重新回到舞台上。

“我不能排除这种可能。嗯，我不知道。可以肯定，他们仍然在我的周围活动……我想这一切取决于他们对生命的渴望。”

若非此时，何时？

---

1 路伊吉·皮兰德娄（Luigi Pirandello，1867—1936），著有《六个寻找剧作家的角色》，采访者在此引用了这个剧。参考 L. 皮兰德娄，《戏剧集》（第 2 卷，伦敦：约翰·考尔德出版社，1988）。

《被淹没与被拯救的》(1986)[1]

乔治·卡尔卡尼奥

普里莫·莱维的书房书架最上面一层有10只巨大的深绿色盒子，里面有过去10年里莱维从全世界收到的来信，其中大部分信件都和《这是不是个人》有关。但在书架下方的一个角落里,就在他的书桌正后面,有一个盒子上面写着“1986年”,那个盒子正被很快地填满，这些信件都是和莱维新近由艾诺迪出版社出版的《被淹没与被拯救的》有关。40年以来，作家一直在回到奥斯维辛，他一直在他的记忆里通过那个旧日地狱的层层环圈。但这一次，他并不是作为一个见证者，而是一个审问者。而他的读者的反馈也非常急切。

按照莱维的初衷,“被淹没与被拯救的”应该是他的第一本书的名字。这个标题确实在第一本书中出现过，作为其中一个章节的题目。他是在但丁的《地狱》篇的第四个火狱(bolgia)的开头发现这个词组的:“我现在该作诗描述新的刑罚,给写沉沦者的第一部曲的第二十歌提供题材了。”(Di nuova pena me convien far versi /e dar matera al ventesimo canto / della prima canzon, ch'è de'somersi)[2]但是弗朗科·安东尼切利(Franco Antonicelli)——莱维在1947年的第一个出版商——被这本书的题词中的那一句“这是不是个人”深深打动,

1 原文标题是“普里莫·莱维:去理解,不代表去宽恕”,刊于《新闻报》,1986年7月29日。

2 本节是《神曲·地狱篇》第20章，1—3节。原文标注了对应英译本的译法，中文版删去。——译者注

然后他建议更换书名；也因此那本书最开始的标题要在 39 年之后才会出现在书封上。而且，和《这是不是个人》的封面上那些穿着破烂的集中营制服的囚犯形象不同，这本书的封面上是梅姆林的《最后的审判》[1] 中那些绝望的、恳求的面孔。从编年史到历史，又超越了这两者。

为什么在有了其他这么多经历（无论是文学还是其他方面的）后，普里莫 · 莱维要重新回到这个主题？是出于对真相的渴求，他迅速回答道。为了对抗华丽的修辞。

莱维：把我们这些曾被驱逐的囚犯和那些先前的游击队员们做比较，那是对的，也是合适的。但在后者那种胜利的反抗和前者被动的、不体面的监禁之间，存在着一种本质的区别。我想去重建这些差异，我也准备好去接受某些修辞，我们需要这些才能活下来。我们需要纪念碑，需要庆祝："纪念碑"这个词从词源来看意味着警醒。但是我们同时也需要一个对立面。在那些华丽修辞之上，我们同样需要一些平凡的实况报道。我试图提供这些，我同时也知道会触犯到一些敏感的人。这些主题仍然还是禁忌。

他创作这本书还有另外一个初衷，一个触及我们历史核心的原因。

莱维：我感受到时过境迁，我自己的时光也在飞逝。当时间流逝的时候，我能感觉到，这些记忆被世界理解的程度在下降。

---

1 汉斯·梅姆林（Hans Memling，约 1430—1494），生于德国，是佛拉芒画派的宗教画家。他的《最后的审判》（约 1467）的部分画面被用于《被淹没与被拯救的》第一版的封面。

莱维经常去学校里和那些年轻人面对面交流。

莱维：我在他们身上发现了一种非常强烈的，甚至激烈的情感参与，但是他们并没有太多历史性的理解。当我走进一间教室时，我能感到，当他们看到自己读过的一本书的作者出现时的那种震惊：我还活着，我说的是意大利语，而不是拉丁语或者希腊语。

一些意大利语作家感觉自己和更年轻的一代读者已经开始脱节了。

莱维：我想揭示，这些事件属于一个很近的过去，不只是在地理层面。奥斯维辛的种子绝对不能被允许再度发芽。然而，暴力近在咫尺，就在我们每个人身边，而暴力自身就会滋生暴力。我们能在两场世界大战之间，以及在阿尔及利亚、俄国、越南之间，发现一种隐蔽的关联。我们的社会，通过那些信息媒介（在很多方面都是非常必要的）在传播暴力。它会使用那些放大暴力的机制。

而实际上，在这本书中集中营的记忆仍然将自身的阴影投射在我们今天的世界里。在书中时不时会发现一些让人不安的联系：书中最关键的《灰色地带》一章中，你详细分析了人类——甚至是受害者——试图获得对他的同伴，对任何处境比他更糟糕的人的控制权。《被淹没与被拯救的》是否想要处理那段经历的历史特殊性，或者说在我们今天的时代仍是一个问题的那种恐惧？

莱维：我的一个希望确实是在当下再次提起这个问题。对我而言，最关键的问题是历史是否会重演？我并不是先知。至少在可以预见的未来，我不认为在欧洲我们会重新走向这个方向。但是这种危险仍然存在，这一点是非常明显的。我们对柬埔寨的一点点了解会让我们惊恐地想起在德国发生的那些事情。地球上有三分之一的人口曾为了一个狂热的理想而被牺牲。他们想让我们去承受任何东西，利用那些我之前提到的媒体让人民相信任何事情。

在《被淹没与被拯救的》中，有两个动词经常出现："去理解"和"去宽恕"，有时候这两个词带有负面的意思。这是否是这本书的两个关键表述？

莱维："去理解"，是的，我花了40年的时间，不停地尝试去理解德国人，去理解这一切何以发生，这是我生命的一个目标。但同时在更宽泛的意义上，另外一种层次的理解也令我着迷：作为一个化学家，我想去理解周围发生的事情。

"去宽恕"呢？

莱维："去宽恕"不是我用的词。它是被附加在我身上的。我收到的所有信件，尤其是那些年轻读者和天主教徒读者的来信，都会回到这个主题。他们会问我，我是否选择了宽恕。按照我自己的标准，我认为自己是一个公正的人。我可以宽恕一个人，但是并不是所有的人，我只能就单独的案例来进行判断。如果艾希曼在我面前，我也许会判他死罪。我并不接受——正如一些人让我做的那样——宽恕一个整体。谁是德国人？我并不是一个信徒，所以，"去宽恕"这样的词组对我并没有实际的意义。我并不相信，任何人——即便他是一位神父——拥有捆绑或者释放别人的权利。任何一个犯下罪行的人都应该为此付出代价，除非他进行了悔罪，但这不仅仅是口头上说说而已。口头上的悔罪并不足够，我愿意去释放那些用他的行为来表明他已经悔过自新的人。而且他不能拖上很久才完成这些行动。

关于奥斯维辛的知识分子的那个章节，强调了和没有文化的人相比，那些有文化的人在奥斯维辛面临的一些劣势。在《交流》的那一章，你论证了最首要的需求是能够理解那些命令，好让自己活下来。如果语言能够拯救我们，那些知识又是如何导致他们毁灭的呢？

莱维：我说的是那些日常、普通的交流，并不是智力交流。我们都是思考的生物，但是在奥斯维辛，我们甚至被剥夺了那种日常的语言，意大利人尤其如此。当然，在那里，"去理解"是一个优势，但在我们到达的那一刻起，这也被一些严重的劣势抵消了。任何一个宣称自己是律师、教师或者哲学家的人会立马遭受殴打，而修鞋匠或者电工的情况要好很多。

但是，知识分子们能去观察奥斯维辛，并且对其进行见证。

莱维：在那之后。当然，在那之后，身为知识分子是有帮助的，去描述那段经历。在我接受了学校教育之后，奥斯维辛将我转化成一个知识分子。正是集中营的经历让我变成一个知识分子。我想起了莉迪亚·罗尔菲[1]，她是蒙多夫伊（Mondoví）的一名教师；她在17岁那年因为庇护了一个抵抗分子被送进拉文斯布吕克集中营。她身上和我一样的那种想要去理解、去适应的意志，让她活了下来。在她回来之后，她意识到集中营是她的大学。

这40年的时光，是否改变了那个曾经被淹没、沉沦的人？

1 莉迪亚·贝卡里亚·罗尔菲（Lidia Beccaria Rolfi，1925—1996），她和安娜·玛利亚·布鲁佐内（Anna Maria Bruzzone）合著了《拉文斯布吕克集中营的女人们》（都灵：艾诺迪出版社，1978）和《记忆的细线》（都灵：艾诺迪出版社，1996）。

面对这个问题，普里莫 · 莱维有些尴尬。

莱维：这40年，有生活，有工作，而最主要的不停拷问我大脑的是“去理解”。

他摘引了这本书第一页上柯勒律治的四行诗句：“从此后这无比的痛苦，时时出现，将我折磨……”[1] 他评论了第一句：

莱维：在某些时候，也就是时不时地……并不是说我还生活在那个世界里，否则的话我永远也不会写出《扳手》，我永远也不会有一个家庭，永远也不会做那些能给我带来快乐的事。但这是真的，有时候，这些记忆会卷土重来。我是一个惯犯。

奥斯维辛的记忆无法被抹除：无论是在一个人的生活里，还是在世界历史中。

---

1 摘自柯勒律治《古舟子咏》（1798），莱维经常引用这首诗，将它用于书中，表现一个从集中营归来的幸存者的形象。

第四部分

文学与写作

一种神奇的必然性（1972）[1]

皮耶罗·比亚努奇

身为一个化学家，普里莫·莱维凭两本讲述了他在集中营生存经历的自传性的作品——《这是不是个人》和《休战》——奠定了他作为作家的名声。第一本书还被改编成一出成功的舞台剧，也证实了莱维作品的见证分量。但除了这个我们可以形容为"谦卑地承担"的莱维，还存在另一个同样重要的"异想天开"的莱维，他不仅调用自己的记忆，还使用了想象。去年，艾诺迪出版社出版了一本题为《形式的缺陷》的故事集，那本书是对这个莱维的绝好例证。话说回来，一个作家之所以如此有趣，有很多不同的原因，不仅因为他是作为业余爱好者而非作为"专业作家"进行写作，将写作视为一种兴趣；也因为他的作品给我们指引了两个看似如此截然不同的方向。因而，我们想就当下的文学图景请莱维从他非同寻常的视角回答几个问题。

皮耶罗·比亚努奇（以下简称"比亚努奇"）：抛开你的个人喜好不谈，你如何从整体上评价当下意大利报纸上的那些文学批评？

莱维：在我看来，理想的记者-评论家是那些不用其自身的权威来影响你，就能让你了解他对某一作品的看法的人，他会尽可能地平实、客观地描述作品本身，这样你就能够自己思

1　原文是普里莫·莱维对皮耶罗·比亚努奇的书面回复，原标题是"对全世界而言，一种神奇的必然性"，刊于《我们的时代》（*Il nostro tempo*），1972年2月20日。

考这部作品是否符合你的趣味，你是否应该克服天然的惰性去买一本。为了实现这个目的，他应该表现出明显的不偏不倚，也就是说，让自己独立于某个教派或者阵营，但同时他不能抛弃（他又如何能做到？）自身的文化和政治立场。

比亚努奇：学院派评论为这种文化争论提供了什么？

莱维：我认为，在今天的意大利，这种争论有可能在那种高高在上的、稀薄的氛围中让自己走入末路。一般说来，我不认为将学院派评论家和媒体评论家隔离开来是可取的做法。前者有和报纸读者们建立和保持对话的责任，当他这么做的时候，可以这么说，他必须要保持谦卑，脱下华美的学术袍子，应当公平地进行争论。他的观点和大众的观点之间可能存在鸿沟，但是他不应该为此震惊。他应该为自己和他的对话者理清为何存在这样的鸿沟，探究这种鸿沟的本质，也许他也应该准备好去转变自己的观点。

比亚努奇：过去几十年里，关于小说的危机，关于小说作为一种文学形式的没落已经有太多的讨论。对这个问题，你怎么看？

莱维：小说是重要的，即使在今天它被那些（以文字或者其他形式）快速传播的信息浪潮所围剿，小说依然是重要的（小说当然也包含了信息，但是经常是那些微妙的、难以察觉的、读者未知的信息）。我们每个人在内心深处仍然葆有一种婴儿般的对故事的渴望。我们每个人在自己的一生中都有一些假期或者间歇期（比如童年、生病、退休后），那些短暂的空闲时光是可以被一本好小说填充的。是经典小说还是实验小说并不重要，只要作品的实验性不会影响沟通，以及事实和形象的传达。

比亚努奇：当人们讨论小说的危机时，他们经常会提到一种可能性——作为更符合我们时代和我们的需求的“文本”——会取代小说。最近一段时间，确实有一股纪实类或者散文类写作的风潮。你如何评价这种现象？

莱维：非虚构写作体现了一种不同的需求，一种对准确的、直接的信息的需求，无论是出于使用的目的还是出于对文化的一种与己无关的渴求。既然我们周围的世界日益复杂，一个工业化文明中的个体也在渴求越来越高级的思想观念。这种需求已经被也应该被现在浩如烟海的——从简单的技术手册到高级的专家手册——图书所满足。

比亚努奇：很多人也预言，文学领域会发生一场激烈的危机，即文学会被所谓的“图像文化”所压倒，甚至完全取代。你是否赞同我们已经走到了这样一个历史性的文化十字路口？

莱维：我们很容易就能发现在书和视听媒介之间存在的这种对立关系，毋宁说是一种集合关系。我们的孩子们读的书比我们少，但是他们知道的东西远超过我们在他们这个年纪所学习到的。这种现象倒没有让我觉得很困扰，除了在一个特别的层面上。在今天的意大利，出版业相对自由，但是广播和电视还是被国家控制着，人们只有很少的选择。它们逐渐倾向于变成（它们也确实经常如此）一方或者另一方的工具[1]。除了这个特殊的问题之外，我看不出我们有任何理由为这些新的工具发

1 20世纪70年代，意大利广播电视公司受到政府的密切监管，尤其是被执政党天主教民主党所掌控。

愁或焦躁，它们更多的是印刷文字的盟友，而非敌人。我们都知道那些已经几乎被人遗忘的书在被改编成广播或者电视节目之后，获得了新的成功（在销量上也是如此）。

比亚努奇：诗歌仍然是今天的作家和大众进行对话的一个重要方式吗？

莱维：我手头没有任何数据，但我并不认为诗歌（被印刷出来的诗歌，因为诗歌不大容易被转换成视听媒介产品）在今天受欢迎的程度要低于往日。虽然人们和传统的联系不如以往，但我注意到夸西莫多、翁加雷蒂和蒙塔莱[1]的作品仍得到了那些年轻学生，比如小学生们的理解甚至喜爱。这一点不足为奇：对所有的时代和所有的人类文明而言，诗歌都拥有一种神奇的必然性；它是一种既自然又人为创作的富有意义的语言，它的诞生比散文要早。

1　萨瓦多尔·夸西莫多（Salvatore Quasimodo，1901—1968）、朱塞佩·翁加雷蒂（Giuseppe Ungaretti，1888—1970）和埃乌杰尼奥·蒙塔莱（Eugenio Montale，1896—1981）可以说是20世纪意大利最杰出的三位诗人。夸西莫多和蒙塔莱分别在1959年和1975年获得了诺贝尔文学奖。

与普里莫·莱维对话（1979）[1]

朱塞佩·格拉萨诺

朱塞佩·格拉萨诺（以下简称“格拉萨诺”）：对于意大利公众而言，你的名字与两本具有示范性的作品《这是不是个人》和《休战》联系在一起。你如何看待你身上的这个标签？这个标签在今天是否有简单化的嫌疑？

莱维：确实有一点儿。在我最近的一本书《扳手》中，我彻底抛弃自己作为见证者和前被驱逐者的身份。我并不否认任何东西，我不再是先前那个被驱逐者或者见证者，虽然我仍然感觉自己有这两种身份，而且其已扎根在我内心深处。但是我不想自己仅仅拥有这两个身份，在某种程度上被贴上标签，与世隔绝。我认为自己可以自由写作任何主题，我也不排除将来会回归“集中营”的主题。实际上，我脑海中已经有这个想法了。

格拉萨诺：在今天这样对破坏性暴力有一种嗜好，同时拒绝理性和宽容的现实环境[2]中，你如何安置自己作为奥斯维辛幸存者的经历？

莱维：我可以确定，今天的暴力和我曾经经历过的暴力没有任何共同点。（我经历的）暴力是一种国家的暴力，我不相信今天的暴力是国家主导的。我相信，我们今天看到的现象有

1　这次访谈由朱塞佩·格拉萨诺采访，原标题是“普里莫·莱维”，刊于《新意大利》（*La Nuova Italia*），1979 年，第 3—17 页。

2　采访者在这里特别针对的是整个 20 世纪 70 年代意大利的“沉重年代”（Years of Lead），政治暴力和恐怖主义席卷了整个国家。

很多其他的根源。它是一个过度臃肿的、缺乏根基的贫穷政府的附属的、生物学上的产物。我不相信今天我们的国家会制定一项精确的暴力计划。当然，我们今天的国家被治理得很糟糕，但并不存在一种诉诸暴力的意图。另一方面，奥斯维辛的暴力是在国家计划中的。无论如何，我想我们——尤其是年轻一代——去思考那种暴力是有益的。当宽容和理性都消失时，我们应该仔细谨慎地去思考，因为宽容和理性是一体的，而你正在通往奥斯维辛的路上。在我看来，年轻人很容易就能吸取这个教训，我们应该将这个教训教给他们所有人。

格拉萨诺：评论家们不止一次在你的书里发现了某种关联，即你对尊严的捍卫，对人类的尊重，以及这些作品背后的自传性驱动。在《元素周期表》和《扳手》之后，那种潜在的关联对我来说更加清晰：它的核心是劳动的救赎，从集中营里那种惩罚性、毁灭性的劳动（“劳动使人自由”）到工厂里的那种被疏远、轻视的工作，再到你最近两本书里提到的那种象征能力和爱的劳动。

莱维：我必须要打断你对“劳动使人自由”的引用，因为那不是真正的劳动，那是纯粹的痛苦。甚至不是“汗水换来面包”那种身体层面上的痛苦：在那里我们是在为别人挣面包。因和果之间的联系是完全缺席的，也不存在劳动让你活下去的概念。那不是劳动，那就好像你在挨鞭子。

格拉萨诺：但是劳动拯救了我们，也让你从集中营幸存下来，你作为化学家的劳动救了你的命。

莱维：（我之所以幸存）完全是因为外部原因。我能活下来、不被打败是一场恶作剧，就好像我本可以——我不知道——伪造一份文件或诸如此类的。我也不会将那视为一种劳动。在这里我应该声明一件事。所有我们这些幸存者，按照定义都是例外，因为在集中营你的命运就是死亡。如果你没有死去，那也是出于一点儿神奇的运气：你是一个例外，一个起点，不是普遍的，是完全特殊的。那是作为一种宽泛的普遍化存在的。作为一个化学家，我在一间化学实验室工作，多亏了九死一生、出乎意料的命运，我得救了。大部分人的命运与我截然不同，他们的命运就是死，是劳动到死。所以我的劳动经验无足轻重。我并不认为我在实验室的工作是一种劳动，任何时候只要可能我都会进行破坏……虽然这么做并不必要，苏联人已经快到（集中营）门口了，所以实际上我这么做没有任何结果。即使是那些先前在集中营里获得类似这样位置的人，其中很少的人能成为水管工或者厨师，他们并不认为自己的劳动能带来解放，或者更精确地说，从外部来看这样的劳动解放了他们，但从内心来说绝非如此。这是一种你并不认同的劳动。所以我必须把集中营的劳动排除出去。

抛开这些的话，在我最近的两本书，尤其是在《扳手》中，对那些否定你说的“劳动的救赎力量”的人确实有一些反驳。我最早建立的这种对劳动的概念来自康拉德的著作，事实上我在《扳手》的结尾就引用了他的观点。我一直认为在我从事多年的那份工作和与此截然不同的作为船长的工作之间有一定的相似性：这两种工作都给你留下很多犯错的空间。任何一种不包含错误的工作是违反人类天性的。重复性的、机械性的工作是一个很好的例子，当然，很多人是被迫从事这样的工作。但是我想讨论的是别的。有些人问我：“为什么你不写一本讲述流水线上工人的书？”但那不是我想写的书。我想描述的是另一种人类的状况：不是一个被重复性工作束缚的人，就像今天的很多人一样，而是那种遵从古老的、永恒的命运，通过自己的劳动衡量自己与世界的关系的人，他们承担着犯错的风险，他们会无数次尝试，直到做对事情，找到答案，击中目标。我思考的正是这种作为命运的劳动，作为人类处境的劳动。

格拉萨诺：你的最近一本书（《扳手》）招致了很多人的保留意见：一些人批评你在宣扬一种老旧的道德观，或者说是逆时代潮流。但是在我看来，你的书是在正确的时机出版的，即在关于工作和其他很多东西的解释模式开始让人怀疑的时候。

莱维：这和运气无关：我很清楚自己在做什么。和其他人一样，我对那种愚钝粗鲁的、宣称“拒绝工作”的立场感到恼怒，如果每个人都拒绝工作，基本上我们所有人都会饿死。我们应该讨论这个问题。我的立场无论如何也不会排斥关于工作的斗争。在《扳手》中，我没有给福索内加上任何工会背景，但是我本可以轻易地那样做。无论如何，我在一家工厂工作，我知道很多时候那些最好的专家也是很好的工会运动分子。通常如此，但并非都是这样。一种人并不排斥另一种人。我认识共产党员，也认识天主教工会的成员，后者在面对老板时会非常强硬，但回到工作中，他们仍会非常认真。[1] 他们就像福索内，信奉如果你做一份工作就要把它做好的道理。

格拉萨诺：让我们谈一谈你的语言。在《扳手》中，在语

1　意大利三个最主要的工会 CGIL、CISL、UIL 一向与政治势力有所牵连，这三者分别与意大利共产党、天主教民主党和其他党派有联系。

言方面你探索了一种极富原创性的实验方式；但是如果说在那本书里你是大范围地进行这种尝试，那我们可否说你早期的所有作品已经小规模地体现出你追求语言表达多样性，让语言适应角色或者情境的决心？我想到的不仅是《元素周期表》和《休战》的某些部分，还有在《自然故事》和《形式的缺陷》中你使用了大量技术的、科学的语言。

莱维：其中有几篇故事是对科技论文的拙劣模仿，但这并非我的独特发现：所有尝试写作的人都知道，如果所有的人物都用同一种语言说话，他们会像硬纸板剪贴画那样单调乏味。也许你注意到，在《休战》中塞萨尔有他自己独特的语言，但当我说到他时我也会使用他的语言。任何间接提到塞萨尔的地方，那部分的语言就会切换成塞萨尔的语言。这种处理是让写作保持某种具体性的关键步骤。当你介绍一个人物时，他必须是完整的，他必须有自己的生活，有自己的语言。正如你所知的，意大利作家很难使用直接引语，因为意大利语并不是一种特别口语的语言，而口头化的意大利语非常贫乏。通常情况下，意大利方言或俚语则要丰富得多。出于这种原因，我让福索内按照他原本的说话方式说话是很自然的。这并不是一种杜撰的说话方式：你会在那种劳动场合听到这种语言，至少在皮埃蒙特。在伦巴第和坎帕尼亚的工厂里，他们的说话方式也许会不一样，但是这里的人就是这样说话的。因此让他使用一种句法非常贫乏，但技术上极度准确的口吻是很自然的：他说的都是他知道的那些东西，他知道名字的那些东西。他的技术能力同样也是语言学上的。

格拉萨诺：在某些场合，你曾经声明自己致力于清晰简洁的写作，这和你作为一个从事写作的化学家的身份有关，那个身份习惯了科学的清晰，习惯了权衡、核查结果，甚至在稿纸上也是如此。你是否同意，我们当前的世界，拒绝模糊歧义，捍卫想要被他人理解的作家的“谦恭的承担”，持有这种立场有一定的政治价值？

莱维：最近，我被邀请参加在米兰举办的“团结节”[1]，并参加了一场公开辩论。公众们心不在焉，他们把注意力更多放在被展示的香肠上面，而不是我们。我的对谈者是保罗·沃尔波尼[2]，我们讨论了这个问题。他不赞成我的观点，他说作家应该成为读者的火车头，和后者不是同一种运行水平，而是应该稍微领先后者。他应该拖着读者前行，赋予读者思想，塑造读者。因而他可以，或者说他应该使用一种自由的、降临于他的语言。如果他想，或者有冲动想要用一种复杂甚至深奥的语言，他可以且事实上他应该这么做。读者也应该向作家靠近。现在，我反对任何关于写作的药方或指引。我的道路是我自己的，我永远也不敢将其强加到沃尔波尼或其他任何人身上。如果你想写作，你就应该按照自己的欲望来写。对于我自己而言，我选择的道路并非出于说教或者教育的目的，只是因为我内在想要追求的清晰。我相信当一种观念或思想本身就很明晰时，它会自动地在一种清晰的语言中找到自身的表达方式。我的很多同行，借用混乱的风格来反映思

1　团结节 (Feste dell'Unità) 是由意大利共产党及其党报《团结报》赞助的在意大利各个城市举行的文化博览会。

2　保罗·沃尔波尼（Paolo Volponi，1924—1994）是一位重要的作家、知识分子，他最知名的作品是几部描写现代工业社会的小说。

维的混乱，在我看来是偏题了。很多人告诉我："我想要捕捉今日世界的混乱，所以我带着混乱写作。"我看不出这能解决任何问题，一切还是原样。我们知道世界是混乱的，而混乱地写作并不能给这个世界增添点什么。

说了这么多，我必须要坦白我自己是那些以晦涩著称的作家的信徒。比如，我喜欢乔伊斯，而且原因很复杂，三言两语道不清。我认为他的晦涩只是表面的，稍加努力我就穿透这层表象，并从中得到愉悦。其他我无法轻易穿透的作家，对我而言仍是一样的晦涩，我只能缴械投降。在视觉艺术领域也是如此，除了那些诚实坦率的画家和雕塑家，还有那些在空空的画作之下以"无形式艺术"的名义夹带私货的不诚实行为。作家中也有这样的情况：有些人错乱的、不稳定的语言之下其实什么都没有。正如我先前说的，我不喜欢为别人拟定法律：你们都应该这么做，你应该用主谓宾结构写作。从心所欲吧。在我看来更文明地写作，如果你加以努力，读者就会追随你。

读者……谁是读者？这是另外一种正在抬头的争论。很不幸的是，存在那些不跟随任何人的读者，他们要么什么都不读，要么只看喜剧。好吧，作家的职责之一就是让自己被理解，去俘获，甚至争取到这些读者。我能告诉你的就是在写作《扳手》时我对自己定下的目标之一，可以说正是这个。我赢得了赌注，因为我发现都灵一家工厂里的所有 46 个修配工都读了这本书，还不止如此，他们所有人都读了这本书是因为他们将这本书一个个传递下去。他们给我带来了莫大的快乐，不是因为我拯救了多少灵魂或诸如此类的，而是因为我把之前从不阅读的人群引入了书籍的世界。

格拉萨诺：另一个问题是，回顾你一路走来的道路，除了提起你的作家-化学家的双重身份之外，还有一个问题，即在文学和科技-产业之间存在的某种关联，这个问题是最近逐渐升温的各种争论的焦点。你怎么看？

莱维：让我再重复一遍：我无意为任何人拟定法律。如果一个作家对科学和技术一无所知，却依然能够享受他人的爱戴，不失自己的地位，那我也会很高兴。这样的事情会发生，而且确实发生过。比如说蒙塔莱，就我所知他完全生活在科技的世界之外。但是我相信，如果一个作家不是生活在象牙塔里，或者乐观地说，生活在一段从但丁开始到《无限》[1]结束的犁沟或者管道里，他沿着这条沟壑前行，却从未抬头去看头顶的世界，那会是一件好事。如果我们生活在一个被科学和技术充斥的世界，最好不用忽略它们，只要那个大写的“科学”和大写的“技术”仍是灵感令人敬畏的源泉。除了它们存在，以及必须要在写作中以某种方式对它们做出回应这两个原因之外，在我看来或者至少对我而言，它们是相当强大的刺激物。今天无论是谁，如果说他对天体物理学的目标、仪器甚至对更非凡的人造卫星（比如“探索者号”等）一无所知，他就是落后于时代了。让我们举个例子，甚至是康德在他开始写作之前也研究过天文学。这种自我赋予的盲目让我震惊，那意味着失去对我们所生活的这个宇宙的估量……事实上，从一开始就有两种文化是有害的。应该只有一种单独的文化：伽利略只有一种文化，斯帕拉捷

1　《无限》（L' infinito）是 19 世纪初期意大利最重要的诗人贾科莫 · 莱奥帕尔迪最著名的一首诗。

和马加洛蒂[1]也只有一种文化。他们没有分裂的观念或者概念。伽利略之所以是一个伟大的作家，恰恰是因为他根本不是一个作家。他只是单纯地解释自己看到的一切。

格拉萨诺：在你的一些作品——比如《元素周期表》和《扳手》中，我们很明显地感受到你想向大众传播关于科学技术的重要性及其迷人之处的意图。但是已经有人试图对这部作品进行更复杂的阐释，一种存在论的评价。我们继续说回《元素周期表》，书中引用了“伟大曲线”和“原质”[2]这些人类试图驯服的难以控制的材料，似乎在暗示科学只是人类试图驾驭自己和现实的另一个形式，和其他所有的努力一样。

莱维：你说得很好，我除了表示赞成没有别的意见。在罗素的《征服幸福》[3]一书中，就有类似这样的表达，他说必须要付出努力才能得到幸福，这是基于某种生物学上的原因，因为我们是猎人。如果我们生活在一个充裕的社会里，我们躺在床上，就会有人从空中给我们喂食物，我们很有可能会死去或者生病，至少在精神上我们会变得委顿，变得愚蠢。练习——通过他人和物质世界衡量自己，无论这有多么令人疲惫和痛苦——是不可或缺的。一种没有这样的衡量体系因而也没有挫败的生活，是无法想象的。

---

1 洛伦佐·马加洛蒂（Lorenzo Magalotti，1637—1712），科学作家和游记作家；拉扎罗·斯帕拉捷（Lazzaro Spallanzani,1729—1799），是现代生物学的奠基人之一，同样也是一位游记作家。伽利略·伽利莱（Galileo Galilei，1564—1642），“不仅是现代科学的先驱，也是一位杰出的文学家”（《剑桥意大利文学指南》，剑桥：剑桥大学出版社，1996，第316页）。

2 “伟大曲线”是易卜生的作品《培尔·金特》中的一个神奇的、充满寓意的形象，也被称为“大妖魔”（Great Boyg），通常用来形容所有已存在世界上的东西。“原质”（Hyle）是古希腊语中对物质的称呼。莱维在《元素周期表》的《铬》一章中提到这两个词。

3 伯特兰·罗素，《征服幸福》（*The Conquest of Happiness*，伦敦：艾伦与莱恩出版社，1930）。莱维在其自选集《寻根》一书中引用过罗素的一些段落。

格拉萨诺：让我们回到康拉德关于生命的概念。考虑到你经常提及一些作家并将之视为典范——除了康拉德，还有但丁、托马斯·曼、拉伯雷——我想问，哪位作家、哪部作品是你的最爱，哪部作品曾影响了你的写作，简而言之，哪些阅读留下了痕迹？

莱维：你提到的这些人都是。当然还存在影响大小不等的其他人。我是一个古怪的读者。比如，我现在在阅读普鲁斯特，从时间上看是晚了。我也必须阅读大量和工作相关的著作，它们和你提到的那些作家的作品对我一样有用。比如说，为了写《扳手》，我读了一本关于桥梁的精彩之作，那本书几乎和《神曲》一样重要。但我说这些就偏题了，这些书和你感兴趣的内容相比，更多是基于事实的文档。整体来说，他们的作者较少关注他们的风格，而更关注他们写下的东西，尽管这并没有坏处，我对此也没有一点不安。相反，我想说一种极度生动的、具体的风格往往正诞生自让这种事物被理解的需要。最近我读了斯帕拉捷的一本作品，我非常喜欢。他讲述了他如何在蟾蜍身上安装吊索以便观察它们是如何产卵的。我刚刚也提到了马加洛蒂，因为我在读他的《中国行记》，这本书大概有百十来页，但是非常优美。就和《马可·波罗游记》[1]一样。

格拉萨诺：让我们谈一谈你和评论家的关系。贝佩·费诺利奥[2]曾坦承，评论家们对他作品的阐释让他大吃一惊，但他

1　马可·波罗（Marco Polo，1254—1324）1298 年在热那亚的监狱里完成了他的东方游记，这本游记的意大利语标题是《百万》（*Milione*），《寻根》中有这本书的节选。

2　贝佩·费诺里奥（Beppe Fenoglio，1922—1963）是战后意大利的重要作家，尤其以他对 1943 年到 1945 年之间曾参与的反法西斯抵抗运动的描述著称。他和莱维一样都是皮埃蒙特人。

也同样为他们错过的东西感到震惊。你和他看法一致吗？

莱维：我同意这一点。费诺利奥说得很好。有时候，（评论家们）确实帮助我理清我的想法，以及让那些关于我的事情变得清晰，他们经常也会发现我没有意识到自己投入其中的东西，或者是我没有放进文本中的东西。一个典型的例子是贯串我整个职业生涯的争论，关于我的前两本书和我的两本短篇故事集（《自然故事》和《形式的缺陷》）的关系。我的读者比我自己更清楚这个问题。我从后两本书中看不到太多对集中营的重访，也看不到太多在今日世界重现、评价集中营的努力。我并不完全赞成那些在这两者之间建立某种关联的人，那些人认为今日世界的异化和集中营的异化没什么不同。你去集中营待一段时间试试……当看到墙上那些"警察＝党卫军"的涂鸦时我也是这种心理。警察也许不招人喜欢，但是党卫军是截然不同的东西。最近一段时间，有人给我寄来圣诺塔尔尼古拉[1]的一些诗歌，那是些极好的诗歌，但是他的题词让我很不安。他的题词写着："正如你所见到的，集中营在今天又回来了。"我给他写了回信，说他的诗歌很好，但是在奥斯维辛每天都有一万个人死去，而在今天哪怕是一个囚犯，无论是政治犯还是罪犯，在国家的拘留所死去都会是一场丑闻。的确如此，不应该发生这样的死亡。但只要有一个例子，这就让一切不一样了。在奥斯维辛，没有人会出版诗歌著作。另一方面，读者们有可能会从我的故事中找到集中营囚犯的轮廓，这些是我没有意识

1 圣诺塔尔尼古拉（Sante Notarnicola）是一名罪犯，是 20 世纪 70 年代的监狱暴乱和囚犯民权运动中的积极分子。

到自己放进书中的。这种情况很有可能，在某些地方也很明显。比如，在《瓦萨米纳》和《天使的蝴蝶》[1]（两者都被收进《第六日》[2]一书）中，我故意在故事和我早期的经历之间建立了一种联系。其他故事里可能也有这种联系，但并非我有意如此。当然，集中营的经历是创伤性的，那种创伤会一直伴随着你，当你写作时不知不觉地跳出来。

格拉萨诺：让我们回到你近期的作品，我想引用他人关于《扳手》的争论，他们谴责你没有劳动阶层的工作经验却写了一本关于劳动阶层的书。

莱维：在《继续战斗》[3]这份报纸上，我看到很多充满敌意的发言，类似于"如果你不是一个工人你怎么敢谈论工人阶级的状况？让我们来做"。这就意味着让所有人都闭嘴。

格拉萨诺：一言以蔽之，你觉得评论家对待你的作品的方式公平吗？

莱维：大部分人是很公平的。有好的评论家，也有糟糕的评论家——那些没有读完他们应该读完的内容的疏忽怠慢的评论家，仅仅总结了一下书的内容。但是回到我们之前讨论的内容，即两种文化应该变成一种文化，我想大多数评论家都没能理解这一点，虽然他们所有人几乎都有人文教育的背景。充满

1　莱维在这里提到的《瓦萨米纳》（"Versamina"）和《天使的蝴蝶》（"Angelic Butterfly"）最早收录在《自然故事》和《形式的缺陷》中，是两篇短篇科幻小说，"瓦萨米纳"指一种能将痛苦转变成快乐的药物。——译者注

2　《第六日》（*The Sixth Day*）是普里莫·莱维的短篇科幻小说的英文译本合集，其中的故事曾被收入《自然故事》和《形式的缺陷》两本书中。——译者注

3　《继续战斗》（*Lotta continua*）不仅是这一时期的一个极左组织，也指该组织的一份日报。

洞察力地领悟到了这一点的人是罗伯托·瓦卡[1]，他是一位工程师。我喜欢他对《扳手》的评论，胜过其他人的。我同样也喜欢布鲁斯基（Bruschi）的评论，他是一名工会成员，他的评论发表在（工会杂志）《劳动斗争》上。那篇评论最让我高兴，它采用的形式是一个工会成员和一个独立工人之间的对话形式。那篇评论一针见血。

格拉萨诺：很多人已经注意到——事实上，你在《元素周期表》和《扳手》中已经清楚不过地表示了这一点——你对叙述故事的热情。我的下一个问题：你的书是怎么诞生的呢?

莱维：绝大部分（故事）开始都是口头故事。福索内的故事几乎都是来自别人向我讲述的那些冒险，或者说我认为属于福索内或某个福索内的冒险。所以这些故事一开始都是口头故事的形式。《这是不是个人》也是如此，我带着一种病态的讲述冲动从集中营回到家。我对1945年的一些火车旅行记得很清楚，在我回国后，我在全国到处奔波，去获得一些救助，让自己复原，并试图找到一份工作。我当时试图找一份工作。我记得很清楚，在火车上我会向周围的任何人讲述自己的故事，我会引用柯勒律治的《古舟子咏》来形容这个场景，那个老水手会向那些来参加婚礼的人讲述自己的故事，而那些人根本不愿意听。嗯，我正是那个老水手。如果你问我为什么想要讲述那些故事，我可能也不知道原因。也许这是出于一种可以理解的本能：我想要将自己从其中解脱出来。但是我经常会想起尤

1　罗伯托·瓦卡（Roberto Vacca）是一位科幻作家、对未来的思索者，莱维常常引用他的话，显然很钦佩他。

利西斯，当他到达费阿克斯皇宫时，尽管满身疲惫，他还是花了一整晚讲述自己的冒险。所有饱经风霜的人都渴望讲述自己的经历。你知道提布鲁斯(Tibullus),我一直铭记着他的那句“如此在我饮酒时，他能向我讲述他在战场的浴血历险，他用酒水在桌上画出营房的位置”[1]。我当时的处境与这类似。并没有人问我原因，原因非常明显，我必须这么做。如果我被剥夺了这份“用酒水画出营房”的乐趣，我应该会非常痛苦。

格拉萨诺：你的前两部作品都是如此……

莱维：但对于他人可能少一点儿。我要说我生来就是如此：我喜欢对别人讲述自己的故事。事实上我也这么做了，这些故事大部分是那些偶然发生在我身上的事，抑或是其他人向我讲述的事。反复讲述这些故事，让我觉得自己置身于一个数千年前的时代，与非洲和亚洲的那些讲故事者为伍。如果你问我为什么要这样做，我建议你去咨询心理医生，因为我对人类生存的根基问题并不是专家。我并不孤独，很多人，即使不是所有人，都有这种对讲故事的热爱。任何有语言天分的人都喜欢施展自己的天分。不，并不是每个人，我认识那些从来不讲故事的人，他们过着另一种生活，他们不知道讲故事所能带来的那种自由的力量。

格拉萨诺：我想说，讲故事的快乐伴随着平衡、乐观的感觉。安东尼切利[2]注意到，即使在讲述生死大事的日记体《这

1　摘自提布鲁斯的哀歌《谁是可怖的》(“quis fuit horrendos”)，11.31—2。参见提布鲁斯的《诗歌》(哈芒斯沃斯：企鹅出版社，1972)。

2　弗朗科·安东尼切利与《这是不是个人》的出版（和书名）有很大的渊源，他的小小的德席瓦出版社在 1947 年最早出版了这本书。

是不是个人》中也发现了这种快乐，只不过这种快乐表达了对生命的欲望。

莱维：确是如此。部分程度上，这是我的天性——我生来就是一个乐观主义者，部分则是出于我有意的选择。我认为向读者、向人类、向所有读到一本书的人灌输悲观主义是一种伤害。成为一个悲观主义者意味着举起双手，说，让我们看着一切毁灭。既然真的有某种毁灭的危险，唯一的解决办法就是捋起袖子去面对。并且，如果我们想做一些事，让我们自己免遭敌人的伤害，我们需要成为乐观主义者，不然我们从一开始就不会选择拿起武器。必须进行一场战斗。你不能抱着必输的心态去战斗，这是上战场的例子。我的这种立场来自我的根，并不是费尽脑汁想出来或者有意为之的：这是一种本质上的乐观主义。但是我同样也将其合理化了，我相信让人们接受一种非失败主义的信息有一种集体优势。当然，要成为一个乐观主义者从来不是一件容易的事。你必须要投入极大的关切和认真的思辨，但是只要在任何可能的情况下，我都认为成为乐观主义者是一种责任。

格拉萨诺：你未来的写作计划如何？我们已经习惯了你骤然改变自己的方向，用你的话说，“滑向”不同的方向……

莱维：确实这样，我经常变来变去，我一直坚持这么做恰恰是因为我是一头半人马。我从文科高中毕业，接受了人文主义的教育，但是同时也是一个化学家，一个曾经被驱逐的囚犯。所以在写作中我至少有三种不同的资源。如果我们将我的学习和文学一起搁置在一旁，还有我在奥斯维辛的经历可供挖掘。莉迪亚·罗尔菲说过集中营是她的大学，我就引用了她的这句评价。对我而言也是如此，奥斯维辛是第二所大学。最后的资源是我的工作，作为工厂化学家的非常具体的工作。我不想抛弃这三种经历中的任何一种。现在，如果你愿意，我又可以加上第四种资源，即我身为作家的经历，通过写下的文字去传播观念、信息、新闻、事件文献的经历。这第四种经验现在位于其他三种经验之上，也是另外三种经验的总结，反过来也是其他三种经验的源泉。这种讲故事的冲动的一些痕迹，以及对事物如何被叙述的理论化尝试在《扳手》中可以找到。

格拉萨诺：但是下一步会是什么？乔万尼·拉博尼谈到了《扳手》的实验性。那种实验性会通向什么地方？

莱维：我不知道。我不认为我会再写出一本《扳手》。应该说我在构思……我在构思……嗯，我的五脏六腑都能感受到我还没有彻底消化掉的一种东西，与隔着 35 年的距离再回望集中营的主题相关。在所有的那些关于被害者和施害者之间的认同，关于那将被害者和施害者隔离开来的灰色地带的极度暧昧性的争论之后，我在《新闻报》上发表过一些故事，它们都内含这种主题。我不知道我是否还会重新回到这些故事，再次编辑它们，也不知道我是否会写散文或其他任何东西[1]。我想讨论在《这是不是个人》《休战》还有我在曼佐尼的作品中也发现的那个主题，即《约婚夫妇》中，伦佐·特拉马利诺对着堂阿邦迪奥举起刀子的原因。[2]曼佐尼注意到，那个压迫者堂罗

1 莱维此时正在构思《被淹没与被拯救的》。

2 亚历山德罗·曼佐尼（Alessandro Manzoni，1785—1873）写了最重要的意大利小说《约婚夫妇》（1840—1842）（英译本，伦敦：J.M. 登特出版社，1997）。小说开始，伦佐·特拉马利诺无法与自己的未婚妻成婚，因为当地好色的男爵堂罗德里戈恐吓了本来要为特拉马利诺主持婚礼的怯懦的神父堂阿邦迪奥。

德里戈也必须要为被他压迫的那些人所表现出来的微不足道的压迫行为负责。我能清楚地辨别这个主题。把魔鬼和圣徒划分到两个对立的阵营是特别愚蠢的。事实绝非如此。圣徒们和被压迫者们，或多或少都被迫进行了某种，有的时候甚至是特别严重的妥协，而要评判这一点非常艰难。我不是法学家，我也认为要做出决定是异常困难的。但是它们应该得到评判，我们应该意识到这些状况而不是对它们视而不见。非黑即白的标准意味着不去认识人类的天性。这是一种错误的观点，也只有在庆祝的时候才有用。以德国的政治犯为例：我们如何评判那些在集中营里待了 10 年的人？无可避免，他们中的一些人到最后会向纳粹进行一些妥协。有些人足够坚强，坚持到了最后，但是这样的人少之又少。很多人选择了另外的方法：他们会接受工作，比如去鞭打比自己等级低的人。即便在这样的情况下，我们也很难进行论断，因为某些类型的毒打——比如扇耳光或者动拳头——是某种语言的核心：没有其他（语言）可替代。如果你要强迫你掌控下的某些人做出某项特定的行为，即便是那些可能会对那个人有好处的行为，除了这种方法（殴打）之外你还能有别的办法吗？我必须殴打他，不然他不会明白的。我们在处理的是一些极端状况……

格拉萨诺：你提到了你之前发表在《新闻报》上的一些短篇小说。有些故事来自你在集中营的经历，但是其他的都是一些轻松的、有趣的、超现实的故事。后面这类故事对你而言是不是“中场休息”？

莱维：它们是“中场休息”。如果我构思了一个在某些方面看起来有趣的、好的、有用的故事，即使它没什么用处，可能只是一段短途旅行，那我干吗不写呢？我对自己没有那么苛刻，不会一直写或者只写那些有启发性的故事。

格拉萨诺：你的一些诗歌开始发表在《新闻报》上，它们又有何种价值和意义？

莱维：在我看来，它们只有很小的价值。我天生没有诗人的性情，但时不时地，我会被奇怪地传染（就好像让你皮肤发疹子[1]的）那种病。我从没有系统性地写作诗歌。我偶然会在两三天里写上五六首诗歌，就好像在《不来梅旅馆》[2]开头的那几篇。之所以现在开始写诗，我也不知道什么原因，可能因为我的自由时间更多了，但是这确实在我的控制之外。在某些时刻，你也许会发现你的体内有一首诗歌的果核，也许是第一句，也许是中间的某句，其他的句子则会自然而然地出现。有时候一切很顺利，有时候我会把写出的句子都扔掉，但这是一种我无法理解的现象，我并不知道如何看待这个现象，也不知道我在抗拒谁的技法。这并不属于我的世界。我的世界是思考某物，将其发展到……就像一个装配工，是的，一点一点地建造它。其他的那种靠一阵阵的灵感刺激的创作方法让我感到惊讶。但确实，在过去的40年里我已经写了将近30首诗歌。

格拉萨诺：你是那种写得轻而易举，一旦找准了方向写作就会迎刃而解的人吗？

莱维：作为一种规律，可以这么说。《这是不是个人》的

1　莱维在此处用的是英文rash（疹子）。

2　《不来梅旅馆》（*L' osteria di Brema*，米兰：谢伊维勒出版社，1975）是莱维第一本小小的诗集。其中的诗歌后来被收入内容更丰富的一本诗歌合集《不定的时刻》（米兰：加尔赞蒂出版社，1984）。

写作对我而言很轻松。我已经说了很多：我在火车、电车上，在实验室里写作。《休战》也是如此，虽然那本书的创作过程更加规律，每月完成一章，但都是在晚饭后，因为我有一个工厂的职位。即使我的短篇小说，创作过程也毫不艰难。我最近的一本书《扳手》，我发现要完成它几乎不费吹灰之力。我仍然有那本书的手稿：几乎没有一个方向，那些句子就自然地在打字机下面流淌。用那种方法写作看起来很轻松，就好像我摆脱了所有的束缚成了一名真正的作家。那种感觉真的就像有一个人在大声对我讲述这些故事，而我用录音机记录下来。

格拉萨诺：然而在你所有的作品里，这本书是最诉诸小说创作的，最接近编故事的。用你自己的话说，你已经成了一个"伪造者"。

莱维：这种"伪造者"的感觉，虚假的感觉让我很焦虑。我经常问自己一些问题。比如，我想处理的这个主题，即重返集中营，意味着我必须要谈论那些发生在35年前的事。但是我是否确定这些事件都发生了？我是否确定自己有责任将它们原原本本地讲出来？比如说，难道我不能为了自己的目的将它们进行轻微的改动，或者无中生有地虚构它们？你宣称所讲的故事是真实的，要求别人不折不扣地相信每一句话的真实性，或是像薄伽丘那样出于别的目的，并不只是为了记录事实而是为了获得愉悦或者进行启迪而讲故事，这两者之间有明显的差别。这是我还没有解决的问题，我仍在思考。

为一份学术论文做采访
(1981)[1]

宝拉 · 瓦拉布雷加

宝拉 · 瓦拉布雷加（以下简称"瓦拉布雷加"）：为什么地理标识在你的作品里有如此显著的重要性？

莱维：我不确定自己是否接受这个问题的前提。在我的前两本书（《这是不是个人》和《休战》）中，地理标识很关键，因为它们都是纪实作品。确实，在处理《休战》的学生版本中的地图时，我曾经快把艾诺迪出版社逼疯了。这是真的。我本可以忽略这些，但是这反映了我思维的某种模式。当我读一本书时，我希望尽可能多地获得更多与时间和地点相关的信息。如果关于地点的信息缺失，我会感觉很受挫，所以带着某种复仇心理，我会在书中放入尽可能多的准确细节（这对我而言至关重要，因为这两本书都是见证作品，而如果一份见证没有了"何地"与"何时"这些信息时，它就不是一份有价值的作品），所以我让出版社将地图收进书中，以反映那段旅途是多么的荒谬：如果没有地图，它可能就不会显得那么荒谬。

在我的两本短篇故事集中，地理标识的重要性就没那么大了，或者说它们是作为虚构性决定因素出现的，那也是出于我的同一种冲动。在《扳手》中，地理元素又回归了，但同样，

1　本文是宝拉 · 瓦拉布雷加（Paola Valabrega）于 1981 年 2 月进行的一次采访，是她学士学位论文的一部分，后被收入马可 · 贝波里蒂编辑的评论合集《普里莫 · 莱维》（米兰：马克斯与马克斯出版社，1997，第 74—82 页，原文标题是"与宝拉 · 瓦拉布雷加的一次对谈"）。

它对于界定主人公很关键，能够展示他是如何在地球上的五大洲居住，并且轻轻松松往返于这些大洲间的。

瓦拉布雷加：那《元素周期表》中《铅》和《汞》以及其他章节中那些迷人的、神秘的、传奇的地理故事呢？

莱维：我的回答还是一样的，这还是和我的思维模式有关，我认为一个没有地点的小说是被截断的、不完整的。这也是我阅读时的一种需求，所以写作时我会试图满足这一点。

瓦拉布雷加：你更偏爱的场景似乎是高山、森林、灌木丛……那其他地点，比如大海，以及通常所说的水域的重要性呢？

莱维：原因很简单，我曾经很多次攀登过山峰，却几乎没怎么到过海边。对于大海我几乎一无所知。当我想要试图在书中纳入一些海洋的细节时，我必须要去书里查找，而不是从我自身的经验里获得这些素材——我自身的经验在这个例子里几乎是零。另一方面，作为一个自由的公民，我领略过很多山川，无论是作为一个登山者还是一个游客，而我作为囚犯的漫长旅程也包含穿越广袤森林的部分，对于一个意大利人而言这种景色是很震撼的。而至于这些风景是否有其深层含义，我不得而知。

瓦拉布雷加：“水”这个元素在你的作品里经常出现。《第六天》那本书中就有一个故事叫《水之卓越》（“Ottima è l'acqua”）。

莱维：是的，但那是一种非常特别的水，是一种有化学成分的、被污染的水。很有可能这里有某种弗洛伊德学说可以解释的地方：我自己从来没有接受过精神分析。

瓦拉布雷加：你作品中描绘的都灵这座城市为何重要？其

他还有哪些重要的城市?

莱维：这同样也是一个事实问题。我一直居住在都灵，除了战时在米兰度过一年。在我的列表上位列第三的城市是卡托维兹,那是我在开始《休战》里描述的那段旅程前所待的地方,所以很奇怪，那座可怕的矿业城市从我居住的时间长度来说可以排第三位。

所以很自然，都灵成了我的一个参照点。无论如何，没有其他城市可以和它相比较，我也从未在其他地方生活过。我发现要描述都灵之外的城市场景很难，因为我对那些地方一无所知，因为我从未生活在其中。

瓦拉布雷加：让我们从关于地点的问题转到关于时间的问题,你对时间的概念是什么？它是冥想性的,还是结果导向的?

莱维：（时间）不是冥想性的。和任何一个作家一样，我会说（时间）是结果导向的。但是和这个问题一样，还有一个我非常关心的关于时间的生物性问题,我不停地思考这个问题:即作为一种主观感觉，作为一种“内在”的时间。我不止一次写道，主观时间就像一架手风琴那样运作着，换言之它没有准确的衡量标准。通常，人在20岁时，时间看起来更漫长，因为你有好多事情要做，脑袋里也装着好多事情，但之后时间似乎变得更萎缩了，一天天似乎变得越来越短。

也许关于这个概念最本质的经验是在《这是不是个人》中提到的，我认识的很多囚犯们都有这样的体验。同样，那些不是被关在集中营里的囚犯也有类似的体验。回顾那段时间，尽管今天这样看很荒谬，但是那些（被囚禁的）日子看起来非常漫长，但一年极其短暂。等待一天的结束几乎是一段永恒的时光，但一旦一天过去，那一天的记忆就会迅速褪去，因为几乎没有任何事发生，每一天和前一天都是一样的，你在记忆里无法分辨前一天和后一天的区别。我会说这是我关于时间维度的最准确描述。

瓦拉布雷加：我发现在你的短篇小说（在《形式的缺陷》和《自然故事》中，比如像《拙劣诗人》和《强硬的推销员》这样的故事）里主人公都带着一点儿仓促、一点儿焦虑。这种仓促代表了什么？

莱维：你是对的，但我并不知道原因。让我试着给出一个可能的解释。当我写这些故事时，我还在工厂工作，时间总是很仓促。我的仓促是因为工厂生活——像我所在的工厂那样严肃的企业——永远有数不清的工作要做。首先可能是由于我个人时间的局促，因为我并非是在上班时间而是在私人时间完成这些故事的。所以这也许反映了我个人的某种急促，这是一个恒定的因素。

瓦拉布雷加：你认为天气反映了你的主人公们的精神状态吗？

莱维：我可以告诉你，我从未有意在这个方向上施力。我从没有故意地扭曲时间去适应[1]、配合我笔下的主人公们的精神状态。即使我曾经无意识地这样做过，嗯，你也不能讨论那种无意识的东西。写作不是在光天化日之下的活动。在我即将出版的自选集的序言里，我写了一段类似这样的话：那从大脑到稿纸的旅程并非只是通过双手完成的，而是通过天晓得是什么

1 莱维在此处用的是英文单词“match”。

器官的漫长迂回。

瓦拉布雷加：让我们回到关于人物的问题。你的一些关于身体的描写中，有些细节（比如双手）的分量非常重，这一点让我印象很深刻；而那种体形、那种古典美的神秘，本身既没有变形，也不是完美无缺的，对它们的描述带着讽刺。为什么？

莱维：我试图继续给出一个假定性的解释。我从来算不上英俊，而在孩提时代这一点很让我苦恼（有人告诉我我长得很丑）。8 岁到 12 岁期间，这个事实让我备受折磨。也许《自然故事》中的一些篇目（比如《美的标准》）反映了这一点——既然其中的一切，包括美的神话都被讽刺，这其实揭示了相当多的东西。我很确定我童年时代对美的焦虑有一些影响。

说到手，当要描述很明显的体力劳动和实际劳动时，这些并不是我刻意为之的；但是拿对福索内的描写来说，那是我有意这么写的。

瓦拉布雷加：同样的动机也出现在《休战》和《元素周期表》中，比如桑得罗·戴马斯楚的"布满老茧"的手，还有《休战》中海内克那"娴熟的双手"……

莱维：我不认为这两个细节有多么重要。记得小时候第一次看《夏洛克 · 福尔摩斯》时，我为福尔摩斯能够从人们的双手获得破案线索而赞叹不已。在某种意义上，我们都应该对我们的双手负责：它们比一张脸更能使我们同他人区分开。身体的其他部位是不可见的：只有我们的脸和手被暴露在外。

双手能说明更多的东西：这与潜意识无关，是完全理性的。你不需要成为夏洛克 · 福尔摩斯就能从一个人物的双手看出很多东西——它们被如何修剪、护理，左右手的差别，指甲的状态。所以在一种相当开放的层面上，描述人物的双手是很有用的，它可以指引读者。

瓦拉布雷加：你如何解释你作品中关于动物信息的重要性，尤其是你对昆虫的偏爱？

莱维：这个原因肯定是开放的。我对生物学和动物学有一种不求回报的爱。我是一个化学家，但我一直阅读那些和动物有关的流行著作。但这背后是有原因、可解释的吗？

我知道我经常用动物作为某种参照物，也就是说通过将他和一种或几种动物进行对比来描绘一个人物。比如，我记得我将《休战》中的希腊人比作一条饵料鱼或一只在夜间出没的鸟。这对我来说很自然，但其中也有某种文化的影响，我曾经在《新闻报》上用一篇题为"作家和动物"的文章讨论过这个问题，甚至将这个问题理论化。早在20世纪40年代，我就读过阿道斯·赫胥黎的一篇文章，他出生在一个动物学家和生物学家辈出的时代（他的哥哥、祖父和曾祖父都是著名的生理学者和生物学家）。[1] 我非常喜欢的那篇文章一开头是这样的：一个男孩走到我面前，对我说："我想当一个作家，我该从哪儿开始？"赫胥黎回答道："给自己去买几只猫，观察它们。"然后赫胥黎有趣地描绘了当公猫结束屋顶的打斗回到屋里时母猫的表现。

1 莱维在此处提到的是他的一篇题为"受板球影响的小说"的文章（1979年11月16日刊于《新闻报》），后来被收入《他人的行当》一书。阿道斯·赫胥黎的哥哥是生物学家朱利安·赫胥黎（1887—1975），他的祖父T. H. 赫胥黎（1825—1890）是一个自然科学家、公共知识分子，也是达尔文的朋友。赫胥黎最为世人所知的曾祖父托马斯·阿诺德博士（1795—1842）不是一个科学家，而是一所英式橄榄球学校的校长、教育家。赫胥黎自己的父亲是作家马修·阿诺德（1822—1888）。莱维提到的可能是这个家族的第三位科学家，阿道斯·赫胥黎同父异母的兄弟，曾获诺贝尔奖的生理学家安德鲁·赫胥黎。

他总结道，猫（对人类）是有用的例子，因为它们和人类很像，只不过没有眼睑。当母猫看着公猫满身伤痕、又倦又脏地回来时，她会从头到尾把他挠一遍，根本不会大叫大闹。然后赫胥黎形容了一只母猫是如何与她的小猫嬉戏的，我特别喜欢那个段落，甚至厚颜无耻地借用了它。我不养猫，但看起来就好像我确实养了一只。在人类行为和动物行为之间进行相互对照，给我带来很多乐趣。我读过劳伦兹[1]的书，我发现他的书在这个及其他方面都很有价值。这和我一直颇为关注的问题有关：我们身上有多少动物性，纳粹身上又有多少动物性？我仍然认为纳粹主义的根源之一是动物学的。劳伦兹描述过当一窝老鼠被引到另一窝老鼠的领地上时会发生什么，那会让你毛骨悚然：那就是毒气室的雏形。

瓦拉布雷加：现在让我们谈谈人类关系（友谊、亲人关系、爱情、职业关系），当你描写家庭时，我发现你更侧重父子关系而非母子关系，背后的原因是什么？

莱维：原因很简单，我母亲仍然在世，你可以听到她在屋子里走动的声音，你不会写还在世的人。

瓦拉布雷加：那友谊呢，很明显对你而言它是一种重要的纽带。

莱维：是的。

瓦拉布雷加：甚至比情感纽带，比男女之间的关系还要重要？

1　康拉德·劳伦兹（Konrad Lorenz，1903—1989），奥地利动物学家，也是动物行为学的奠基人。他于 1973 年获得诺贝尔生理学或医学奖。

莱维：同样，这个问题的解释也是出于谨慎：出于某些礼貌、谨慎和矜持的原因，我倾向于不公开我的感情关系。友谊则没有那么纤弱。

瓦拉布雷加：你经常讽刺爱情，或是“科学地”描述它，这是出于同样的理由吗？

莱维：是的，可以这么说。

瓦拉布雷加：你的作品中一个经常的主题是作为一种技能的工作、一份“好工作”（travail bien fait），它又扮演了何种角色？

莱维：部分说来是基于我的工作经历，因为我拥有一份自己喜欢的工作，无论是作为化学家还是作家。两份工作我都做得很好，虽然从 1968 年开始，那种普遍的、被粗暴地理论化的概念比比皆是，即工作从定义来说就是痛苦的，是一种惩罚。从本质上，《扳手》的创作初衷就是这个，我不赞成那种视工作为大敌的极端理论。（工作）并不必然如此，当然有时候会如此，但那不是不可避免的。你可以做很多事来终结那种惩罚性的工作：并非一切都是社会的错。

瓦拉布雷加：你是否将体力劳动视作书呆子气的、学院派的抽象概念的对立面？

莱维：是的。这也反映了我在《元素周期表》中感受到的并描述过的那种对于高中（或者高中预备班）文化的不安（虽然这种文化在高中预备班阶段还在萌芽状态）。在“高中”时代，和我当时的朋友们一样（他们到现在还是我的朋友——我对友谊一直很忠诚），我对体力劳动的缺席很敏感。这种缺席让我们很痛苦。后来，甚至即便到今天，都没有正经的体力劳动，甚至都没有人想到这一点。《元素周期表》中的《氢》一章正是这种态度的反映，那就是我们必须出发，为自己寻找一些实用的体力劳动，去面对物质世界的挑战。不然的话，我们只能在哲学课上那些天书般的希腊术语(比如“原质”这样的词)里邂逅它们。它让我充满饥渴，觉得自己完全是空虚的。和那帮朋友们一起——其中的一些人到现在还是朋友，另外的一些人已经离散——让我感受到一种十分特别的、持续的需求，要调用自己的感觉去体验物质的纯粹。

瓦拉布雷加：在交流的问题上，我看到有两种不同层面的交流，一种是普遍的、自然的、本能的交流，另一种是人类的、社会性的交流，而后者会带来不可交流的问题，带来巴别塔，带来口音的困惑。你同意这一点吗？

莱维：我同意，但这两个层面的交流是互相补充的。对我来说，在集中营的经历中最核心的一点就是交流的失败。我一直很惊讶在别人的记录里没有看到对这一点的表达（我读了很多关于集中营的文字）。我能在那些记录里找到自己描述过的一切（饥饿、寒冷、鞭打、恐惧、死亡、疾病等等），除了交流失败。我认为导致这一状况的原因有两个。第一点在于我的天性，我需要持续和他人沟通，如果不能和别人沟通我会很痛苦。我必须开口、写作，如果可能的话需要进行双向的交流，但同样也需要写作的时候进行的那种单向的沟通，但在集中营里这两种交流我都无法获得。第二个原因在于意大利囚犯在集中营的特殊状况。其他所有人都比我们有语言优势。由于缺乏交流，其他意大利囚犯几乎都马上死去了。这也是我没有在他人的记述里看到的血淋淋的事实，但确是显而易见的：无法理解他人，不被他人理解意味着你将很快死去。这是我和其他意大利囚犯都感觉到的一种可怕的残缺，而这是我们意大利人面临的独特状况，只有希腊人和我们一样面临着“手无寸铁”的局面（但当我到达集中营时，那里只有很少的希腊人了，而留下的那些希腊人都知道如何应对局面）。当我抵达奥斯维辛时，意大利人是整个集中营的笑柄，别人称意大利人为“笨蛋”，他们都是知识分子，他们既不会讲德语也不会讲意第绪语或者波兰语，所以他们是愚笨的“知识分子”。知识分子要加引号，因为什么样的知识分子会没法让别人理解自己的意思呢？不只是党卫军或是囚犯的头目，其他的囚犯们也会揶揄地模仿意大利人，因为意大利人都是些律师、医生，他们甚至都没法用铁铲干活，也没法和别人交谈。他们是怪物，是稻草人。

这就是《这是不是个人》的主题之一，也许我应该对它进行更多的论述。我经常感觉自己在别的场合想多谈论一下这个问题，关于今天人们如何滥用“无法沟通”这个词，尤其是在你意识到沟通真正缺乏的是什么的时候。如果在今天你出国去旅行、工作或其他，你已经做好了准备，你知道你的伙伴也许并不会讲意大利语、法语或者英语，但他们很乐意（沟通），所以也许你们能找到共同的交流语言。在集中营，这种共同的语言背景是被完全剥夺的。我在集中营学习德语是为了活下来：我用分到的面包作为学费，从《尤利西斯之歌》那章里提到的那个勤杂工（Pikolo）那里学习的。

瓦拉布雷加：在《自然故事》和《形式的缺陷》中的那些故事里，自然和文明之间那种卢梭式的关联似乎很重要？

莱维：我很大程度上是带着讽刺看待这个问题的。当然，这是今天的重要问题。我不是一个清教徒式的生态学者，我不认为我给人留下这样的印象，我至多是将它用作一种隐喻。

瓦拉布雷加：我注意到，比方说《瓦萨米纳》和《一路向西》（两篇都收入《第六日》一书中）都带着一种对自然本能的逆反，在我看来，这同样是从自然和文明的对立衍生出来的。

莱维：我不是很确定。至少就我所知，在自然中我感觉放松，我喜欢像我的朋友马里奥·里戈尼·斯特恩那样生活。每次见到他我都很嫉妒他，但我并非不喜欢城市的生活，我是一个都市动物，是被驯服的。这个主题很有可能不是那么自发出现的，但不要将它想象成是一种深刻思考的结果。也许它是对当下关于回到自然和城市污染的争论的一种慰藉。

瓦拉布雷加：你的作品中另一个不断出现的主题就是饥饿。我们是否可以将其看作集中营经历所带来的人类降格现象的一种象征？（比如在《强硬的推销员》和《护士》这两篇中也出现了这个主题。）

莱维：这当然是一种影射，部分是基于我回忆性的视角。但是并不完全如此：除了我自身对饥饿的体验之外，你只需要看看报纸就能知道有三分之一的世界人口处于营养不良中。我不认为你必须身处集中营才能意识到饥饿的问题。也许我给了这个主题额外的分量，但并不算多。

瓦拉布雷加：让我们来谈谈死亡的主题，在《这是不是个人》中，死亡永远是暴力的，但在《自然故事》中死亡可能是一种存在主义的、哲学性的选择。你现在如何看待死亡？

莱维：这两本书中间隔了很多年，虽然它们都没有包含一种对死亡的神秘主义或宗教化的理解。我对此并不是很在行，我自己也从来没有过信仰，更别提当一个神秘主义者了。即便在奥斯维辛也没有。我可以非常开心地承认自己是一个“背弃者”：每一个警觉的人都应该思考这些问题，但是我宁愿为别的事焦虑。用稍微有争议性的话说，我们可以说我对死亡的主题不感兴趣，我宁愿思考生命的问题。

瓦拉布雷加：当你使用“命运”这个词时你是在指什么？这个词在你的作品里经常出现。

莱维：命运是一个暧昧的词。你可以将它理解成决定论的，即事先写好、被规定好的或者被标记出来的东西；也可以将它理解成非决定论的，即未曾预料的未来，以及你即将邂逅的不曾成文表达的东西。我不认为这两种含义是非此即彼的，但是我不大相信已经用文字决定好的命运，所以在这个层面上我是和现代人的思想消极地保持一致吧。今天，决定论者几乎凤毛麟角。但是我们的骨子里有某些决定论的元素，尤其是那些能够预测某个现象的化学家和物理学家们，当他们无法预测到自身或者他们的实验室同事的某些行为的后果时，他们会很受打击，很痛苦。然而这种情况总会发生，一直在发生，我们无法预测德国人、日本人或者苏联人在未来五年时间里会做什么，甚至连你的兄弟姐妹、妻子在接下来的五分钟里会做什么也预见不了，这的确令人震惊。但事实就是如此。在我们能预测物理现象，并且利用、驯化它们的能力，与我们预测个人或集体的行为的无能之间，存在一条无法避免的鸿沟。

瓦拉布雷加：你对总体意义上的宗教怎么看？尤其对犹太教呢？

莱维：我的态度是尊重信仰者，但在我个人层面，我本质上对宗教是中立的、不关心的。我从来都没有皈依任何一种宗教的念头，我感受不到这种需求。并不是说我对自己做的、做过的一切永远满意，而是我非常清晰地记得10月的那次筛选——我在《这是不是个人》里描述过这个场景——当轮到我时，我感到一种迫切想要祷告的冲动。然后，我对自己说，这样的祈祷是亵渎的，变成了只有在我需要上帝的时候转向他，然后我打消了这个念头。我审查了自己的念头。

瓦拉布雷加：另一个重要的主题是记忆。对你而言，记忆的价值是什么？这种意义是否永远只是道德伦理层面上的，它能否具有一种美学价值？

莱维：没错，这个主题是我内心非常亲近的主题。我把记忆看作一份礼物，但同时也是一种责任，我们必须耕耘我们的记忆，我们不应该任由它们湮灭。

现在，我已经62岁了。一个人到了62岁，记忆就会衰退得非常快，就如同你的肌肉力量和视力会衰退一样。人从三岁开始就有了记忆。在我最近的写作中，这个事实逐渐显现出来，我对人不应该让自己的记忆消退，应该一直保持储存新记忆的能力深表忧虑。

另一方面，正如你所说的，记忆也有其美学价值。回忆的愉悦是真实的，和其他的快乐一样，它也会随着年纪的增长而消失，你必须努力不让它凋谢太多。

瓦拉布雷加：现在关于普里莫·莱维这个人几乎快有一种谬见了，即莱维这个人愤怒地拒绝憎恨纳粹。憎恨在多大程度是可以被合理化的？

莱维：是的，这确实是一种谬见，这个问题也一直困扰着我。

我不知道你是否读过《这是不是个人》的学生版本。有时，我几乎会为自己没有仇恨感到羞耻，它（愤怒）是强制性的，当你不能被愤怒左右时显得很怪异。但我就是这样的人，这是真的，你可以说这是我的失败，是一种心理缺陷。当我还是个学生时，这就已经是我的一部分了（也许这么说可以帮助你理解）：我当时就已经是那个传奇的普里莫 · 莱维了，那个永远不会发脾气的男生。学校里那些信奉基督教的朋友，在种族法施行的那些年里已经注意到我身上的这一点，并为此责备我。我可以变得愤怒，但我无法表现出动静更大的行为。我几乎从来不失控。憎恨本身——我之前也写过，在这里我再问一遍——是为了实现何种目的？它经常同对正义的渴求混淆在一起，但这是两种不同的东西。憎恨本身是无法控制的，它能造成极大的伤害。我曾经说过自己自相矛盾，一方面，有时候我为自己无法感到愤怒而羞愧，但实际上我很高兴自己没有去憎恨他人。

瓦拉布雷加：说到文化对你作品的影响，我发现你提到过一些电影，对绘画的提及很少，你也从未提到过古典音乐。另一方面，你大量地提到甚至引用一些文学文本。

莱维：让我用我的下一本书《自选集》[1]的一个段落来回答你的问题：“从 3000 年的文学作品里挖掘出 30 位作家，但也只是沧海一粟。很多遗漏是因为空间的限制，是因为我过度专业化的身份，以及我显得病态的部分偏好——那些偏好多半只是心血来潮，是一种可能完全不公正的狂热，无法传达给他人。

1 很明显，莱维在这里念的段落是《寻根》的前言，此时这本书还没有确定最终的标题和形式。

另一些疏漏更为严重，但症结在于我的盲目，缺乏感知能力，或是一些我完全意识到的、无从掩盖的情绪障碍。仇怨和友谊一样，无法说清。我坦白在晚年我出于责任跌跌撞撞地读了巴尔扎克和陀思妥耶夫斯基，却受益很少。其他的文本，尤其是诗歌，我遗漏它们是出于相反的原因。我认为将那些我所喜欢的、用我了解的语言写作的外国作家——比如贝娄、刘易斯·卡罗尔和海涅——的作品涵盖进来是不妥的，因为这些作品现有的译文在我看来都是简化的，而我又没有能力提供我的译本。至于那些使用我所不了解的语言写作的作家，比如希腊诗人们的作品，我又深知翻译有瞒天过海的能力。在其他情况下，应该也有一个分界点，我应该克服阻碍或者在语言和风格方面的障碍，在此之后的那个领域对我可能就会容易一点。因为懒惰、偏见或者时间仓促，我没有跨出那一步。如果我付出努力，也许我会结识一位新朋友，会拓宽我的领地—— 一块奇妙的新领土，因为任何未经开拓的土地当然都是美妙的。我必须忏悔我的罪过：也许我这一生都宁愿固守在已经尝试和领略过的地方，钻一个洞，一点点往下啃，就好像树虫发现一根合它们口味的树干一样。最后，当然也因为那些鸿沟，有些甚至可以算是巨大的鸿沟、无底的深井，我自学而得的那些空白的、有失偏颇的、偏袒的、属于周日下午的文化，有致命的缺陷：没有音乐，没有视觉艺术，只有一点点或毫无感情成分。好吧，我不能假装成另外一个人。”

你瞧，这段似乎可以回答你的问题。我是在一个艰难的时代学习的，今天看来轻而易举的机会在当时几乎都是不可得的。比如说，读一本美国的书都是稀罕事，是有一些美国的作品，但是很少。

关于绘画，我可以坦白，直到今天我仍然是一个可怕的“观看者”：没有人告诉我该如何观看，而且它并不是与生俱来的。

我一度很熟悉音乐，但是迫于时代的压力我逐渐荒废了它。现在我想重拾音乐，但是我必须得说，每当我播放唱片，都觉得自己在浪费时间。

瓦拉布雷加：在科幻小说的写作方面，是否有哪些特定的作家影响过你？

莱维：没有特别的作家。我没有读过太多的科幻文学，而且我也不算是一个科幻迷。无论作为作家还是作为读者而言，我都不算一个科幻迷。整体而言，我认为它是第二梯队的文学，只有个别例外属于第一梯队。但今天它的质量已经下降很多了。

邂逅普里莫·莱维（1981）[1]

格拉齐耶拉·格拉纳

一个阳光明媚的下午，在一个温馨宜人的环境中，普里莫·莱维准时出现了，他和我握了握手，面带微笑地等待着。我们不想浪费时间客套。我向他请求的并不是一次采访，而是一段漫长而友好的交谈。他愉快地同意了。

格拉齐耶拉·格拉纳（以下简称“格拉纳”）：你书中的人物永远都是真实的吗？或者可以说他们被你的内在视角重塑了？

莱维：我不认为任何一个人物可能是完全真实或者完全虚构的，不管一个作家多么努力保持客观——即使是一个历史作家或历史小说作家——他永远会留下自己的印记，因此人物在某种程度上都是被扭曲的。相反，如果你凭空杜撰一个人物，去创造一组蒙太奇拼贴，你不可避免地会调用自己的经验、你之前的人际交往，所以在两种情况下，作家笔下的人物都是混合体。

对我而言，我写过两本公认是自传性的作品，我试图按照他们本来的样子去描述书中的大量人物，但我很确信我重塑了他们，甚至是无意识地。确实，那些幸存下来的人读了我的书之后有些会表示抗议，但通常都非常礼貌，他们会说他们不是

1　原文刊于《反对阵营》（*Controcampo*）杂志，1981 年 1 月刊。这段采访的最后一部分讨论的是非文学的话题，故略去。

我所描述的那个样子，他们从来没有说过我让他们说出的那些话或拥有我赋予他们的性格，他们可能是对的……

格拉纳：或者他们认为他们自己没有……

莱维：在任何情况下，这个问题都是一个皮兰德娄式的问题[1]。人物是什么？它是你看待自己的方式还是别人看待你的方式？修改和扭曲是不可避免的，这是人类的天性。

格拉纳：隐隐可听见街上的喧嚣。在我们说话的时候，有一座落地大摆钟在陪伴我们。当然，我们永远都是三人组合：我们实际所是的那个人；我们自己眼中的自己；以及他人眼中的自己。

莱维：比方说，在我最近的一本书《扳手》中，我想考验自己去创造一个虚构的主人公。在实际的写作中，我把我遇到的不同的人的碎片拼贴在一起。从意图角度，他是我自己的作品——虽然我觉得名字并不是特别相关……即使有人告诉我我把他命名为“福索内”是因为他是一个虚构的人，我也不认为如此……（他大笑起来）

在潜意识层面上，一切都有可能发生，是有这个可能……但我也不这么认为。我试图从无到有虚构这个人，但我借用了汤姆的秃头、迪克的说话方式和哈里的冒险，这个人物和任何其他人物一样复杂。

格拉纳：所以《扳手》里住在拉格朗日街上的那两个阿姨？……

1 路伊吉·皮兰德娄的大部分作品都是关于虚构人物或真实人物的相对性、多重性的个人认同问题。——译者注

莱维：她们是虚构的，但她们也是很多个阿姨的综合。我承认，在这个例子里我有意识地想要欺骗我的读者，也就是说，我不仅虚构出一个人名，并且还用视觉陷阱（trompel'œil）的方法来描绘他(她),让读者上当。大多数时候这招都是奏效的。

格拉纳：我要说它完全奏效了。福索内说的皮埃蒙特口音的意大利语太棒了，这种语言你现在再也听不到了。

莱维：在都灵是这样的，但如果你去到（都灵市外的）兰佐，你还会听到这种语言。

格拉纳：我当时大笑了起来，但我现在记不起那些话。

莱维：我对此很感激，因为那就是我想要的：让人们欢笑。

格拉纳：在《休战》一书的结尾，你写道如果得到他的允许，你会写更多关于塞萨尔这个“人物”的故事，而你最近确实也在《新闻报》上发表了一篇和他有关的文章[1]。塞萨尔这个人与你在书中和报纸上所描写的一样吗?

莱维：是的,《新闻报》的那篇文章背后还有一个小故事。在写这篇文章之前，我去了一次罗马，和塞萨尔交谈，将我们俩的记忆进行对比。或者说，将他的故事和我的记忆中他早年——大概30年前——的那些故事进行对比。我们记忆中的故事都消退得厉害，变得模糊不清。所以塞萨尔和我都同意我们要尽量恢复那些记忆，于是我重建了那些记忆。之后，我给了他一份文章的复印件。塞萨尔没有回复，但我不认为他是生气了，因为他是个从不回信的人。他将自己与所有的一切切断，

1　莱维的这篇文章原标题是“一个诡计多端的老手最大胆的冒险”（L'impresa piú ardita di un reduce scaltro),刊于《新闻报》,1980年9月7日。后收入《缓刑时刻》中,标题是“塞萨尔最后的冒险”（Il ritorno di Cesare）。

他已经赋予了自己另外一种人格——这是可以理解的，没有人能承受塞萨尔那样的一生（无论如何，塞萨尔不是他的真名）。他回到了罗马，结束了他变动的、流浪汉式的依赖走私或缺斤少两的把戏的生活。他找到了一份寻常的工作，结了婚，有了孩子。我知道我有点儿打扰到他的新生活。这就是我选择不用他的真名的原因。如果我再去罗马，我会去了解他的真实想法，但是我很确信他并不会完全满意。这是人之常情。一个人成了作品中的一个人物——积极的也好，消极的也罢，都没有本质区别——这会让他不快的。

格拉纳：也许因为他从中看到了他自己。

莱维：因为他看到了自己，也因为他看到了别人是怎么看他的。

格拉纳：你遇到一些人，你们成了熟人和朋友，而后这些人成了你笔下的人物，这些会产生什么影响吗？

莱维：正如我说的，我经常发觉他们会感觉到某种不安，这种不安也会传递给我，因为我开始为利用他们而感到极度的愧疚。有些人——并不是全部——对这种微小的侵犯非常敏感，我能从他们身上看出这一点。我必须要说，我笔下的那些人物只有少数会让我陷入这种境地：当然，因为只有很少的人幸存了下来，而另外很多人已经不可辨认了（我改变了他们的名字、出生地点甚至国籍），所以那种侵犯并不存在。但是当我试图以一个真实的人物为原型，构造一个更积极、更丰满、更好、更美的人物时，我仍会时不时地感受到抵抗。比如，也许你记得《元素周期表》里《铁》那一章是关于我在学生时代的好友，后来成了抵抗组织成员的桑德罗 · 戴马斯楚的。我试图表达我对他的思考和感受，他是一个真正杰出非凡的人，因为他的勇气、他的坚持、他的自信、他对他人成长的推动。我从这些方面描绘他，很多人很喜欢那些描写，但不包括他的侄子们——他们在他去世之前的一些年就出生了——他们会给我打电话，非常严厉地批评我。

格拉纳：你是否认为一种自传性的写作对作者而言是一种束缚？

莱维：非自传性的写作几乎是不可能的，即使是用一种隐蔽的、你自己察觉不到的方式。你怎么能够摆脱你自己的知觉呢？

格拉纳：你是否能够用自传体的方法来描述你的一生？

莱维：是的，如果你的生活非常丰富、非常完整的话。即便是一个家庭主妇的生活也可能是非常丰富的。你必须知道如何充实圆满地生活，不然你的生活就会有变得重复、对他人的生活亦步亦趋的危险。

格拉纳：或者说，你的生活也面临着没有任何新意，没有任何冒险的危险。

莱维：那个时候你就会停止写作。你应该知道有些著名的例子，很多作家从来只写他们自己的生活，从出生到死亡（或者至少是在作品里的死亡）。

格拉纳：从过去和现在，你是否很难克服你的矜持或者谦虚，想象今天你所写的关于自己的文字会被出版，明天就会为世人所知？

莱维：不，我必须要说我并没有这个问题，我身上没有那种谦虚……所以，不，打个比方说我并不觉得自己变得赤条条的。但我还要再说一点：我即将出版一本选集（《寻根》），里面会收入对我影响很深的书和文章。在前言里，我写道，在汇编这套选集的过程中我感觉自己暴露得更多了——去宣布、坦白我最喜欢的书——这种暴露的感觉超过我在用第一人称写作那些作品时体验到的感觉。我不记得在写作《这是不是个人》和《休战》时，我是否感到过羞耻、谦逊抑或一种暴露的感觉，也许因为它们并不仅仅是我的故事，它们是每个人的故事。它们并不是私人化的故事，或者仅仅在最低的程度上是私人的故事，然而我在编辑自选集时却有一种奇怪的敞开，或者说暴露的感觉。

格拉纳：选择文本是件困难的事吗？

莱维：不是，因为我将这些书都收集在一起——虽然它们的主题大相径庭——我一直将它们放在手边，因为它们是对我影响最大的书，无论是在我少年时或者五年前，甚至在昨天。它们都值得重读，不管它们正式的或者固有的价值为何。有些是正典，比如说《奥德赛》，但是也有些是几乎没人知道的书，比如说一本化学小册子——之所以把后者收进来，原因非常确切，因为在这本册子里有指导你如何避免自己受伤、如何避免灾难发生的具体建议。自打我学会阅读开始，我就意识到这是唯一一本教给我这些内容的书，它几乎是在扮演一个父亲的角色，就好像父亲对儿子说“儿子，做这个，不要做那个”，即使它用的是实验流程的形式。这部分描述如何避免意外的长达四页的规则，在我从事化学行业的 30 多年的时间里，当然对我裨益无穷——不仅是在化学领域——因为它们会在读者的头脑里种下警惕、审慎、现实主义的思考习惯。这些是在别的书中得不到的习惯，至少我从来没有发现过。

格拉纳：在写《自然故事》时，你使用了一个笔名——达米亚诺·马拉拜拉。为什么？

莱维：这里有个理由。当我在写作《这是不是个人》和《休战》时，我也写了其他几篇短篇小说，有些发表在《世界报》上，有些发表在《日报》上，我想将它们集结成一本书，但又有点儿犹豫。我最开始的两本书都有自己的身份，它们也都有自己的读者群，不仅仅是在意大利。对于那些人而言，尤其是对那些之前遭驱逐的人以及他们的家人来说，出版这样一本如此不同、轻松很多，本质上更加非真实化的作品，可能是不合适的。很多年过去了，当然（它们在1966年出版了），我还是觉得自己会令他们失望，让读者沮丧，所以我建议出版社使用我的笔名。出版社认为这是一个极好的主意，但这最后是个错误，因为普里莫·莱维这个人已经是著名人物了。后来，他们重版的时候就使用了我的真实姓名。

格拉纳：为什么是马拉拜拉这个名字？

莱维：这个名字成了一个传奇。（他笑起来）当时我正在都灵市外的塞蒂莫工作，每天开车来回都灵。在路上，我经过一家叫"马拉拜拉"的汽车修配行，我非常喜欢那个名字，甚至有点嫉妒它，因为……莱维（Levi），四个字母，天下叫莱维的人何其多啊。马拉拜拉是一个好名字，所以我盗用了它。后来，我的一些搞精神分析的朋友分析我选择这个名字并非出于偶然，那个修配行只是我杜撰的一个借口，其实是因为我想叫我自己"坏（male）奶妈（balia）"……

格拉纳：在一些采访里，你会被定义成一个"作家-化学家”，尽管我对化学领域一无所知，但你成功地在《元素周期表》中夹带了一些你的学识，因此你所有关于实验的描述都深深吸引了我，让我觉得兴味盎然。

莱维：谢谢。这就是我期待的效果：向读者展示（化学）并非是一份枯燥乏味、毫无诗意的工作。恰恰相反，它正是在过去的那些冒险方式已经消失的今天，人们仍能进行冒险的世界：我说的过去的那些冒险指的是那些探险家、鲁宾逊·克鲁索、海盗、水手和艺术家经历的冒险。后面那些冒险对于我们这些生活在都市里的人来说更为少见，但那些冒险是可以有替代物的，是可以被类似于我的职业所给予我的同等经验所替代的。本质上来说——用我不厌其烦喜欢引用的帕韦斯[1]的一句话来说——成人世界只有两种经历：成功和失败。我一直有种要做点儿什么的紧迫感，化学、物理、医学、生理学——我可以以此为职业，并将这些经验传递给他人，因为无论是口头讲述还是用文字对他人讲述故事，对我都极其重要：我的生活里不能没有它。

……

1 切萨雷·帕韦斯（Cesare Pavese，1908—1950），小说家、诗人，因其作品自身及对他人的影响力，在其自杀前后都是战后意大利文学的核心人物之一。和莱维一样，他也是都灵人。身为艾诺迪出版社的关键人物，他和这家出版社在 1947 年拒绝出版《这是不是个人》有很大关系。

一场名为弗朗茨·卡夫卡的袭击 (1983) [1]

费德里科·德·梅利斯

现在在很多书店都推出了一本朴素的新书,封面有些怀旧。蓝色的封面,尺寸较一般的平装本要小。这是艾诺迪出版社的"作家译作家系列"的第一本书,这个系列以弗朗茨·卡夫卡的《审判》打头阵,译者是普里莫·莱维。我们在《这是不是个人》的作者的故乡都灵采访了他。

费德里科·德·梅利斯(以下简称"梅利斯"):你能谈一谈这个出版项目吗?

莱维:艾诺迪出版社的想法是重新推出一些由当代作家重新翻译的经典作品。我的翻译是这个系列的第一本,第二本是娜塔利娅·金兹伯格翻译的居斯塔夫·福楼拜的《包法利夫人》。这个计划非常有智慧,有独创性,令人振奋。很明显,这个系列的每一本书凭借其自身就非常有话题性,也会成为一些很有趣的研究的分析对象。某种程度上,这个系列的每一本书都是伪书(spurious),因为它有两个作者。从封面就可以看出这一点:书名和译者的名字是用白色字体,而作者的名字是用蓝色字体。和所有的杂交育种一样,这会是一个非常丰富的项目。这就是他们的理念。最后我就完全成了这种理念的体现,因为我必须坦白我的自我一直在撕扯。一方面,我的语言学道

1 原文刊于《宣言报》(*Il manifesto*),1983年5月5日。

德（philological conscience）告诉我，我必须尊重卡夫卡；而另一方面，我的个人意志，以及身为作家我根深蒂固的个人习惯——也被称为“风格”——抗拒这一点。我并不是特别清楚自己的风格，我的读者对此比我知道得更多，这就好似一个人的侧面肖像一样，我们几乎不知道或者从来没真正看到过自己的侧面是什么样子。

梅利斯：为什么要将弗朗茨·卡夫卡和普利莫·莱维联系在一起？

莱维：这并不是我的选择，是出版社定的，他们拿这个提议来找我，我就接受了。说实话，我答应得有点儿草率，我从来不知道这本书会让我陷得这么深，我必须承认卡夫卡从来不是我最爱的作家，我也可以告诉你原因：你并不需要去真正喜欢你感觉最亲近的作家，有的时候事情正相反。我想我对卡夫卡的这种感觉，并非因为不感兴趣或者觉得无聊，而是因为某种程度的防卫心理，我开始翻译《审判》不久后就注意到了这个问题。我觉得受到了这本书的侵犯，我必须要捍卫我自己。正因为这本书如此不可思议，如此了不起，它像一根矛、一支箭一样刺穿你的身体。我们每个人都会感觉自己在接受审判。更进一步说，坐在你的扶手椅上，快速地草草翻阅一本书是一回事，但要一字一句、一点一点地阅读，正如你在翻译时所做的那样，又是另外一回事。在翻译《审判》的过程中，我终于意识到我对卡夫卡的敌意的来源。这是一种出于恐惧的自我防卫心理。也许还出于那个特殊的原因：卡夫卡是个犹太人，我也是个犹太人。《审判》的一开场就是一场意外的、不正义的监禁，我的职业生涯一开始也经历了一场意外的、不正义的监禁。卡夫卡是我很崇敬的作家——我不是喜欢他，我是钦佩他，害怕他，他就像一台会碾压你的机器，就像一个会预言你的死期的先知。

梅利斯：在艰苦的翻译中，你做了哪些选择，又使用了哪些材料？

莱维：我试图不用德语那种句法密度来压迫读者，德国人的句法复杂性是意大利读者不习惯的。乔治·赞帕（Giorgio Zampa）在其 1973 年的译本中一直保留了原著的那种句法结构。我有时候会背道而驰。有时候当面临极度复杂、很难翻译的句子时，我就会削减句子，将它们断成好几个句子，这么做的时候我毫不犹豫，因为句子的意思仍是完整的。卡夫卡心安理得地在文本中使用大量的重复，可能在十行句子里一个词汇会重复出现三四次。我试图避免这些，因为这种重复在传统的意大利语里几乎看不到。这可能是我个人的专断做法，也许在意大利语里，词语的重复能够制造某种特殊的效果。但是出于对意大利读者的体恤，我试图给他们一种不那么翻译腔的文本。

翻译有两个极端。一个极端是温琴佐·蒙蒂翻译的《伊利亚德》[1]，他就是用和原文完全无关的语言，但这种语言是调整过的、适合现代读者口味的语言。另一个极端则是逐字逐句的、学院派的翻译，试图尽最大的可能传递原文的意思。第一种翻译给予读者他所习惯的东西，而第二种翻译则会让读者从一开始就知道自己是在读一段翻译的文本。赞帕在翻译《审判》时

1 温琴佐·蒙蒂（Vincenzo Monti，1754—1828）是新古典主义诗人，他用无韵诗体翻译的《伊利亚德》出版于 1810 年。

选择第二种，他的选择是非常审慎的，也非常令人尊敬。所以，我试图在这两个极端之间寻找到某个中间点，另外也因为作为一个作家我不想让自己扭曲太多。尤其是在对话中，如果为适应一种来自 20 世纪 20 年代的布拉格的德语——已经过时、与当下相隔甚远——而去生造出一种意大利语，会让人感觉有些做作。所以，我的译文中的主人公，约瑟夫 · K，一开始就说的是现代的意大利语。

梅利斯：在你给《审判》写的注释里，你提到卡夫卡对你而言缺乏亲和力……

莱维：我所说的缺乏亲和力，我想，主要是因为：卡夫卡是一个幻想型的作家，他不断地描写他幻觉中的那些奇异的、绝妙的事物。他从没有偏离这个路径，他也从不会费力向你解释那些意象背后是什么，它们有什么含义。他把这种阐释的重任转交给读者，所以实际上对卡夫卡的阐释是多种多样的；关于《审判》这本书，有不下 20 种阐释。对我而言，对定性的（不同）意识所产生的深渊将我和卡夫卡隔离开来，我在我的书中一直在尝试另外一条不同的路径。我最开始写作集中营，后来也一直写作发生在我身上的事，但我一直试图去解释，去解决问题，我已经被人诟病有这种说教的倾向。《这是不是个人》有一半的内容都是试图向我自己、向读者解释集中营所代表的那种明显的反常状态背后的原因。《元素周期表》这本书也类似，我试图去解释我在化学和文学之间那种难以解释的、暧昧的位置。在潜意识层面，我从未选择卡夫卡的道路（几乎从来没有——可能在一两篇故事里我有进行过这样的尝试），即让“表层下面的东西”恣意发展。

梅利斯：卡夫卡被认为是一个压抑地生活的人，他一直在歌颂生命和爱的缺席，对它们充满某种乡愁。他的苦行僧的气质就好比在蒸馏已经消失的生命。而在普里莫·莱维的作品里我们根本看不到这一点，尤其在他提到自己在集中营的经历时……

莱维：我们拥有非常不同的命运。卡夫卡一直和他的父亲严重不和，他是三种纠缠不清的文化的产物：犹太文化、德国文化和布拉格文化。他的感情生活也不如意，工作上又感觉受挫，最后还生了很严重的病。他很年轻就去世了，而我尽管在集中营待了很长时间，那段生活也给我打上了很深的烙印，但我拥有一种不一样的人生，一种没那么不快乐的人生。我自己的快乐结局——从集中营幸存下来——让我带着点儿盲目的乐观主义。今天的我可能没有那么乐观了，当时的我比今天的我乐观。当时我将我个人的幸福结局——这丰富了我的人生，让我变成了作家——不合理地推演到所有的人类悲剧上。

尽管《这是不是个人》处理的是极其恐怖的事，但它和卡夫卡（的作品）几乎没什么共同点。很多人注意到这是本乐观的、平静的书，当你一步步告别深渊时，你都会有透气的感觉，尤其是在最后一章。那些认为在深渊、壕沟和集中营之后不会有一个更好的世界出现的想法是荒谬的。但今天，我的想法有了很大的变化。我认为，只有在这种经历只能产生糟糕的后果的情况下，另一个集中营才有可能死灰复燃。在见证了一个现代的、有组织的、技术化的、官僚化的国家是如何孕育了奥斯维辛之后，一个人无法不带着恐惧想到一切再度上演的可能。那段经历可能重演，并非完全必然，但肯定有这个可能，我看到了这一点，并感到深深的恐惧。

梅利斯：你见证了卡夫卡所预言的纳粹集中营的野蛮，你同意这个说法吗？

莱维：我们必须承认，卡夫卡的天赋是超越世俗理性的。他有一种近乎动物性的敏感，就像蛇能感知到地震即将来临一样。早在20世纪早期，在“一战”前后，他就已经在写作中预言了很多事。置身于诸多令人困惑的信号和混杂的意识形态中，他能够阐明、辨认出那些将预言20年后的欧洲命运的信号，亦即在他去世20年后欧洲的命运。

在《审判》中，他就有一种早熟的直觉，即官僚制会孵化暴力，这种不断增长的、不可抵抗的权力正是我们这个世纪的产物。卡夫卡的姐姐们都死在了集中营，成了他事先预言到的那个腐化而卑劣的机器的牺牲品。我应该补充一下，这可能是我对《审判》的非常个人化的阐释，我知道还存在其他诸多解释。理解这本书的一个关键在于，并不是某个官僚化的法庭让约瑟夫·K接受审判，而是作为惩罚的疾病——卡夫卡自身的疾病。或者也可以说，这里有一个神学上的密钥，即法庭其实是一个未知的上帝，一个我们永远不可能认识的上帝。

卡夫卡的作品，尤其是《审判》，看起来是矛盾的：约瑟夫·K一会儿觉得自己是有罪的，一会儿觉得自己是无辜的。但其实这些并不矛盾。人永远无法是他自己所是的那个人，卡夫卡也永远不是他自己所是的那个人。我们会交替着，甚至同时觉得自己是无辜和有罪的。试图要在《审判》这样的文本背后寻求某种理性，等于是在扭曲它、否定它、破坏它。

梅利斯：人的降格，不仅给施暴者定罪，同样也给受害者定了罪，它驱散了差异和距离。也许，这是《这是不是个人》的核心主题，也是一个卡夫卡式的主题。

莱维：在那本书的一开始，有一个曾经在意大利求学的匈牙利医生，他会讲一点意大利语，虽然有浓厚的口音。他是一个集中营的牙医。据他自己说，他是一个罪犯。他是一个有“特权”的囚犯，从受害者变成了狱卒。他同时也是个疯子，在我们眼里似乎如此，也许自从他详尽又准确地描述集中营的生活开始，他就疯了，他的讲述让我们从破碎的状态中挣脱出来。比如说，他会告诉我们，任何一个会拳击的人都有可能成为厨师。我们为其中的荒诞和疯狂而惊讶。但之后我们意识到，他是对的，因为一个厨子必须有能力挥出致命一拳以保护自己的劳动产品。这个故事里当然有某种卡夫卡的影子。这种世界的扭曲是卡夫卡式的。在集中营里，你会不停地遇到这些完全出乎预想的事，而打开一扇门，却找不到你想要的东西，只找到一些别的、非常不同的东西，这本身就是很典型的卡大卡（主题）。

梅利斯：你的《审判》译本的目标读者是谁?

莱维：我必须要说，在翻译这本书的过程中，我经历了一整串的矛盾心理：兴趣，甚至是激情，解决一个难题时的欣喜，解开一些结；但同时也有害怕，深深的悲伤。所以我过去总会带着极大的热情将关于我的书的评论分享给所有人，但我不是那么想把《审判》介绍给所有人。我怀疑把这本书送给一个 15 岁的青少年是不是一个好的想法，我并不会尝试这么做。对我看来，这本书充满了预言的重负。“我不应该告诉你更多，但如果你自己的节日似乎姗姗来迟,请不要苦恼。”[1]《审判》让我们更加清醒。想想书的末尾，那最后的场景：蓝天，还有执行处决的两个人，他们本质上是机器人，几乎从不开口，除了污言秽语，完全冷漠无情。但是这是死刑，他们将刀子插进了他的心脏。因为这个结尾如此残酷——出人意料的残酷——如果我的孩子还小的话，我是不会让他看这本书的。我害怕这本书会让他不安，让他痛苦，虽然它写的当然都是真相。我们都会死去，我们每个人或多或少都会那样死去。

1 莱维此处引用的是贾科莫 · 莱奥帕尔迪的诗歌《乡村的星期六》的诗句，II. 51—52（出自莱奥帕尔迪的《颂歌》，1835）。

普里莫·莱维（1984）[1]

丽塔·卡卡莫·德·吕卡

曼努埃拉·奥拉涅罗

提问：每种写作背后或多或少永远有一种驱动力，不管它是作为文学生涯的一部分，还是伴随着其他的职业活动。对你而言，是什么让你开始写作，并一直坚持写作？

莱维：我的经历和一般的例子不大一样，我并没有选择成为一个作家，我是被转变成一个作家的。我接受的教育和职业都和化学相关；从家族历史来说也是，我的祖父和父亲都是工程师，我家里都是父亲的那些数学教科书、物理书和几何书……

如果说，我的写作背后有某种驱动力的话，那也和我被驱逐的经历有关，和别人的受苦有关。1944 年 2 月，当时 24 岁的我被驱逐了，我回国时已经 26 岁了。很多人问我，我是不是无论如何都会成为一个作家。我不知道，我们如何能预言从未发生的未来呢？《这是不是个人》里有一个不起眼的段落——当时我在集中营的实验室里工作——我在其中提到了要把自己见到的一切讲给别人听的欲望是如何强烈，我当时写了一些笔记，即使我知道我会立刻将它们毁掉。1945 年 10 月，当我回到家中，很快，我就开始无法自拔地对每个人讲述这些故事。在《古舟子咏》中，柯勒律治讲述了一个水手的故事，

1　原文刊于《世界工人》（*Mondoperaio*）杂志，1984 年 3 月。本文删去了其中关于莱维的生平介绍以及最后一部分，莱维在最后一部分中更为直接地谈论奥斯维辛。

还有他在南海上那些漫长而诡异的旅程。他因为杀死了一只信天翁而受到诅咒。当他回到家，他会抓住那些正要到达婚礼现场的宾客，拦住他们，他那么渴望、那么有力地抓住他们，对他们讲述自己被诅咒的诡异故事。在我从集中营回到家后，我感觉自己和那个老水手很像，这是一种需要，一种心理学的需要——通过讲述那些故事来从那段经历中解脱出来。一个月后，1945 年的 12 月，我就已经写完《这是不是个人》的后面几章：每一章都是一气呵成，没有任何计划，我甚至没有意识到我在写一本书。关键就在于将它们都写下来，相较于那些事实，更多的是讲述我对那些事实的印象。我的记忆是我唯一的资源，我没有其他武器。在从集中营返回意大利的旅途中，我有某种可以算得上火车时刻表的东西，一份旅行的计划：今天我在这里，明天我在那里。几乎 15 年后，我才重新发现了这份时刻表，它成了《休战》的框架。但在写《这是不是个人》时，我没有任何框架。我只是写啊写，不管在何时，不管在任何地方，只要我能够写。写作本身并不痛苦。在我写作时，我感觉时空在延伸。我甚至在从都灵到阿维利亚纳（我当时在那里的一家工厂工作）的火车上写作，我在晚上写作，在午休时间写作。几乎整个《尤利西斯之歌》那一章都是在某一天中午 12 点半到 1 点的那半小时里写完的。我当时几乎陷入恍惚。

随后，当我结束写作，我就闭口不谈了。我认为我已经完成了自己的记录，从个人的角度，我感觉自由了，我也觉得自己完成了进行见证的公民责任，因此有 12 年或者 15 年之久的时间，我完全停止了写作。我生命的某个阶段结束了。背后还有具体的原因：因为《这是不是个人》的初版几乎生下来就夭折了，他们印了 2500 册，结果只卖了大概 1500 册，1966 年剩下的那些书在佛罗伦萨被洪水冲走了[1]……考虑到可怜的销量，我必须要放弃任何关于我有可能成为作家的想法。那是遥不可及的乌托邦。我毅然决然奔向我的化学事业。

提问：在那段漫长的沉默之后，是什么让你又重新开始写作，同时又是什么让你改变了写作的内容和风格？

莱维：1958 年，我的书（《这是不是个人》）被艾诺迪出版社出版了，在几年里它被翻译成好几种语言。所以我可以有另一条人生道路的想法——成为作家——又再次浮现。我想讲述我回家的过程，而不是集中营的故事，所以我开始写作《休战》。这次，我更注重技巧，也意识到我正在写一本书。从一开始，我就决定每个月写一章，后来也是这样执行的。我的第一本书和后面的那些作品之间有着本质的差别。《这是不是个人》是在完全没有文学性的焦虑的情况下写出来的：如果其中有文学的部分，那也并非我的初衷，而是突然闯入的；我当然也从来没有考虑过风格的问题。而对于《休战》及之后的作品，我是有考虑的。有些人想给我贴上“新现实主义”[2]的标签，但是我没有从我的作品中看到这种东西。但是我很确信——就像我常说的——我作为实践性的科学家的身份对我的写作有很大的影响，它会刺激我去追求简洁和精确。我认为这两种特质在

1 1966 年，佛罗伦萨大洪水对国家图书馆附近的低地区域造成严重损害，当时莱维的这本著作有可能就被储存在那里。

2 新现实主义是对 20 世纪 40 年代意大利的某类文学和电影作品的宽泛定义，这些作品倾向于以一种直接、不矫饰的风格处理一些当代的命题，尤其是近期的战争和反法西斯抵抗运动。

我的作品中是一以贯之的。

提问：你将自己描述成在化学家事业之外必须致力写作的非常规作家。你在这两个世界之间体验到分裂了吗？或者说，你是否将它们视为、体验为动用不同“武器”的来源？

莱维：在很多年里，我的生活不是被两方面撕扯，而是被三个不同的方面，被三种平行的生活撕扯：我在工厂的工作，我的家庭，还有我的写作。这三个世界之间鲜少有交流，这听起来似乎很古怪，但我多半都是利用上班的时间，用榨取的零碎时间来完成我的书的，我并不想从我的工作中掠夺什么，也不想对我的工作产生负面影响，毕竟这份工作能让我糊口养家。而且，我认为它是一件好事——应该是一种刺激物，当我在工厂工作或者枯燥的上班路上，我会迸发很多灵感，然后我就会用夜晚或周末的时间将它们写下来。甚至是今天，我已经退休了，我仍然能感觉到工厂日常惯例的重复：我永远无法在晚上6点前开始写作。我的人生中，有一段时间这三部分有了幸福的交集：比如说1946年到1947年之间，当时的我精力旺盛，我从一段充满痛苦磨难的岁月中重生了。在《元素周期表》的《铬》一章中，我提到了那段时间陡然同时降临的三次成功：我遇到了未来会成为我妻子的女人；我安然度过了集中营的梦魇，内心愈合了，这体现在我在写作时体验到的那种复杂、强烈而崭新的愉悦中；身为一个化学家，我也找到了“战胜”那些顽固物质的方法（那时我发现了一种能防止生锈的化合物）。我必须要说，自那之后，一切似乎变得黯淡褪色了。未来不如当时所展望的那样清晰、闪光了。

提问：每一种文学事业都交替贯串着创造性的紧张感和空

白、匮乏的感觉。你在工作中也有这样交替的感觉吗？

莱维：写作的产出可以从零到很高不等，可能在令人绝望的一段时间里你一整天甚至一个字也写不出来，1981 年年末，我体验到这样的感觉，当时我已经完成了我的上一本书《若非此时，何时？》。1981 年是一个好年份，我试图写些新的东西：我也是第一次尝试做些研究，查询资料，核对历史、地理和语言学方面的信息。等到开始下笔时，我也是持续工作，即便不是从早写到晚，因为那不现实。然而，当这场派对结束，书籍被出版了，也接受了采访，获得了评论和一些奖项等等，我却突然感到麻木，就好像我把自己全部投入到作品里了。当时，我有一种激烈而痛苦的焦虑，感觉自己走到了尽头。有好几个月，只要看到我写下的东西，我只能感到一种痛苦的焦虑，因为我很确定自己永远不会再达到那个高度，我甚至觉得它是另外一个人写的，另外一个和我很不一样，更有活力，更有智慧，记忆力更好，感受力更强的人写的。

提问：除了这种内在的、创造性的方面，同时还存在另外一种冲动，需要通过外部的对比来支撑一个人的智性形象。通常来说，他人——即便是用一种有限的、出人意料的方式——能够打开长久被堵塞的沟通机制。你一定也遇到过这种情况，你能回忆起一些类似的经历吗？

莱维：是的，我记得当我的第一本书在 1947 年以一个较短的版本出版后，几乎无人问津。1955 年，为了纪念集中营解放十周年，他们在都灵等地组织了一些和流放有关的摄影展。直到那个时候，我对在公众场合讲话仍然非常恐惧。在“二战”期间，以及种族法实施的那些年间，我是都灵的一个规模很小的犹太青年组织的成员，那个组织的任务就是要证明《圣经》与法西斯主义是如何不相容……因为当时除非有警察批准的执照，任何形式的协会都是被禁止的，我们每次开会都有一个当地的警察在场：可怜的人，他坐在角落里，一个词都听不懂，抽着他的烟斗，读报纸或者打瞌睡。

当我起身发言时，我感到一阵惊恐。我笨拙地念着自己讨论反犹主义的文章……当时我 19 岁，我对自己发誓，以后再也不在公众场合发言了，我并不在行。然后我信守自己的诺言，直到 1955 年，我去了那次展览，向人们解释那些照片的含义。观众里有一个小伙子，他非常的热情、热心、友善，我有点不知所措：我发现，哪怕我的书的销量如此令人灰心，它还是得到了传播，留下了印记，打动了一些人。这同样也驱使我开始写作《休战》。

提问：当你在写作时，你几乎从不知道自己在为何写作。有时候，作者的内在驱动和读者的需求可能会产生重合——在这个例子中，（这种需求）就是去知道、理解被集体记忆压抑的那些事件。

莱维：我不知道谁是我的读者。在我的印象中，《这是不是个人》是靠口口相传传播开的，一个读者接受另一个读者的推荐。当他们出版了这本书的学生版时，一些奇妙的事发生了：孩子们会把这本书推荐给他们的家长。通过这些学生们，一种全新的需求诞生了。

我和德国读者的交流非常特别，他们给我写了很多信。一个女孩连续数月给我写信，试图去解释德国在发生的事情，以及为什么父母们从来不对他们的孩子讲这些事。这些孩子——有 18 岁的，有 25 岁的，也有 30 岁的——会给我写信，致歉般地说："作为一个德国人，我从一个外国人的作品里发现了这些事，真是可耻。"我保留了所有这些信件。我曾提议将它们出版，但一直没能实现。[1]

1 《被淹没与被拯救的》一书中收录过这些信件的部分内容，见《德国人的来信》一章。

本质的和多余的（1987）[1]

罗伯特·迪·卡罗

“不,不,我不能什么都告诉你。我要么跟你说说那些国家，要么跟你说说我经历了什么事。但就你而言，我还是告诉你我经历了什么事吧，因为这是个挺好的故事。然后你要是真想写出来，就花点儿心思，好好打磨、修边儿，把它敲锤成形，这样你就能写出一个好故事。”

《扳手》一开头就是作家普里莫·莱维以他的主人公福索内之口说的一段话，福索内是一个四海为家的装配工，在吊机、械装装置、石化装置和吊桥上工作。叙述者和他笔下的主人公对作家这个职业的看法并无多少不同。在花了30年时间“将长分子拼接在一起，希冀能对我的同行们有些微用处”之后，莱维“带着一丝怀旧，但毫不后悔地”选择了写作者的道路，去拼缀词语和观念。所以，在《这是不是个人》和《休战》之后，他又写出了一系列作品——《自然故事》《形式的缺陷》《元素周期表》《扳手》《寻根》《不定的时刻》《被淹没与被拯救的》，最后一本书由艾诺迪出版社在去年底（1986年）出版。

罗伯特·迪·卡罗（以下简称迪·卡罗）：对你和你笔下的福索内来说，写作是文字的剪辑组合、修正、打磨、润饰。真的是这样吗？

1　意大利文标题是“Il necessario e il superfluo”，原文刊于《皮埃蒙特生活》（*Piemonte vivo*），1987年1月，第1期。

莱维：将实验室的设备组合起来，和你组织一个好故事之间，没有太多区别。它们都需要对称，必须要实现你的目的，必须没有任何多余的东西，同时又不能失去任何本质的东西。另外，必须要行得通。

迪·卡罗：写作是不是也是一个技术问题？

莱维：对我而言，是的。无论如何，我一直处理的是技术问题：计划、生产、销售。20年来，甚至在我已经变成管理者后，我还是会花时间在实验室里，那是工厂的大脑。我会亲手完成一些组装工作，当然，是以分米和米为单位的装配工作。我很怀念那份工作的精确，完全聚焦于目标和结果——你可以在当天或几天后看到结果，而不用像一些大的工程那样要等上五六年才能看到结果。

迪·卡罗：写作和准确性的关系是不是小一些？

莱维：正相反，对我而言它是一种要求高度精确的工作。

迪·卡罗：我们再度引用福索内的话："没人看着的时候，我会用锤子轻轻敲打几下，因为锤子能搞定一切，事实上，在蓝旗亚（Lancia）工厂，他们一般把锤子叫作'工程师'。"请问在写作中，"锤子"是不是也一样起作用？

莱维：天啊，这个问题我必须想一会儿……（写作时）会有一些扭曲的句子，错误的表达，你必须要消灭它们，替换它们。当你刚完成一个文本，它是难以辨认的，并且没有意义，那就好像你照镜子，每次却只能看到同一张脸。你必须将它搁置一段时间，几天，或者几个星期，然后重新回来面对它。然后再加上一点儿"锤子"的工作就完美了，或者，用剪子更好。麦金托什电脑就是一个好工具，它能够进行冷酷的不留任何痕迹的删减。

迪·卡罗：在电脑上写作和在打字机上写作，有什么区别吗？

莱维：这两者之间的区别大过用双手和用电脑写作的区别。当你用钢笔写作时，你很容易通过删除和粘贴，插入或修正，对文字进行修改。而用电脑写作，则更加容易，所有的一切都在电脑屏幕上。用打字机写作，将稿纸取出来，或者用增白剂修正错误，诸如此类这些微不足道的麻烦，会让你出于惯性或者懒惰而放弃，放弃修改一句句子或者一段话。但是我不认为一个语言学家能够判断出一段文字是用钢笔、打字机还是电脑完成的。

迪·卡罗：你很怀念之前化学家职业的“终结任务”的属性，当你在操作一台机器或者一台实验室的设备时，你的目标是让它能够运转，实现它们被制造出来的目的。那你写作时的目的是什么呢？

莱维：为了让读者满意。我并不为自己写作；一旦我这么做的话，我就会将稿纸撕掉，只要我写出那样的文字我就会将它们毁掉。我认为为自己写作是不对的，当然，每个人都有按自己意愿行事的权利，这对任何人都无害，但这样让我感觉时间被荒废了。整体来说，我的书都是为读者写作的，确实，是为意大利的读者，按照他们的阅读水平来写作的。我尊重那些读者，并寻找那些读者。我收到的信件同样确认了这一点。

迪·卡罗：有哪封信给你留下了特别的印象？

莱维：很多……对了，我记得一封信，没有署名。一位女士读完了《休战》，她告诉我读那本书为她解决了很多严重的问题，虽然她并没有说是什么样的问题。我喜欢我的书可能会帮助到人们的念头。这个念头也帮助了我。我希望它们也能对我有同样的帮助。

迪·卡罗：它们没有吗？

莱维：偶尔。在那之前，写作是……我不知道……

迪·卡罗：一种愉悦？

莱维：一种需求，每天晚上这种需求都会出现。在从事化学工作的同时，我写了至少三本书：《这是不是个人》《休战》《自然故事》，以及《元素周期表》的部分章节。我现在想不通我当时是怎么有时间兼顾两者的。今天我拥有全部的时间，却写得比当时少了，写作的强度也小了。虽然一个人在 30 岁和他年近 70 岁时的状态是很不同的。时间流逝的速度也不一样。时不时地，我会感觉自己囊空如洗，没有更多要说的东西，没有更多要讲的故事了。

迪·卡罗：你已经知道接下来会写什么了吗？

莱维：是的，我正在写，但是进度缓慢，我不希望谈论这个。事实是我的生活充满焦虑，在一本书和下一本之间有枯竭期；就比如说现在，在我完成了《被淹没与被拯救的》之后。

迪·卡罗：这种中止是为了思考吗？

莱维：不是。是公关活动导致的让人气恼的中断。书必须被展示，被人在旅途中谈论，被社会讨论，我不喜欢这一切。这就好像我做的是客户服务的工作（我之前也做过客户服务的工作；在《元素周期表》里还写了那份工作的故事），我必须要去出差拜访客户，说服他们，安抚他们。我总是很不情愿去做这些。

迪 · 卡罗：现在他们要求你为你的书做同样的事？

莱维：有时候是的，比如，我现在面临着来自美国的巨大的压力。他们希望我去布兰迪斯大学，接受一个荣誉学位，但我想我不会去的。旅行对我来说并不是轻而易举的事，有家庭的原因，也因为我已经将那些障碍都内在化了，现在我对自己会上路的这件事是充满抵触的。要是 10 年前，情况可能不同，我当时的精力比现在旺盛，也有冲动去密切关注很多事情。现在，我累了。我会怀疑："这样做的意义是什么？" 曾经，当我有一本书的译本被寄到家中时，大家就会借此庆祝，但现在就不会这样了。即使是我知道的那些语言（英语、法语和德语）的译本修订版寄到了我手中——每份出版合同都规定了这项条款，这也仅仅成了无聊的多余工作。你逐渐会对此免疫。不管怎样，你又能做什么呢？文化组织的工作高度随意，一切都要靠偶然。大约在去年，我的书在海外收获了巨大成功，这只不过是因为一个意大利学者无意中发现了《元素周期表》这本书，将它翻译出来，并送给了索尔 · 贝娄。这就是这本书突然备受关注的原因，也导致西蒙与舒斯特出版社旗下的顶峰出版社（Summit Books）对我的作品产生热忱，决定签下我所有的书，包括我还未完稿的那些。英语版之后，是德文版，虽然德文版现在只签了我已写完的作品。

迪 · 卡罗：让我们回到关于写作技巧的问题。你能谈谈叙述、写作和虚构的过程吗？

莱维：让我试一试。首先，我们必须要区分诗歌和散文。我时不时会做一回诗人：当该说的说了，该做的做了，我每年只会写一首诗歌，即使有时候我会很自然地用韵文写作，但这是一种与我所知的任何一种精神活动都截然不同的行动。这是完全不同的：这过程更像是一夜之间就长出来的蘑菇，一早醒来你的脑中就已经有一首诗歌，或者至少是诗歌的核心部分。接下来的问题就是篇幅长短还有持续的修订了。电脑则是你处理这类工作时的完美工具，这会令未来的学者感到挫败，他们再也不会有连续的手稿了。这显示了“罪与罚是如何相当的”：很多年前，我在《自然故事》中描述了一个诗人买了一台自动化的机械写诗机（《拙劣诗人》），他要做的仅仅是选择主题、年代、韵律、篇幅和题材，那台机器就会自动生成他想要的。

迪·卡罗：这是否是很多有野心的诗人的隐秘梦想？

莱维：我不知道，我塑造的那个拙劣诗人是一个商业作者，对客户收费，因此，比方说，那些客户会要求在诗里加进米兰战胜了尤文图斯队的信息……当然，甚至像《愤怒的罗兰》[1]那样的诗歌背后也会有复杂的词语组装，但是我不并不担心那一点，我所有的诗歌写作都没有太费力气。

迪·卡罗：那散文呢？

莱维：写作过程中最决定性的因素，是在本质和多余物之间仔细地斟酌平衡。我读书很广泛，什么都读过一点儿，我更喜欢那些有分寸感的作家。哦，但是我非常喜欢斯特恩的《项狄传》，包括它所有离题的部分；我也很喜欢斯特凡诺·德阿里戈的《鲸鱼杀手》，但我永远不会像那样写作。我的书，我想我可以这样自夸，没有任何无关紧要的内容。我会很自发、

1　《愤怒的罗兰》（*Orlando furioso*）最后一版写于1532年，是卢多维科·阿里奥斯托（Ludovico Ariosto, 1474—1535）所写的伟大的浪漫主义史诗。

自然地放弃过分的雕琢，放弃添加那些仅仅是为了让文本好看的累赘内容。

迪·卡罗：这是一种典型的皮埃蒙特人的特点，是吗？

莱维：可能是的，一物就是一物，没有必要搞些花里胡哨的东西。当然，在皮埃蒙特，我们也有些浮夸的巴洛克风格，但在现实里这些都是外来赋予的，而且无论如何他们到最后都会去除掉那些矫揉造作或过分精致的东西。事实上，虽然诗歌的节奏让它更接近音乐，但在某种程度上文学文本是更接近体力劳动的。你制订一个计划——至少在精神上—— 一个大纲，一种设计，然后你要尽可能地按照计划去生产你的产品。所以我会很自然地让福索内说“写一本书比造一座桥要容易得多”这样的话。如果一座桥坍塌，可能会损伤惨重，也会伤害很多人。而一本书如果失败的话，唯一受伤的只有作者自己。

迪·卡罗：所以写作是一种低风险的职业？

莱维：只有一种风险，就是写得糟糕的危险。

迪·卡罗：以及无用的风险？

莱维：那是一回事。至少对我而言，虽然也有那些写得很糟糕，但很有用的书，比如说那些由不知名姓的人不假思索写成的指南或者回忆录。有时候我会收到一些确实有话可说，但不知道如何写作的人写的蓝色练习簿，这些练习簿不该被嘲笑。你希望能把它们拿过来重新写一遍。

迪·卡罗：你有这样做过吗？

莱维：没有，虽然有很多人这样问过我，把他们的生命都分享给我，“我赤裸的心”[1]，我们可以平分版税，我猜类似于代理工作的写作模式。虽然，我不否认如果遇到这些好故事，遇到值得讲述的一生，我可以接受那种契约，为何不呢？

迪·卡罗：所以代理写作是可能的？

莱维：《蝴蝶》(*Papillon*)[2]就是一个恰当的例子，但我想你光凭阅读是不能发现这一点的。

迪·卡罗：这是你第二次还是第三次提到写作过程的不可思议。你对那些学者或者评论家的观点是否有异议，或者说，你是否打算保留笼罩在文学作品周围的那层光晕？

莱维：不，我不认为在写作时有任何神秘的东西；除非是那些我们几乎全无了解的、被时间湮没的作家。近年来，在机械化的语言学研究领域，一些学者们呕心沥血地做研究，他们会统计一个词被使用的频率，试图来证明或者反驳某些特定的作品属于某个作家，这在我看来都是无关紧要的，最终来说，是无用的。

迪·卡罗：当你写作时会感觉痛苦吗？

莱维：哦，有时候会感到痛苦。

迪·卡罗：是因为你所写的内容痛苦，还是因为写作本身？

莱维：不，和我所写的东西无关。我有时候会感到这种介质本身的不足。“无法言传”——就是这个词，这是一个美妙的词。我们的语言是人类的语言，注定就是为了能在人类

1　“我赤裸的心”（Mon coeur mis à nu）是波德莱尔晚年未完成的自传计划的标题，之后作为他死后出版的部分日记的标题。

2　亨利·安托万·沙里埃（Henri Antoine Charrière）的《蝴蝶》是一部由他人捉刀的罪犯“口述史”。

的层面上描述事物。当它必须要来谈论，比如说超新星这样的事物时——我试图在《宁静的星》这篇短篇小说里完成这一点——语言就会崩塌、瓦解、无法胜任（这对所有语言来说历来都是如此）。

迪 · 卡罗：你自身在多大程度上融入了你所写的文字？

莱维：有一些将自己完全编织进文字的作家，原原本本分毫不改。亨利 · 弗雷德里克 · 阿米尔[1]就是一个例子。但大部分情况下，作者会选择将他们自身的某一部分，那个更好的部分放入文本中。有时候我会在我的书中将自己描述成一个勇敢的人，有时候则描述成一个懦弱的人、先知般的人或者天真的人，但我想，我塑造的自己的形象一直是一个比较沉着冷静的个体。

迪 · 卡罗：难道你不冷静吗？

莱维：我根本不算冷静。我度过很长一段失衡的岁月，毫无疑问这和我的集中营经历有关。我发现要面对这些问题非常艰难。我从来没有写过这部分的自己。

迪 · 卡罗：你永远都不会写这部分？

莱维：也许未来有一天我会写出来。我拿到了很多我在被关进集中营之前写的信，那些信中显示了在即将被囚禁之前我对力量的渴求。但那是一种消极的力量，一种以卵击石的力量，我从来不是一个强大的男人。根本不是。

迪 · 卡罗：但是你同样需要力量来复述那段经历。

1　亨利 · 弗雷德里克 · 阿米尔（Henri Frédéric Amiel, 1821—1881），瑞士作家和散文家，以其在死后出版的巨幅作品《阿米尔日记》最为著名。

莱维：正相反。复述那段经历是一种需要，你需要力气去压抑写下它们或者谈论它们的冲动。在我的书里，第一本以及最近的这本《被淹没与被拯救的》中，我看到一种要让事物恢复秩序、让秩序重回混乱世界、对我自己也对他人进行解释的强烈冲动。然而，我的生活每一天都是非常不同的，很不幸它没有那么系统化和井然有序。写作是一种创造秩序的途径。尽管我并不知道其他太多方法，但这是我知道的最好的方法。

迪 · 卡罗：所以在活生生的作者和我们在书页里重建的那个作者的形象之间，有一道裂缝，一种分歧。读者想象中你的形象和你自己心中的真实形象有很大差别……

莱维：从我收到的那些信中可以判断，两者截然不同。他们认为我是某种专家。也许他们在我的书中吸收了我并没有在自己身上发现的某种智慧。对我自己而言，这是一种良策，在你学会走路之前就不要奔跑，也许这是某种皮埃蒙特人的美德。正如几个月前我给发表在《新闻报》上的小说和散文文集[1]所写的序言中谈到的，"我希望读者不要去书中寻找某种启示——我很反对这个词，因为它将我置于一个不可能的位置，我被塞进一身不属于自己的衣服，而且正是我所不信任的那种：先知、圣人、预言家"。先知，是我们这个时代的诅咒，或者可以说是所有时代的诅咒。

迪 · 卡罗：为什么我们不该去探询未来？

莱维：因为你几乎很难分辨谁是真的先知，谁是假的。他们听起来都是一样的。

1　指《故事和散文集》，1986 年出版。

迪·卡罗：所以正是他们的语言欺骗了我们，那种语言本质上是一种神秘的语言？

莱维：我不知道，但你是一个哲学家吗？

迪·卡罗：我不是，但听起来你同样也不信任哲学家。是这样吗？

莱维：嗯，是的。也许是出于无知。听着，我的工作一直是制造油漆，我习惯过一种具体的生活，你要么解决了一个问题，要么抛弃这个问题。而相反，自从前苏格拉底时代以来，哲学问题就一直没有变化过，哲学家一直围绕着这些问题思考，一遍遍地思考它们……同样，所有的哲学家们都有一种恶习，他们都想创造他们的私人化语言，你必须要绞尽脑汁才能明白他们的意思，所以，它不是属于我的……

第五部分

奥斯维辛和幸存

圆桌：关于犹太人的问题 (1961) [1]

问题：

1. 人类历史上是否有任何其他意图彻底、计划性地摧毁一个种族的尝试，可以和纳粹对犹太人的"最终解决方案"相提并论？

2. 是那些具体实在的原因——政治的、经济的、社会的——导致德国人实施了这样疯狂的计划吗？

3. 是否存在德国人对种族灭绝肩负的"集体责任"——如果有，又是何种程度？

4. 历史上不同族群带着或多或少的恶意感到或者实践了反犹主义，其深层原因是什么？在关于这种异常现象的诸多解释中——从宗教方面到精神分析层面——哪一种最令人信服？

5. 在纳粹主义和狂热宣扬纳粹思想的理论家们（比如罗森博格[2]）之前，我们是否可以认为"反犹主义的先知们"要为纳粹对犹太人的迫害承担部分道德或者智识的责任？

6. 在今天的世界，反犹主义或者类似于纳粹对犹太人进行

---

1 莱维是回答"关于犹太人的问题"的四位圆桌嘉宾之一，这些问答被刊登在《历史》（*Storia illustrata*）杂志上，1961 年 6 月。其他三位参与者是哲学家雷莫 · 坎托尼（Remo Cantoni），心理学家切萨雷 · 穆萨蒂（Cesare Musatti），以及法学家弗兰西斯科 · 卡内尔卢蒂（Francesco Carnelutti）。

2 阿尔弗雷德·罗森博格（Alfred Rosenberg，1893—1946）是纳粹领导人之一，著有《20 世纪的神话》，这本种族主义小册子受到戈宾诺（Gobineau）和张伯伦（Chamberlain）的理论影响。纽伦堡国际军事法庭判其被处决。

的迫害是否可能重演或者复辟？

7. 类似于艾希曼审判或者将纳粹的暴行拍成纪录片这样的事件，能否具有教育、惩戒的价值，尤其对于年轻一代而言？它们对于反抗所有形式的种族仇恨，以及类似纳粹主义和法西斯主义的意识形态，是否有帮助？

莱维的回答：

1. 人类历史充斥着大屠杀：阿兹特克人被西班牙人屠杀，亚美尼亚人被土耳其人屠杀，普遍意义上的"有色人种"被殖民者屠杀。然而，除了偶尔的停滞和消失，从30年前开始，那种认为人类已经进步，认为那种对一个族群整体的毁灭——比如奴隶制，比如绵延不绝的战争等——都属于人类野蛮的童年时代的看法，几乎被认为是正当的。我们这一代人令人悲伤的特权，就是看到这些怪兽的复兴。也许，在很遥远的过去，有其他对人类的大屠杀，但是没有一场屠杀会比这场（犹太大屠杀）更残忍，无论是从意图还是从其后果来说，那是希特勒统治下的德国人在欧洲的心脏地带所谋划的，而这个欧洲曾宣称自己在文明方面是世界的老师。

2. 没有任何可以被称为实质性的原因，而正是纳粹高级领袖的那些公开演讲、希特勒的私下交谈，以及施特赖歇尔[1]和罗森伯格的那些令人震惊的文章最让人担心。

这意味着，过去的人——同样也意味着今天的人——能够

1　尤利乌斯·施特赖歇尔（Julius Streicher，1885—1946）是纳粹党早期成员、新闻记者、色情小说作家、政治家，1923年到1945年间他创办、编辑了宣扬邪恶的反犹主义的报纸《冲锋队员》（*Der Stürmer*），他在纽伦堡审判时被判处绞刑。

完全失去理性，不受惩罚地行动。他能将明显的谬误说成事实，并且别人会相信他，为他鼓掌。他能够下令执行愚蠢的大屠杀，而别人也会遵从他。

我对人性的道德本能、对人类“自然的”善从没有太多信心，可我相信历史可以从功利主义角度被阐释成进步。然而如果你凝视近期的历史，在面对大屠杀本身时你只能感到困惑，它们往往并没有私人的或者集体的目的，也往往仅仅是由如动物学或者生物学意义上的仇恨所挑动起来的，更重要的是这种仇恨会（像反犹主义一样）得到欢呼，被灌输给人民，甚至被崇拜歌颂。

3.“集体负罪”这个词本身就是一个矛盾的表述，而且它正是纳粹的发明。每个人都要单独为其行动负责。每个参与了屠杀的德国人（和非德国人）都是完全有罪的；他们的共犯则要承担部分罪责，后者也包括那些在意大利的《科学家的种族主义宣言》[1]上签字的著名人物；罪责较轻，但仍然属于共犯的是那些完全意识到发生了什么，却什么都没有做的人，以及那些出于伪善、精神的赤贫而选择不去了解一切的人。

通过这种方式，我们能够绘制一幅画面，这画面可以证明纳粹宣传中那些夸张的虚构是虚假的：并不是集体负罪，而是集体的怯懦，在智识勇气上的集体失败，一种集体性的愚蠢和对文明的弃绝。

4. 反犹主义有其古老的、多重的根源：有时候如大家所预

1 《科学家的种族主义宣言》（*Manifesto degli Scienziati razzisti*），是意大利反犹主义的高峰，出版于 1938 年 7 月 14 日，它直接导致 1938 年种族法的出台，其中一条就宣告了“一个纯洁的意大利种族的存在……犹太人不属于意大利族”。

料的，是因为宗教原因；其他的是因为伦理或者经济的原因。但是在德国，反犹主义是最恶性的，这是一种非理性的冲动，在其伪装下，甚至在其低等的浪漫主义哲学的包装下，本质上是生物学的。希特勒的理论家曾公开宣扬纳粹的反犹主义内含的“种姓生物学”（Rassenbiologisch）。

确实，在《纽伦堡法案》的文本中，你能很轻易地发现神圣的、神秘主义的痕迹，而这是某种扭曲的、败坏的浪漫主义的终结。犹太人并非是没有信仰的人，外邦人也并非都是放高利贷者；相反，犹太人是一个柏拉图的概念，一个抽象的感染源，一个抽象的外部敌人。对于希特勒而言，人性危险的敌人是圣保罗和卡尔·马克思，他们都是犹太人，相继摧毁了罗马和德国。这些话都收录在马丁·鲍曼的《谈话录》[1]里。

5. 可能有很多人有理由被称为“反犹主义的先知”，而他们中间并不是所有人都是德国人。其中一个尤为重要的角色是1870年北德意志邦联议会中的一个基督教社会党团体，他们有一份公开的反犹纲领。

但是那些没有武器的先知，无论善恶，似乎没有对过去几个世纪的历史产生多大的影响；我和一些人有一样的怀疑，即这些先知更像是秤上的指针，而非子弹推进物。无论如何，当

1　莱维此处指的是“二战”时希特勒和马丁·鲍曼（Martin Bormann）的一段对话，被收入《鲍曼笔记》（*Bromann-Vermeke*）一书中，书中部分内容在德国以《希特勒的桌边谈话录》（*Hitlers Tischgespräche*）为题出版（波恩：雅典娜出版社，1951），全书被翻译成英文版（*Hilter's Table-Talk*），由休·特雷弗-罗珀编辑（伦敦：韦登菲尔德与尼克尔森出版社，1953）。

面对他们那些嗜血的门徒的所作所为时，我认为要让戈宾诺或张伯伦[1]来承担这个责任，他们也有些无力。

6. 反犹主义并未消失，浩大的种族迫害有可能重演。埃及的纳赛尔[2]已经公开宣称，消灭犹太人（和天主教徒）是他的“意识形态”的关键部分。斯大林和贝利亚[3]对犹太医生的审判也是一个令人担忧的信号。

同样让人担忧的是全世界那些无知的年轻人的行为。他们可能偶尔会针对几乎是被随机选中的受害者无端施加暴力，但他们与法西斯团体和纳粹主义的关联是不言而喻并受到欢迎的。一个新的希特勒，无论在哪个国家掌权，都可以任意支配现代技术和宣传机器这些可怕的武器，都可以几乎不费吹灰之力就找到跟随者。现在，经验告诉我们，在这些情况下，他们都会从少数人里找到替罪羊，找到可以施暴的对象。直到现在，在欧洲，那种典型的、标准的少数人，一直还是犹太人。

7. 艾希曼审判和用纪录片记录纳粹罪行，当然有其教育意义，但仅有这些是不够的。只要在德国和意大利，被法西斯主

1　约瑟夫·阿瑟·戈宾诺伯爵（Joseph Arthur Gobineau，1816—1882）是法国外交官、文人，也是19世纪法国兴起的日耳曼人优越论的鼓吹者。他主要的作品是《人种不平等论》（*Essai sur l'inégalité des races humaines*,1853—1855），英译本由伦敦的海涅曼出版社于1915年出版。豪斯顿·斯图尔特·张伯伦（Houston Stewart Chamberlain，1855—1927）生于英国，后移居德国（成为瓦格纳的女婿）。他最著名的宣扬种族主义和德国优越论的文章是《19世纪的基础》（德文版出版于1899年，英文版出版于1911年）。这两个人都是根深蒂固的反犹主义者。

2　贾迈勒·阿卜杜勒-纳赛尔(Gamal Abdel Nasser，1918—1970)曾于1952年参与了一场埃及的军事政变，后于1954年到1970年之间担任该国领导人。

3　拉夫连季·帕夫洛维奇·贝利亚（Lavrenti Pavlovich Beria，1899—1953）是斯大林时期的苏联秘密警察头子和内务部委员，在斯大林去世后曾短暂地从属于领导集团，1953年被处决。

义煽动并留存下来的道德缺位仍然存在，那它们的作用和影响程度就不会很大，这种道德缺位部分是因为懒惰，部分是因愚蠢的算计。

我们只能通过学校进行所需要的道德重建。艾希曼是有罪的，这一点被轻易地展示了；但是每个公民，从他们上学的第一天开始，就需要去学习真理和谎言的含义，需要认识到这两者是不可替换的；他们也要知道，一旦你放弃自己的良知，一旦你用“领袖永远正确”这样的狂热信仰替代你的良知，你将成为最残酷的罪行的一部分。

自我采访：《这是不是个人》后记 (1976)[1]

很久以前，有人写过，书和人类一样，有自己的命运：无法预料，与人们的期望和预期背道而驰。这本书同样如此，它拥有神奇的命运。它的出生证明距今颇为遥远，它是在“我将我永远不敢告诉任何人的话写下来”这个句子被写出来的地方诞生的。在集中营里，我渴望讲述这一切的冲动是如此强烈，于是我开始描述我在那里经历的一切，就在现场，在那间刺骨寒冷、被战争和充满警戒的眼睛包围的德国人的实验室里。然而我知道，在任何情况下我都不能保留这些在仓促中草草涂就的笔记，我必须尽快将它们销毁，一旦它们被人发现，我就会被认定在从事某种间谍活动，我会立刻因此送命。

不管怎样，这些记忆在我的肺腑里炙热地燃烧，一回到意大利我就感觉有强烈的冲动要将它们写下来，我用了几个月的时间就完成了《这是不是个人》。这本书的手稿被几家重要的出版社拒绝了；1947 年，一家很小的出版社出版了这本书，他们只印了 2500 本，然后这本书宣告失败了。所以，我的第一本书多年以来被人遗忘；也许同样也因为，对当时整个欧洲

1　这是莱维为 1976 年的《这是不是个人》的学生版本写的《后记》(“Appendice”),在文中，他自问自答了八个当他在和学生们交流时最常被问到的问题。英文翻译是由鲁斯 · 费尔德曼（Ruth Feldman）提供的，引自 1986 年版的《这是不是个人》英译本，莱维对英译本做了几个小改动。莱维对第七个问题的回答的原始文字曾在英译本中被删减，此处被重新翻译、放进文中。

而言，这是一段艰难的哀悼、重建的时光，公众并不愿意在记忆里重回刚刚结束的战争岁月。只有等到 1958 年，这本书才迎来崭新的命运，它被艾诺迪出版社出版了，从那时起公众对这本书的兴趣从未消减。这种迟来的成功激励我开始写《休战》——它的姊妹篇的自然延续。和它的姊妹篇不一样,《休战》一出来就受到了公众和评论家的热烈肯定。

在这些年里，我上百次被要求在各种各样的读者面前回答和这两本书有关的问题，有青少年和成年人，有没受过教育的或者教育程度很高的人，有意大利的读者或者国外的读者。在这些交流的过程中，我必须要回答很多问题：天真的问题、准确的问题、高度情绪化的问题、表面的问题，有时候甚至是令人气愤的问题。很快我就意识到，其中的一些问题会一遍遍被问到，确实，每一次都会被提到。因此它们一定是来自一种经过深思的好奇，而在某种程度上，那两本书的文本都没有给读者一个令人满意的答案，我打算在这里再对这些问题进行回答。

1. 在这两本书里，我们看不到对德国人的仇恨，以及复仇的欲望。你原谅他们了吗？

我的个性是不偏向于仇恨的。我个人认为仇恨是兽性的、残酷的，相反我更希望我的行为和思想尽可能是经过思考的结果；因此，我从没有在我的体内蓄积愤怒，让它成为某种对复仇的渴望，或者说对我真实抑或假想出来的敌人施加痛苦的欲望，或者变成我自身的积怨。我更加不能接受将仇恨集体性地施加到一个族群，比如说德国人身上；如果我接受了这一点，我会感觉我接受了纳粹的规训，后者正是建立在那种国家和种族的仇恨基础上的。

我必须承认，如果我面对一个昔日迫害我的人，某些我认识的脸，某些旧日的谎言，我应该会忍不住去仇恨，并且也会使用暴力；但恰恰因为我不是法西斯分子，也不是纳粹，我拒绝向这类诱惑臣服。我相信理性和协商是更高等的进步工具，因此我甚至会压抑自身的仇恨：我更想要正义。正因为这个原因，在描述集中营的悲惨世界时，我故意使用一种平静的、清醒的语言来进行见证，既非受害者的那种哀痛的语气，亦非一个试图复仇的人的那种愤怒的语气。我相信，这样我的记录会更加可信，更加有用。并且，它越显得客观，它看起来就越不会过度情绪化。只有通过这种方式，一个关乎正义的见证者才能完成自己的任务。他的任务是为法官们做准备，而他们就是我的读者。

同样，我不想别人将我放弃明确的论断混淆为一种无差别的原谅。不，我没有原谅任何一个罪犯，将来也不会原谅他们中的任何一个人，除非他（用行为、言辞，在事发后不久）显示了他意识到自身的罪行、意大利人的错误和外来的法西斯主义，并且决心要谴责它们，从他自己和其他人的意识中根除它们。只有在这样的情况下，作为非基督徒的我，才会追随犹太教或基督教的“原谅我的仇敌”的信条，因为一个悔改的仇敌就不再是一个仇敌。

2. 德国人知道发生了什么吗？

如果没有任何人知情的话，在欧洲的心脏地带对数百万生命的处决又怎么可能发生？

我们西方人今日身处的世界仍有严重的错误和危险，但是与那些民主被压抑的国家，以及与民主被抑制的那些时代相比，我们现在所处的这个世界有一个巨大的优势：每个人都能知道关于一切的一切。今天，信息是“第四权”（fourth estate）：至少在理论上，记者和新闻摄影师能去到任何地方；没有人有权利制止他们或者驱赶他们。每件事都变得轻而易举：你可以在自己的国家收听或收看到别国的广播和电视节目。你可以去报刊亭，选择任何你喜欢的本土的或者国外的、持任何政治倾向的报纸——即使那个国家和你自己的国家仍有纷争。你可以购买、阅读自己想看的任何书，通常情况下，这并不会被冠上“反国家行为”的罪名，或者被政治警察抄家。当然，要避免所有的倾向并非易事，但是至少你可以选择你自己的倾向。

在集权国家，情况并非如此。那里只有一种真理，是上面的那些人宣告的真理；所有的报纸都是类似的，它们重复着关于真理的相同话语。广播站也是一样，你不能收听别的国家的广播。首先，因为这是犯罪行为，你会被关进监狱；其次，你的国家的广播台会发射带有特定波长的干扰音，以覆盖其他国家的广播信号，从而阻止你听到国外的广播。至于书籍，只有那些能取悦国家的书才能被出版、翻译。你只能在国外找到其他书籍，并自己承担将它们引入自己的国家而面临的风险，因为它们被视作比毒品或者爆炸物还要危险，如果你在过边检时被发现持有这些书籍，它们会被没收，而你则会受到惩罚。国家不喜欢或者不再喜欢的书籍，会在大庭广众之下被付诸一炬。1924 年到 1945 年之间，这种情况只在意大利发生，后来国家社会主义工人党统治下的德国延续了这种行为，直到今天，这些事还在很多国家发生，令人可悲的是其中就有苏联，一个曾经英勇地对抗法西斯主义的国家。在一个集权制国家，篡改真理是被允许的，从今天的立场重新改写历史是被允许的，扭曲新闻、压制真理、传播虚假的信息是被允许的。宣传替代了信息。事实上，在这样的国家，你并不是一个拥有权利的公民，而是一个臣民，就这一身份而言，你必须要向你的国家（以及代表国家的独裁者）献上你狂热的忠诚还有消极的服从。

很明显，在这样的环境下是有可能消解现实的（虽然并不总是很容易；要彻底违背人性从来不是容易的事）。在法西斯党统治下的意大利，暗杀劳工党人马泰奥蒂的行为完成得非常成功[1]，几个月之后，这个事件就再也没有任何人提起了。希特勒和他的宣传部长约瑟夫·戈培尔在控制和伪装真相这一点上，显示出比墨索里尼还要高超得多的手腕。

然而，要对德国人民隐藏那巨大的集中营机器的存在是不可能的。更重要的是，（从纳粹的角度）他们也不希望这样做。在国家内部营造、维持一种无法形容的恐惧氛围正是纳粹的目标之一。让人民知道反对希特勒会让自己陷入极度的危险，是同样重要的。事实上，早在纳粹党执政初期，就有上万名德国人被关进监狱：共产党人、社会民主党人、自由主义者、犹太人、持异见者，还有天主教徒；整个德国都知道这些，并且知道集中营的人们在受苦，在死去。

无论如何，绝大部分的德国人确实不知道后来在集中营发生的那些极度血腥残忍之事：对数百万人进行有系统的、工业

1　贾科莫·马泰奥蒂（Giacomo Matteotti，1885—1924）是意大利劳工党（意大利社会党前身）政治家。1924 年 5 月 30 日，他在议会公开指责法西斯党在近期的选举中欺诈，并谴责他们为了获取选票不惜使用暴力。11 天后，马泰奥蒂被法西斯党人绑架并杀害。——译者注

化的灭绝，毒气室、焚化炉、对尸体卑劣的剥夺，所有这些都不应该被公之于众。事实上，到战争结束之前都很少有人知道这些的存在。为了掩盖这个秘密，除了其他的预防措施之外，官方语言只会使用谨慎的、有些讥诮的委婉用语：他们不会写“处决”而是写“最终解决”,他们不写“驱逐”而是写“转移”，他们不写“用毒气灭绝”而是写“特殊处理”，诸如此类，不一而足。这样做并非毫无缘由，希特勒担心这种可怕的消息一旦泄露，会危及整个国家对他的盲目信仰，还有作战部队的士气。另外，盟军也会知道这些，并将它们用作宣传材料。后者确实发生了，但因为盟军电台多次描述形容的这种集中营的恐怖如此惊人，大众几乎都无法相信这一点。

对德国在那段时间最令人信服的总结，来自我找到的欧根·科贡的《地狱的理论和实践》一书，他曾经被关在布痕瓦尔德集中营，后来成为慕尼黑大学的政治学教授。

德国人对集中营了解多少？除了其实在的存在之外，他们对其几乎一无所知，即便是今天，他们对其也知之甚少。毋庸置疑，严密地将恐怖系统的细节秘不示人，这种手段被证明非常有效，而这也让那些死亡和痛苦无法被定义，也因此更加深刻。

正如我在别处所说的，即使是很多盖世太保成员也不知道在他们将囚犯送进集中营后，那里发生了什么。绝大多数的囚犯对集中营的运作机制和那里的屠杀手段都没有清晰的意识，那德国人民又如何得知这些呢？任何一个进入集中营的人都会发现自己面对的是一个无法理解的世界，一个完全崭新的世界。

这就是权力和保密系统的功能的最好示范。

但是……但是，没有一个德国人不知道集中营的存在，也没有一个人相信那里是疗养院。只有很少的德国人没有亲属或者熟人被关在集中营，或者说很少有德国人一点儿不知道这个人或者那个人被关进了集中营。所有的德国人都见证了各种各样的反犹主义的残暴。数百万德国人——无动于衷地或好奇地，轻蔑地或阴毒且幸灾乐祸地——见证了犹太教堂的焚毁、对犹太人的侮辱，或者目睹那些被迫跪在泥泞里的犹太人。很多德国人从外国的广播节目里也知道这一点，有些人也和那些在集中营外面劳动的囚犯有交流。数量众多的德国人在街上或者在火车站都碰到过那些悲惨的排成队的囚犯。1941 年 11 月 9 日，由德国警察和安全机构的首脑发给……警察和集中营指挥官的一则通知中写道："尤其是，必须注意到在徒步转移过程中，比如从车站到集中营的路途中，很多囚犯会崩溃、晕厥或者死于过度疲劳……不让人民知道正在发生的这些是不可能的。"

没有任何一个德国人不意识到所有的监狱都人满为患，而且整个国家一直在进行着各种处决。成千上万的治安法官和警察公务员、律师、神父，还有社会服务人员普遍都知道情况非常严峻。很多生意人会和作为供应商的集中营的党卫军做交易，工业家们会向党卫军的行政和经济部门索要奴工，连同这些（行业）的办公室职员，他们都清楚很多这些大公司都在剥削奴工。有很多工人在集中营外面或里面工作着。形形色色的大学教授会和希姆莱创立的医学研究中心合作，还有很多公立或者私立医院的医生和这些专业刽子手合作，他们是后者的帮手。很多部队飞行员转而受党卫军管辖，他们一定知道那里在发生什么。

很多高级的部队官员知道集中营发生的屠杀俄国战俘的事，而更多的士兵和宪兵队成员一定知道在集中营、犹太人聚居区，还有被占领的那些东欧的城市和乡村每天在上演的恐怖罪恶。你能说这些陈述有哪一条是虚假的？[1]

在我看来，这些陈述都是真的，但还要加上另外一点画面才能完整：除了有各种各样获取信息的方法之外，大部分德国人不知情的原因是因为他们不想知道。因为，事实上，他们选择不想知道。当然，国家恐怖主义是一个非常强大的武器，令人很难反抗。但同样是事实的是，作为一个整体的德国人甚至都没有想要去反抗。在希特勒时代的德国，有一个广泛流传的准则：那些知道的人不会开口谈论；那些不知道的人不会开口提问；那些开口提问的人不会得到回答。通过这种方式，典型的德国公民赢得了并且捍卫着自己的无知，在他看来这足够可以宣示他对纳粹的效忠了。闭上嘴巴、眼睛、耳朵，他给自己制造了一无所知的幻觉，从而让自己不会成为那就发生在他家门口的一切的同谋。

知道发生了什么并让这些为世人知道（在当时，做到这些基本上不会陷入太多危险），是和纳粹保持距离的一个方法。我想，作为整体的德国人并没有寻求这一点，我坚持认为这种故意的不作为，让他们有罪。

3. 有试图从集中营里逃离的囚犯吗？为什么集中营里没

---

1 引自欧根·科贡：《地狱的理论和实践：德国集中营及其背后的体系》（*The Theory and Practice of Hell:The German Concentration Camps and the System Behind Them*，伦敦：塞克与沃伯格出版社，1950）。

有大规模的反抗？

这是年轻读者们最常向我提的问题。这些问题一定是根源于一些尤为重要的好奇心或者需求。我的解释是积极的：今天的年轻人认为自由是一种人所不能缺乏的特权，无论在任何情形下。因而，对他们而言，“监狱”的概念会自然而然地和“逃跑”或者“反抗”这样的概念联系在一起。另外，确实，根据很多国家的军法，为了恢复自己战士的身份，战俘必须用任何可能的方式尝试逃脱；根据《海牙公约》，这样的逃脱是不应该被惩罚的。作为一种道德责任的逃跑的概念，不断地被浪漫文学（还记得《基督山伯爵》吗？）、通俗文学、电影所强化，这些作品中的主人公经常被不公（有时候是被公正）地囚禁，他们永远会试图逃走，即使在最不可能的情形下，而他们的努力也永远会获得胜利的冠冕。

也许，认为这些囚犯的处境，这种非自由的状态是不正当的、非正常的——简而言之，就像所有的疾病一样——因而需要通过逃跑和反叛来治愈它，这种想法是好的。然而，很不幸的是，这种画面和集中营的真实画面并不吻合。

举例来说，只有几百个囚犯曾经试图从奥斯维辛逃离，而他们中间也许只有几十个人成功了。逃跑是非常困难的，也是极度危险的。囚犯们除了精神萎靡之外，他们的身体也被饥饿和非人的境遇折磨得极度虚弱。他们的头发都被剃光了，他们穿的条纹状的囚服也很容易被人认出来，而他们穿的木屐也让隐蔽、迅速地移动变得不可能。他们身无分文，而且基本上不会讲波兰语，那是当地使用的语言，另外他们在当地没有任何门路，也不熟悉当地的地形方位。除此之外，所有尝试逃跑的行为都会受到严厉的惩罚。任何一个尝试逃跑的人会被当众处以绞刑——通常在他们接受了酷刑之后——就在广场上，这是每天囚犯们被点名的地方。当一个囚犯被发现有逃跑的企图，他的朋友们会被认为是共犯，会被关进囚室直到饿死；而所有其他的囚犯则会被迫站上整整 24 个小时，有时候“有罪者”的父母也会被抓起来、被关进集中营。

那些杀死试图逃跑的囚犯的党卫军看守可以得到特殊的离岗待遇。这样做的结果就是，有时候党卫军的看守会朝一个根本没有打算逃跑的囚犯开枪，仅仅是为了让自己可以被调离。这也人为增加了试图逃跑的囚犯的官方统计数据。正如我已经指出的，实际（试图逃跑的）人数很少，而且几乎都是雅利安波兰囚犯（用当时的术语来说即为非犹太人），他们原先都住在离集中营不远的地方，因此他们会一直想要实现逃跑的目标，并且确信他们会被当地人保护。在其他的集中营，差不多也是类似的状况。

说到缺乏反叛的情况，则是另一个很不同的故事了。首先，我们有必要记住，在某些集中营确实发生过起义：特雷布林卡灭绝营、索比堡（Sobibor）集中营，甚至是在奥斯维辛附属的比克瑙集中营。这些反叛在数量上并不是很多，但和与之类似的华沙犹太人聚居区起义一样，都代表着一种非凡的道德分量。在每一个案例中，这些反叛和起义都是由那些在某种程度上拥有特权的囚犯计划和领导的，他们的身体和精神状态要比一般的集中营囚犯都好。这一点并不太令人意外，只是从表面上看，选择反叛的人是受苦最少的那一群人，这一点确实是悖论。甚至在集中营外，那些“流氓无产阶级”（Lumpenproletariat）也很少选择反叛。衣衫褴褛的人并不会起来反抗。

在关押政治犯的集中营里，或者那些政治犯占大多数的集中营里，比起公开的起义，他们进行的密谋被证明更有价值，并且会通向更有效的自卫行动。比如说，取决于不同的集中营和不同的时机，囚犯们成功地敲诈或者对党卫军进行行贿，削弱他们手上那种任意妄为的权力，他们也暗中破坏德国的战争工业，组织逃亡，通过电台和盟军联系并提供集中营骇人状况的记录，改善患病囚犯的待遇，并逐渐用囚犯中的医生替代党卫军自己的医生，"引导"筛选从而让间谍和叛徒被处决；他们还拯救了一些囚犯，后者的幸存因为诸多原因具有重要意义；他们甚至从军事层面做好了抵抗的准备，以防在前线战线逼近时，纳粹决定（事实上他们经常有这样的打算）彻底消灭集中营。

而在那些犹太人占大多数的集中营，比如奥斯维辛地区的那些集中营，任何一场积极或者消极的防卫都是困难的。这些犹太人绝大多数都没有任何形式的组织或者军事方面的经验。他们来自欧洲各个不同的国家，说着不同的语言，因而无法理解彼此说的话。他们比其他人都更加饥饿、虚弱、疲惫，因为他们的生存环境更为险恶，同时也因为他们在犹太人聚居区经历了漫长的饥馑、迫害和侮辱。这些因素最终导致的后果是他们在集中营里的生存时间都极其可悲地短暂。总之，他们是一群流动的人口，人数不停地被死亡削减，他们一直在被源源不断到来的新囚犯所替代。因此可以理解，反叛的种子在如此恶化、不稳定的人类结构中是很难扎根的。

你也许想知道，为什么那些刚下火车、需要等上几个小时（有时候需要等上几天）进焚尸炉的犯人不选择去反抗？除了我刚刚提到的这些，我必须要补充一点，德国人已经炉火纯青地建造了一种魔鬼般聪明的、万能的制造集体性死亡的系统。大部分情况下，新来的犯人们并不知道自己会面临什么。他们被冰冷地、高效地，但毫不野蛮地接收，他们被要求脱去衣服进行“淋浴”。有时候他们会得到毛巾和肥皂，并且能在淋浴完后喝上一杯咖啡。事实上，毒气室被建造得看起来和淋浴间一样，有管道、水龙头、更衣室、挂衣钩、长凳等等。相反，如果囚犯们表现出任何一点对他们即将到来的命运的知晓或怀疑，党卫军和他们的同伙就会采用出人意料的手段，用极端野蛮的方式介入其中，他们会对那些因为五天或十天的密闭火车车厢旅行而迷惑、绝望、奄奄一息的人大声叫喊、威胁、拳打脚踢、放出他们的猎犬，而那些猎犬正是被训练来将这些犯人撕成碎片的。

在这种情况下，那些不时宣称犹太人出于怯懦没有选择抵抗的立场似乎就显得荒谬而有侮辱性了。没有人起来反抗过。奥斯维辛集中营的毒气室用 300 名年轻的、受过军队训练的、接受过政治灌输的俄国战俘做过活体实验，一切是在妇女和儿童都在场的情况下进行的。即便是这些军人也无人反抗——只要记得这一点就够了。

我还要再补充一点。在法西斯主义笼罩下的欧洲，那种认为一个人不应该认同压迫，而是应该起身抵抗的根深蒂固的意识并不普遍，在意大利这种意识尤为薄弱。这是范围很小的一群政治活动家留下的遗产，但是法西斯党和纳粹直接孤立、驱逐、恐吓、摧毁了他们。你一定不能忘记，德国人的集中营的第一批受害者——他们有成千上万人——事实上是反纳粹政党的骨干成员。如果没有他们的贡献，大众进行抵抗以及进行有组织的抵抗运动的意志，会到更晚之后才涌现出来。这一切首先要归功于欧洲各个国家的共产党，在德国于1941年撕毁1939年8月签署的《苏德互不侵犯条约》并出人意料地攻占苏联领土之后，开始奋起反抗。总而言之，苛责囚犯们不去反抗主要体现了一种历史观的错误，即用今天已经算是集体遗产，而在过去只属于一小部分政治精英的政治意识去要求这些囚犯。

4、在解放后你回过奥斯维辛吗？

我在1965年重新回到了奥斯维辛。[1]正如我在书里提到的，奥斯维辛的集中营帝国并不只有一个集中营，而是有将近40个集中营。奥斯维辛的主体位于那个也叫奥斯维辛（波兰语为Oswiecim）的城镇的郊区，它能容纳大约2万名囚犯，就像集中营综合体的行政首都。当时，那里有比克瑙集中营（或者更准确地说，是一组集中营群组——在不同时期从3到5个不等），后来发展为一个囚禁了6万名囚犯的集中营，其中有4万名是女性，那里有毒气室和焚尸炉。另外，在离“首都”几百公里的地方，还有一组数量不停变化的集中营。我所在的集中营，被称为莫诺维茨，是其中最大的一个，到最后囚禁了大约1.2万名囚犯。它位于奥斯维辛以东7公里的地方，这个地区现在都是波兰的领土。

参观主体集中营时，我并没有太多的感受。波兰政府已经将其转变成某种国家纪念馆。那个棚屋已经被清扫干净、刷上

1 莱维于1982年再次回到奥斯维辛，参见本书的下一篇访谈《回到奥斯维辛》。

漆，那里还种了树，铺了花床。那里还有一座博物馆展示着那些令人同情的遗留物：成吨的头发，成千上万的眼镜、梳子、修面刷、玩具、童鞋，但这仅仅就是一个博物馆—— 一个静止的、被重新整理的、人造的地方。对我而言，整个集中营似乎就是一个博物馆。至于我曾经被关押的那个集中营，它已经不复存在——其曾经附属的橡胶厂现在为波兰所有，后来得到了扩张，现在占据了整个地区。

然而，当我重新进入比克瑙集中营时，我还是体验到一种猛烈的痛苦，这种痛苦是我身为囚犯时没有体会到的。那里的一切都没有改变。过去那里是一片泥地，现在那里还是泥地，要么就是令人窒息的夏日扬尘。曾经的一排排棚屋（当前线战场延伸到并经过这个地区时，未被烧掉的那些棚屋）仍和往日一样，低矮、肮脏，有着透风的木墙和室内的泥地。那里已经没有了床铺，只有光秃秃的木板一直摞到屋顶。那里的一切都没有被美化、粉饰过。和我同行的是一位女士，朱利亚娜·泰代斯基[1]，她是比克瑙集中营的幸存者。她向我指出，每一块 1.8 米乘 2 米见方的木板上面要睡 9 个女人。她向我展示，从狭小的窗户可以看到焚尸炉的残迹。从那个角度，你都能看到烟囱里的火苗。她曾经问过那些比她年长的女性："那团火是什么？"她们回答说："那是在燃烧的我们。"

当你面对这些地方时——它们拥有让你回想起过去的可悲

1　朱利亚娜·泰代斯基（Giuliana Tedeschi,1914—2010）是重要的见证文学作家，其作品有《这具可怜的身体》(*Questo povero corpo*，米兰：EdIt 出版社，1946)，以及《世界上的这个地方》[*C'è un punto della terra*，佛罗伦萨：朱利提那出版社；英译本由密涅瓦出版社（伦敦）于 1994 年出版]，这两本书都讲述了她在比克瑙集中营的经历。

力量——每一个幸存者的表现都不一样，但大致可以分成两种典型。这些拒绝回到集中营，甚至拒绝谈论这个问题的人，他们属于第一类，同属于第一类幸存者的也包括那些想要忘却，但是无法成功忘却、被梦魇折磨的人；然而第二类人与之相反，他们选择了忘却，他们摈弃了一切，重新开始生活，从零开始。我注意到，第一类人都是那些因为厄运而非自己的政治担当而被关进集中营的人。对他们而言，那些痛苦和折磨是灾难性的，但是没有任何意义，就像厄运和疾病一样。对他们而言，记忆是外来的，是一种侵入他们生活的痛苦的东西，而他们试图——或者说仍在试图——消除这些记忆。而第二类幸存者主要都是前政治犯，或者是那些有很强的宗教信仰或强烈道德感的人。对于这些幸存者来说，记忆是一种责任。他们不想要忘记，并且最重要的，他们并不想要世界忘记，因为他们知道自己的经历并非毫无意义，集中营也并非是一场意外或是一个无法被预见的历史事件。

纳粹集中营是欧洲法西斯主义的顶点和高潮，是其最恐怖、最邪恶力量的体现。但是法西斯主义早在希特勒和墨索里尼之前就存在了，一直到“二战”结束，它一直或公开或戴着面具存在着。在世界的每一个角落，任何时候只要你开始否定人类最基本的自由和人人平等的价值观，你就离集中营系统近了一步，而且在这条道路上你很难停下来。我知道很多先前的囚犯非常清楚自己的经历包含了多少可怕的教训，而他们也会每年回到“他们的”集中营，为那些年轻人导引朝拜的路程。如果时间允许，如果我不知道我通过写书、同意和我的读者们交谈实现了一样的目标的话，我自己也会很乐意这么做。

5. 为什么你只谈论德国集中营，而没有讨论苏联集中营?

正如我在对第一个问题的回答中已写过的，我更希望当一个见证者，而非审判者。我只能为我自己亲身经历或者看到的事情做见证。我的书不是历史书，在写作的过程中，我严格限制自己只记录我亲身经历的事实，排除那些我日后从报纸或者其他书里知道的信息。比如，你会注意到我并没有引用奥斯维辛集中营的死亡人数，我也没有描述毒气室和焚尸炉的细节，因为事实上，我在集中营时并不知道这些细节。我只是后来才知道，当时全世界都知道这些事实了。

出于同样的理由，我一般不会谈论苏联的集中营。很幸运，我没有经历后者，因此我只能重复我读到的东西，那些内容会和所有有兴趣了解这个主题的人能了解到的一模一样。但显而易见，我不想逃避，我也无法逃避每个人都应该担负的去判断、去表态的责任。除了这两种集中营显而易见的相似点之外，我想我可以总结出这两者的一些本质区别。

最根本的区别在于不同的结局。德国集中营构成了一段非常特殊的人性的历史，如此血腥残暴。基于铲除或者恐吓政治异己的古老目标，他们建立了一个荒谬骇人的现代目标，那就是将整个族群及其文化从地球上铲除。大概从1941年开始，集中营逐渐成了巨大的死亡机器。毒气室和焚尸炉是被精心设计用来摧毁数百万人的生命和肉体的。根据奥斯维辛的可怕记录，1944年8月的每一天都会有2.4万名囚犯死去。毫无疑问，苏联的集中营无论何时都不是一个舒服的地方，但苏联集中营并没有明确无误地追求囚犯的死亡——甚至在斯大林时代最黑暗的日子里。在苏联集中营，囚犯的死亡会经常发生，人们带着一种野蛮的漠然容忍这些，但本质上，囚犯的死亡不是他们追求的目标。死亡是饥饿、寒冷、感染、重体力劳动的副产品。在关于这两个地狱模型的可悲比较中，我必须还要补充一点：一旦一个人进了德国集中营，他基本上就不会活着出来了。死亡是唯一可以预见的结果。但是在苏联集中营，对监禁的限制可能是一直存在的。在斯大林时代，有时候“罪犯”的刑期会可怕地漫长（比如说 15 年或者 20 年），他们也会遭遇可怕的忽视，但不管多么微弱，他们一直存有最终获得自由的希望。

从这根本的区别出发，演变出了其他的区别。在苏联集中营，看守和囚犯之间的关系并没有那么冷酷，他们都属于同一个国家，说着同一种语言，也不像在纳粹体制下那样双方分别被打上“超人”和“非人”的标签。生病的囚犯会得到医治，虽然这些医疗救治远远不够。他们面临的只有繁重的劳动，所以个体或者集体的反叛并非不可想象。身体惩罚很少见，也没有太过残忍。还有可能收到信件和内有食物的包裹。简而言之，人格没有被否定，也没有彻底消失。从整体的结果来看，两种集中营中的死亡率也大相径庭：在苏联集中营，似乎在情况最严酷的那段时间，囚犯的死亡率大概是 30% 左右，这个数字当然高到令人无法忍受，但是在德国集中营，囚犯的死亡率在 90% 到 98% 之间。

我发现苏联最近采用的一些新方法非常恶劣，比如说简单粗暴地宣称一些持不同意见的知识分子是疯子，将他们关进精神治疗机构，并且强迫他们进行治疗，这些治疗不仅给他们的身体带来极大的痛苦，而且扭曲、削弱了他们的精神机能。这证明了当权者是多么害怕异见。不同的意见不会遭到惩罚，但是会被用药物（或者说用药物威胁）摧毁。也许，这种技术还没有被广泛使用（似乎在1985年，那些政治“病人”不超过100人），但这种行为如此丑恶，因为它是对科学的卑劣运用，而医生们也令人无法宽恕地出卖了自己的灵魂，他们奴化自己去迎合当权者的意志。这是对民主交锋和公民自由的极端轻蔑。

另一方面，就严格的定量层面而言，我们必须注意到，在苏联，集中营的规模事实上应该在萎缩。似乎在1950年前后，政治犯的人数达到100万。根据大赦国际的数据，今天的这个数字大概是1000人。

总结以上几点，无论如何，苏联集中营都是一个可悲的、非法的、非人性的体现。它们和社会主义并没有关系；它们事实上是苏联社会主义的一个污点。它们更应该被视为沙皇专制主义的一个野蛮遗产，而苏联的统治者们没有能力，也没有意愿将自己从这份遗产中解放出来。任何一个读过陀思妥耶夫斯基于1862年写就的《死屋手记》的人，都能毫不费力地辨认出索尔仁尼琴在100年后描述的同样的监狱“特点”。但要构想一幅没有集中营的社会主义场景是可能，而且很容易的。反之，没有集中营的纳粹帝国则是完全无法想象的。

6. 解放后，你又再度邂逅了《这是不是个人》和《休战》中的哪些人物？

很不幸，书里提到的大部分人都被认为死于集中营里，或者死于那浩大的撤离途中——我在《这是不是个人》的最后一章中描述了这场撤离。其他人则死于他们在集中营里染上的疾病。还有一些人，我找不到他们的任何一点儿踪迹。只有很少的人幸存下来了，我得以和他们一直保持联系或者重新建立联系。

让是《尤利西斯之歌》那章中描写的勤杂工，他还活着，身体很好。他的家人都在战争中丧命了，但是他回到祖国后，结了婚，现在还有两个孩子，在法国外省的一个小镇上做药剂师，过着非常安定的生活。如果他来度假，我们偶尔会在意大利碰上一面。我有时也会到法国去找他。他已经忘记了他在莫诺维茨集中营经历的大部分时光，这听起来很奇怪。相比之下，大撤退的旅程中那种残暴的回忆对他而言更加清晰。在撤离的路上，他看着他所有的朋友（包括阿尔贝托）都在极度的疲乏中死去。

我也经常会见到被我称作皮耶罗·松尼诺的那个人，在《休战》里他的名字是塞萨尔。他在一段艰难的“重回”生活的时光后，也找到了工作，建立了家庭。他住在罗马。他会很渴望，也很生动地回忆他在集中营，以及漫长的回国路上经历的种种坎坷。但在他的叙述里——那些叙述经常会变成戏剧独白，他会着重强调他在其中作为主角的英勇事例，而不是他只是被动在场的那些悲剧的事情。

我后来也见了查尔斯（Charles）[1]。他只是到1944年才在他家附近的孚日山区被抓获，成为囚犯，他当时在那里从事抵抗运动。他在集中营里只待了一个月。但是那一个月的受难经历，还有他目睹的种种可怕之事，都深深地刻在他的心里，让他再也无法享受生活的乐趣，再也无心创造一个未来。经历了

1 查尔斯和下文提到的亚瑟都是莱维在集中营最后的日子里认识的法国同伴，莱维在《这是不是个人》的结尾和《休战》的开篇都提到了他们。

一段类似我在《休战》中描述的那种遣返之后，他回到自己的村庄，继续当小学老师，他会教那些小学生如何养蜜蜂，栽培冷杉和松树。几年前他退休了，最近和一位不再年轻的同事结了婚。他们一起建造了一栋房子，小巧但舒适。我去拜访过他两次，分别在 1951 年和 1974 年。在最近的这次拜访中，他告诉了我关于亚瑟（Arthur）的事。亚瑟住在离他不远的一个村子里，年事已高，身体有病，不想接受这样的拜访，以免唤醒过去的痛苦。

当我和我曾粗略提到过的"现代拉比"曼迪戏剧化地、毫无预料地重逢时，我们两个人都非常快乐。1965 年，当他随意翻阅《这是不是个人》的德文版时，他从中认出了自己，并想起了我，他写了一封很长的信，寄到都灵的犹太社区。后来我们会互相写很长的信，告知对方我们那些共同的朋友的命运。1967 年，我去当时属于德意志民主共和国的多特蒙德见过他一次，他当时在那里当拉比。他还是和过去一样"坚定、勇敢、热忱"，同时惊人地博学。他和一个奥斯维辛幸存者结了婚，有三个孩子，现在都已长大成人。他们一家准备搬去以色列。

我后来再也没有见过潘维茨教授。他是指派我参加一个令人毛骨悚然的"国家考试"的那个化学家。但是我从穆勒教授那里听到一些他的消息，穆勒教授就是我在《元素周期表》的《钒》一章中描写的那个人。当红军快要到达布纳橡胶工厂时，他表现得像一个欺凌弱小者、一个懦夫。他命令他那些平民同伙顽抗到底，并且阻止他们爬上火车逃到前线后方的区域，但在最后一刻他自己跳上了火车，钻了混乱局势的空子。1946 年，他因脑癌去世。

我和《休战》中的大部分人几乎都失去了联系，除了塞萨尔（我之前提到过）还有莱昂纳多。莱昂纳多·德·贝内代蒂医生和我一样是都灵人，他心爱的妻子死在了奥斯维辛。回到我们的城市后，他充满勇气和担当地恢复了自己原先的职业，在很多年里，他一直是我珍贵、智慧、真诚的朋友。除却他的病人外，无数来找他寻求帮助或建议的人，从不会失望而返。1983 年，他以 85 岁的高龄毫无痛苦地去世。

7. 纳粹对犹太人那种狂热的仇恨该如何解释？

对犹太人的仇恨——被错误地用“反犹主义”这个词来定义——是一个普遍现象的特例，即仇恨任何一个有别于自己的人。它的起源毫无疑问是动物性的：属于同一物种、不同族群的动物会互相攻伐异己。家畜中间也有类似的现象：当一个母鸡舍的母鸡被引到另一个鸡舍时，有好几天都会被咬啄、被排斥。同样的情形也会发生在老鼠、蜜蜂和所有的群居动物中间。人肯定是群居动物（正如亚里士多德所说），但是如果人类所有残留的动物性冲动都被容忍、接受的话，灾难一定会降临到我们身上！法律正是为了这一目的存在的——去遏制我们的动物本能。

反犹主义是党同伐异的一个典型现象。之所以会存在不宽容，是因为两个互相接触的群体之间一定存在肉眼可辨的差异：可以是生理差异（黑人或者白人；黑发或者金发），但是我们复杂的文明让我们对更为细微的差异也很敏感，比如说语言、方言，甚至口音（正如那些被迫迁到意大利北部的南部意大利人所熟知的）；还有宗教，其外部限制以及其对生活方式的深层影响；服饰或姿态；公共的、私人的习惯。几乎在所有的地方、所有的时代，犹太民族的受难史都意味犹太人至少展示了其中一种与众不同的特点。

在互相冲突的不同民族和国家的极端复杂的纠纷中，这个特殊的民族的历史呈现了某些特性。这是过去（现在仍是）基于信仰和传统而产生的某种非常强大的内在纽带的后果；因此，尽管这个民族在人数或者军事上处于弱势，它还是带着孤注一掷的勇气对抗罗马人的侵略，这也导致他们被驱逐和被驱散，但是这种纽带仍保存了下来。犹太人聚居地最早在地中海沿岸，后来在中东、西班牙、莱茵兰地区、俄国南部、波兰、波希米亚和其他地方建立起来。这些聚居地一直忠诚于这种纽带，而这种纽带本身又被丰富的成文法和传统，精密的法典所规定的宗教习俗，还有贯串他们每天行为的、看起来就很独特的那些仪式而不断地巩固强化。犹太人不管去什么地方都是少数族裔，他们和别人不同，显而易见地不同，并且经常（或对或错地）为自身的不同而骄傲。所有这些都让他们陷入危险的境地，确实他们几乎在所有的国家和时代都遭受过迫害。在面临迫害时，只有很少的犹太人选择让自己被同化，也就是和周围的其他人逐渐融合。而对于大部分犹太人而言，他们会选择再度迁徙，去那些更友好的国家，虽然这意味着这种“不同”进一步扩大了，他们会面临新的限制和迫害。

如果反犹主义从其最深层来说，是一种不宽容的非理性形式，在所有的基督教国家，从基督教变成国教那天起，反犹主义就带着明显的宗教——实际上是神学——的面向。按照圣奥古斯丁的说法，犹太人注定是被上帝驱逐的，因为两个原因：一个是作为对他们未能认出基督就是弥赛亚的惩罚，另一个是所有国家的天主教堂都需要他们，这样他们应得的不幸福状态可以被各处的信徒看到。因此，对犹太人的驱散和隔离应该永无止息：通过他们的苦难，他们应该永远见证自身的过失，因而也见证了基督教信仰的真理。既然他们的存在是必需的，结论就是他们必须被迫害而非被杀害。

然而，事实证明教会的目标从来不是这么适度、有节制：从基督教纪元的早期开始，犹太人就遭受着更为严酷的迫害，因为他们要永远集体为耶稣的十字架受难，抑或说为他们“弑神”赎罪。在遥远的过去，这一准则曾是复活节祷文的一部分，在梵蒂冈第二届大公会议（1962—1965）时才被制止。这个准则也滋生了形形色色灾难性的、一直被更新的流行看法：比如犹太人往水井里投毒传播瘟疫；他们会习惯性地亵渎圣饼；他们会在逾越节的时候绑架信仰基督教的儿童，然后将未发酵面注入那些儿童的血液里。这些观念为对犹太人不计其数的驱逐和血腥大屠杀奠定了基础。驱逐首先从法国开始，然后是英国，然后在1492年到1498年在西班牙和葡萄牙发生。

从未间断的屠杀和迁徙的轮回将我们带到19世纪，民族意识和一种对少数族裔的权利的认同又普遍复活了。除了沙皇统治下的俄国，整个欧洲都逐渐废除了肇始于基督教教会的、加诸犹太人生活中的法律限制（这些限制根据不同的时间和地点有不同的形式，从命令他们生活在犹太人聚居区和特殊区域，到在他们的衣服上别上识别标志，禁止他们从事某些特定的职业，禁止他们和其他族裔通婚，等等）。而反犹主义却继续存在，尤其在其国内粗糙的宗教一直指认犹太人是杀基督者的国家（波兰和俄国），还有国内民族主义者的主张遗留下一种对邻人和外国人的共同仇恨的国家（德国，但法国也有这样的情况——19世纪末，在虚假指控犹太军官阿尔弗雷德·德雷福斯犯下严重叛国罪之后，神职人员、民族主义者和军人们一起制造了一股暴力的反犹主义浪潮）。

尤其在德国，整个19世纪，一连串的哲学家和政客持续向人民灌输一种狂热概念，即长期被分化、饱受屈辱的德国人民在欧洲，甚至是整个世界拥有一种天然的优越性；他们是古老、尊贵的传统和文化的后裔，从血缘和种族上来说，他们本质上是同质的。日耳曼人本应将本国塑造为一个强大的战士国家——统治着整个欧洲——被一种几乎超凡的神性包裹着。

第一次世界大战之后，这种关于德国人的使命的观念仍延续了下来，事实上，在经历了《凡尔赛和约》的侮辱之后，这种观念变得更加强烈。它被历史上最邪恶、最阴暗的人物，政治煽动家阿道夫·希特勒所掌控。德国的中产阶级和工业家们被他的煽动性宣言俘获。希特勒看起来大有可为，他成功地将德国无产阶级对那个带领他们走向失败和经济灾难的阶级的仇恨转移到犹太人身上。从1933年开始，没花几年时间，他就通过屈辱的国家和民族主义骄傲制造了大部分仇恨，后者已经由他之前的先知们（路德、费希特、黑格尔、瓦格纳、戈宾诺、张伯伦、尼采）唤起了。他心心念念要建造一个德意志德国，不是在一个遥远的未来，而是现在；不是通过什么文明的使命，而是通过军事力量。所有不是德国人的人都是劣等的或者令人厌恶的，而德国的头等敌人就是犹太人。希特勒带着教条式的仇恨列举了很多原因：他们有“不同的血型”；他们和英国、俄国和美国的犹太人都有牵连；他们继承了一种宁要理性和辩论而不要服从的文化，那种文化禁止崇拜偶像，而犹太人自身却企图成为被尊崇的偶像，他会毫不犹豫地宣称“我们应该怀疑知识、意识，完全信仰我们的本能”。最后，很多犹太人控制着经济、金融、艺术、科学和文学领域的关键位置。作为一个失败的画家、一个失败的建筑师，希特勒将他所有的怨恨和受挫的嫉妒都投射到了犹太人身上。

这种不宽容的种子，落到那深厚的土壤上，以一种惊人的生命力扎根，但是它发展出了一种新形式：法西斯主义的反犹主义。希特勒的言辞使其广泛散播到德国人民心中，它比之前所有的反犹主义都要野蛮残忍。伴随它的是一种被人为扭曲的生物学的教条：弱势种族要屈从于强势的种族。荒唐的大众相信常识被掩盖了好几个世纪，此种宣传从未间断。一切达到了闻所未闻的极端程度。犹太教是一种无法通过洗礼被改变的宗教，它也不是一种能被抛弃、被新的文化取代的文化传统。犹太人是一种次于人类的物种，一个截然不同的种族，比所有的种族都要低劣。犹太人只是看起来像人类：实际上他们是一群别的物种，一种令人憎恶的、无法定义的物种，“他们和德国人的差异要比猴子和人类的差异还要大”。他们要为所有的罪孽负责，从野蛮的美国资本主义到苏联的布尔什维克主义，从1918年（德国）的战败到1923年的恶性通货膨胀。自由主义、民主制、社会主义和共产主义都是“邪恶的犹太人”发明的，它们会威胁到纳粹帝国的整体团结。

从理论布道到产生实际结果的路程是迅速而野蛮的。1933年，希特勒掌权仅仅两个月后，第一个集中营就在达豪诞生。

同年 5 月，犹太作家和纳粹其他死敌的作品第一次被焚烧。（但距此 100 多年前，犹太裔德国作家海涅就已经写过："如果你开始焚毁书籍，你迟早会烧人。"）1935 年，反犹主义已经通过那些影响深远的、极其详细的立法行为被确认为《纽伦堡法案》。1938 年某天晚上，仅仅在这次由高层控制的骚乱中，191 座犹太会堂被焚毁，上千家归犹太人所有的商店遭到破坏。1939 年，波兰沦陷不久，当地犹太人被关进犹太人聚居区里。1940 年，奥斯维辛集中营开始运作。从 1941 年到 1942 年，对犹太人的灭绝持续地进行。到 1944 年，受害者人数达到几百万。

纳粹宣传中的仇恨和轻蔑贯串在集中营每天的劳动中。那里不仅仅充斥着死亡，还有大量的疯狂、象征性的细枝末节，一切都为了证明或者确认犹太人、吉卜赛人和斯拉夫人是牲畜、垃圾、废弃物。想想奥斯维辛的文身，人们像公牛一样被打上烙印；想想在运送牲畜的火车车厢里的路途，车厢门永远紧闭，以至于被驱逐的人（男人、女人和儿童！）要多少天睡在自己的排泄物里；想想一个人的名字被数字替代；想想他们拒绝给囚犯发勺子（解放后，我们在奥斯维辛的储藏室看到了满满的勺子），这样囚犯们就必须像狗一样用舌头舔自己的汤；想想他们对尸体极端邪恶的剥削，像对待其他任何一种物质一样对待尸体，从他们的金牙里压榨出金子，把囚犯们的头发变成某种纺织物，而他们的骨灰则被制成肥料；男人和女人们在被杀死之前，被当成药物的活体实验对象。

甚至屠杀的方式（是经过多次实验后决定的）也带有公然的象征意味。他们规定使用的那种毒气正是被用来防止船只的货仓或者地基遭害虫或虱子侵害用的。之前的多少个世纪里，人们发明了比这更为痛苦的死法，但没有一种比这种死法包含了更多的愚弄和轻蔑。

众所周知，纳粹的灭绝计划到后来愈演愈烈。虽然纳粹投身的这场可怕的战争后来已经变成了防御战，但他们还是令人费解地匆忙执行自己的任务：那些将受害者运到毒气室的车队还有将受害者从前线附近的集中营撤离的车队，比军事运输更有优先性。德国最终的战败才阻止了这一切的实现，但在苏联的军队离希特勒只有几公里时，他在自杀的几个小时前口述了自己的政治遗嘱，并以这样的话作为结尾："最重要的是，我命令德国政府和人民全力坚持贯彻种族法，与各国的毒害者——全世界的犹太教徒战斗到底。"

因此，我们可以说反犹主义是不宽容的一个特殊案例。几个世纪以来，它主要带着一种宗教的特性；而在第三帝国时期，德国人民的民族主义和尚武的倾向，以及犹太人的"不同"又导致其进一步恶化；因为法西斯和纳粹宣传的高效性，这种思想被轻而易举地灌输到整个德国以及欧洲很大一部分地区。法西斯和纳粹需要一个替罪羊来承担他们所有的罪恶感和憎恨；而反犹现象因为一个疯狂的独裁者——希特勒——的缘故而突然剧烈爆发。

然而，我必须承认这些被普遍接受的解释并不能满足我。它们是被简化的，和那些需要被解释的事实并不相当、相称。在重读纳粹编年史的过程中，从它黑暗的开始到其剧烈的终结，我无法摆脱这样一个印象，即那种不受控的、疯狂的整体氛围。在我看来，这是人类历史上的一个独特现象。这种集体的疯狂、这种"脱轨"，经常被理所当然地视为诸种因素的综合作用，而每一种因素自身都不足以解释这一切，而这些因素中最关键的一点就是希特勒的人格及其与德国人民深刻的互相作用。他的个人偏执，他的满腹仇恨，还有他关于暴力的布道，在德国人民的受挫心理中激起了不受约束的共鸣，而反之又使这些在他身上成倍地放大了，也强化了他的狂热信念：认定自己是被尼采所预言的德国的超人拯救者。

已经有很多作品论述了希特勒对犹太人憎恨的起源。有的说希特勒将他对全人类的憎恨倾倒到犹太人身上；有的说他在犹太人身上看到了他自身的一些缺陷，他仇视犹太人实际上是在仇视他自己；他的这种憎恶导致的暴力其实来源于他对自己的血液里也流淌着“犹太人的血液”的恐惧。

同样，这些解释对我而言仍是不足的。我认为不应该把某个历史现象都归罪到某个人身上。（尽管那些发出恐怖指令的人并不是无辜的！）另外，要阐释一个人的深层动机往往是很困难的。这些假设往往只能在一定程度上解释事实，往往只能定性，不能定量。我得承认，我更欣赏一些最严肃的历史学家（包括布洛克、施拉姆、布拉赫尔[1]）谦逊地承认自己无法理解希特勒和他身后的德国人持有的狂暴的反犹主义。

也许，一个人无法——更进一步说——绝不能理解发生的一切，因为去理解几乎就意味着将其正当化。容我解释一下：“理

1　这三位作家都属于研究希特勒的重要学者：艾伦·布洛克（Alan Bullock，1914—2004），著有《希特勒，对暴政的研究》（伦敦：奥德哈姆出版社，1952）；P. E. 施拉姆（P. E. Schramm，1894—1970），著有《希特勒》[1963 年出版，英文版于 1972 年由艾伦·莱恩出版社（伦敦）出版]；K. D. 布拉赫尔（K. D. Bracher，1922—2016），著有《德国独裁者》[1969 年出版，英文版由韦登菲尔德与尼克尔森出版社（伦敦）于 1971 年出版]。

解”一个提案或者一个人类行为，意味着要“包容”它，包容其作者，将自己放到对方的位置上，赞同对方。现在，没有一个正常人会赞同希特勒、希姆莱、戈培尔、艾希曼，以及他们不计其数的同类。这令我们沮丧，但同时也带给我们一种解脱，因为他们的言语（很不幸，还有他们的行为）不能被我们理解这一点是可取的。那些非人的言语和行为，本质上是反人类的、史无前例的，甚至难以和生物为了生存进行的血腥斗争相提并论；战争和后者有可比性，但是奥斯维辛和战争没有任何关系，它既非其中的一个插曲，也不是战争的极端形式。战争永远是一个可怕的事实，是应该被反对的，但是它就在我们中间，有其“非理性的一面”，我们“理解”它。

但是纳粹的仇恨并无理性可言：我们自身内部并没有这种仇恨，它不属于人类，只是从法西斯主义致命的躯干上结出的毒果。我们不能理解它，但是我们可以，并且必须要理解它的源头，而且我们应该对此警惕。如果理解是不可能的，那么去认识它就是必要的，因为过去发生的一切还有可能再发生。良知可能会被引诱、被蒙蔽——即使是我们的良知也是如此。

基于这个原因，我们每个人都有责任去思考过去发生了什么。每个人都应该知道、记得当希特勒和墨索里尼发表公开演说时，大众都相信了他们，为他们鼓掌，仰慕他们，如敬神一样崇拜他们。他们是“有超凡魅力的领导者”，他们拥有一种诱惑的神秘力量，但这种力量并非来自他们确凿或公正的言语，而是来自他们的言外之意，他们信口开河的能力，他们的表演能力——也许是天生的，也许是通过耐心的学习和训练获得的。他们宣讲的那些观念并非一成不变，从整体来说也都是反常的、愚蠢的或者残忍的。尽管如此，他们身后上百万的信徒仍会用赞美上帝的话来赞美他们，追随他们一直到死，这些信徒中间有忠心耿耿执行那些毫无人性的指令的人，他们并非生来就是虐待者，也并非（只有少数例外）都是恶魔：他们都是些普通人。恶魔是存在的，但他们的人数之少并不会让他们导致真正可怕的危害。更可怕的是那些普通人，那些随时准备去相信、不会提问的公务员们，比如艾希曼，比如奥斯维辛的指挥官赫斯（R. Höss）[1]；比如特雷布林卡灭绝营的指挥官斯坦格尔（Stangl）；又比如 20 年后的法国军队——阿尔及利亚的屠杀者；以及 20 世纪 70 年代末的红色高棉——柬埔寨的刽子手。

因此，我们有必要对那些用手段而非理性来说服我们的人，对那些所谓的有超凡魅力的领袖们保持怀疑：我们必须警惕将自己的判断或意志让渡给别人。既然要区分真先知和假先知是很困难的，在面对任何一个先知时，我们最好都带着怀疑之心。我们最好放弃那些被揭示的真理，即使它们光辉夺目，即使因为我们可以不付任何代价、不费吹灰之力就得到它们。我们最好让自己相信那些更谦卑适度的、不那么让人兴奋躁动的真理，它们只有通过辛苦的付出才能获得—— 一步一步，没有捷径，我们通过学习、讨论、理性的辩论才能得到它们，而它们是经得起推敲和讨论的。

很明显，这一公式过于简单，无法适用于所有的情况。一种党同伐异、有着虐待和奴役特性的新法西斯主义有可能在我

1　莱维曾给赫斯自传的意大利文版《奥斯维辛指挥官的自传回忆》[*Comandante ad Auschwitz. Memoriale autobiografico*，都灵：艾诺迪出版社，1958；英文版由韦登菲尔德与尼克尔森出版社（伦敦）于 1959 年出版] 写过序言。

们国家之外的地方诞生；它有可能偷偷摸摸地改名换姓，输入我们的国家，或者它能够用暴力冲破所有的束缚，击溃一切防御。到那个时候，明智的忠告将不再有用，我们必须奋起抵抗。即便遭遇了这种可能性，有关不久之前在欧洲大陆的核心地带发生的一切的记忆，也能警醒我们，并为我们提供力量。

8. 如果没有被关进过集中营，你现在会在做什么？在回忆那段经历的时候，你的感受如何？你认为自己的幸存可以归结为哪些因素？

严格来说，我并不知道也不可能会知道，如果没有被关进过集中营，现在的我会在做什么。没有人能够预知自己的未来，而回答这个问题正像要描述一次从未降临的未来。大胆猜测（经常是粗略猜测）一群人的活动有一定的意义。然而，要预测一个个体的行为几乎是不可能的，即使是在他日常行为的基础上。在某种程度上，物理学家们可以很精确地预计一克铀元素的半衰期是多长，但他们完全无法判断那堆铀元素中单独的一个原子何时会发生衰变。如果一个人处在十字路口，而且他没有选择往左的方向，那么很明显他会往右走，但是我们的选择从来都不是在两者中间进行选择。一个选择后面有很多其他的多重选择，如此重复以至于无穷。最后，我们的未来在很大程度上取决于很多外部的因素，这些因素都和我们的主观选择毫无关系；而同时我们的内在因素对未来也有影响，只不过我们无法察觉到这种内在因素。基于这些众所周知的原因，一个人无法预判自己与其邻人的未来如何。出于同样的原因，一个人无法用“如果”这样的形容来判定自己的过去。

然而，我可以给出某种特定的断言：如果我没有那段在奥斯维辛的经历，我可能永远不会写任何东西。我可能不会有写作的动力和诱因。我原本是意大利的一个平庸学生，历史课的成绩很糟糕。我最感兴趣的学科是物理和化学，而且我选择了化学家的职业——这些都和文字世界没有任何相似之处。正是集中营的经历以及那段漫长的归国之旅迫使我开始写作。我根本就无需和懒惰抗争，而关于风格的困扰对我来说是荒谬的，我也奇迹般地找到了用于写作的时间，不用耽误我每天工作的一小时。看起来这些书都在那里，全部在我的头脑里，我要做的只是放它们出来，将它们倾泻到纸上。

很多年过去了。首先这两本书自身经历了很多旅程，而且以一种奇妙的方式介入了自身，就像一场人为的记忆；另一方面它们也像一个防御性的壁垒，横亘在我现在颇为正常的生活和那戏剧性的过去之间。说出这些的时候我其实带着犹豫，因为我不想被人看作一个愤世嫉俗之人：当今天的我回忆起集中营时，我不再感觉到那些极端强烈和悲痛的情绪。相反，我那短暂、悲惨的被驱逐者的经历，现在已经被身为作家-见证者的更持续、复杂的经历所覆盖，而这两者叠加的后果显然是积极的：总体上，那段过去让我变成一个更加丰富、更有自信的人。我的一个女性朋友，曾经被关押在拉文斯布吕克集中营，她说集中营是她的大学。我想我也可以有同样的表达，即通过拥有、写作、思考这些经历，我对人类和世界有了更多的认识。

但我必须马上补充一点，即这种积极的后果只是极少数人才能获得的好运气。比如在意大利囚犯中，只有 5% 的人最终生还，而他们中的很多人已经失去了自己的亲人、朋友、财产、健康、平静，还有他们的青春。在我看来，我能幸存下来且能安然无恙地回国，主要要归功于我的好运气。那些事先存在的因素只发挥了很少一部分作用：比如，我有过的登山训练，还有我作为化学家的职业，这让我在被囚禁的最后一个月拥有了一定的特权。也许，我对人类精神从未偃息的兴趣，还有我不仅想要活下去（这是一种普遍的意志）而且清晰地想要向人们讲述我们所目睹、忍受的一切的意志，都帮助我活了下来。最后一点，我自己一直坚定所持有的那种决心也帮助我活了下来——即便在最黑暗的日子，我都认为我的同伴们还有我自己是人，而非一样东西，这让我摆脱了那种致使很多人精神崩溃的、全然的羞辱和败坏。

回到奥斯维辛（1982）[1]

丹尼尔·托阿夫

伊曼努尔·阿斯卡雷利

（采访一开始，是一列火车横穿波兰驶向奥斯维辛的画面）

提问：所以，重新再见到这些地方对你有什么影响？

莱维：一切都变了。已经过去 40 多年了。当时的波兰刚摆脱一场长达五年的可怕战争，它应该是整个欧洲遭受战争苦难最深重的国家，它在战争中的死亡人数是（欧洲）最高的，不仅是（波兰）犹太人的人数。而在这过去的 40 年里，整个世界都发生了剧烈的变化。另外，我当时是在冬天看到这些场景的，和今天相比有很大的区别，因为波兰的冬天从来都是酷寒而艰苦的，和我们意大利的冬天很不一样。有三四个月会一直下雪，我们当时都非常笨拙，不知道如何挺过这些；离开集中营之后，我又再度经过这些城镇，那时候的我像一个失踪的人，漫无目的，在努力寻找一个重心，一个能收留我的人。当时这里真的非常荒凉。

提问：那些车轮以及经过我们的货运火车，你看到它们时有什么感受？

莱维：是的，我想说正是这些货运火车激起了我最强烈的

1　本文是 1982 年 6 月一次重返奥斯维辛之旅中电视采访的文字记录，由意大利广播电视公司旗下节目《生命的源泉》（*Sorgente di vita*）于 1983 年 4 月播出，1987 年 4 月莱维去世后不久，这期节目又很快被重播。

心理反射，最令我心烦意乱。即使是今天，看到一辆这样运货的火车——更不要说走进去——都会剧烈地刺激到我，会重新唤醒一些强烈的情感。这比再次见到这些城镇和地方，甚至我可以说比再次看到奥斯维辛集中营本身，对我产生的冲击还要大。被关在一段密闭的、用来装牲口的火车车厢里的，持续五天的旅行，是你永远不会忘记的。

提问：今天早上，你和我谈到你再次听到别人讲波兰语时的心情，对吗？

莱维：是的，至少对我而言，这是另一种条件反射。我是一个爱交谈的人，也是一个爱聆听的人：别人的话对我能产生很大的影响。我愿意，我试着尽可能地说好我的意大利语。因为，当时在这段旅程的结尾，迎接我们的是我们所不能理解的波兰语，而且它并不是我们今天在旅馆里听到的我们的旅伴使用的文明的波兰语，那是一种粗俗的波兰语，充满了我们听不懂的咒骂和诅咒；它其实是一种地狱的语言。当然，德语在这方面尤甚。德语是压迫者的语言，是虐待折磨我们的人使用的语言，但是我们中的很多人——包括我——能听懂一点儿德语，它并不是完全未知的，并不是完全真空的语言。波兰语（对我们）是一种真空的语言。昨天晚上，在酒店的电梯里，两个喝醉了的波兰人讲的波兰语让我感觉有如电击——他们说的是我记忆中的那种波兰语，不像我们周围这些人讲的那种：他们在咒骂，吐出一连串听起来像辅音的音节，一种像是来自地狱的语言。

提问：这种感觉，正如你说的，在你闻到煤炭的气息时也有过。

莱维：确实。我也闻到了煤炭味，也许因为我是一个化学家。一个化学家会被训练通过他的鼻子来鉴别物质。当时和现在一样，当你进入波兰境内，至少是波兰的一些城镇，你会闻到两种你在意大利不太会闻到的独特气味：烤麦芽的气味还有煤炭燃烧时的酸味。这是一个依赖矿业的国家，到处都有煤矿，甚至很多人家室内取暖都是直接依靠燃煤，所以在春秋两季——冬天则更常见——空气里到处都是煤味。煤炭燃烧时的酸味并不太难闻，但对我们而言，至少对我如此，这种味道是集中营的味道，是波兰和集中营的味道。

提问：那这里的人呢？

莱维：是的，现在的人和过去也不同了。过去我们看不到这里的人。我们在集中营里会见到虐待我们的人，还有那些通敌者——绝大多数都是波兰人，犹太人和基督徒都有。但是街上的普通人，那些住在自己家里的波兰人，我们看不到他们，或者说我们只能隔着很远的距离透过铁丝网看到他们。在集中营外面有一条乡间小路，但几乎从来没有任何人影。后来我们才知道，这个地区的所有农民都被迁移走了。但会有一些载着波兰工人的汽车经过，我还记得有一辆汽车上面贴了一张广告海报，就像今天那样，上面写着，“家乐汤是最好的汤料”（Beste Suppe，Knorr Suppe）。看到这样一则汤的广告对我们而言很诡异，就好像你能从两种汤之间任选一样似的。

提问：重回旧地，以及今天早上当你离开供外宾居住的豪华酒店，踏上这段旅程时，你有什么感受？

莱维：一种被迫迁徙的感受，我忍不住想说这是种身体上的混乱，那些根本不可能发生的事无论如何还是发生了。这种对比太强烈了。我们当时无论如何不会想到今天发生的这些：

以一个住在豪华（或者近乎豪华）酒店里的游客身份重新回到这个地方。

提问：是的，那这种对比，这种……

莱维：就和任何一种对比一样，这种对比半令人开心，半令人惊恐，因为一切可能重演。如果情况倒过来的话会糟糕很多：先是一个住高级酒店的游客，接着再极度绝望地重回这个地方。

提问：当时你知道自己要去哪儿，你的目的地是哪里吗？

莱维：基本上，我们一无所知。我们在佛索利[1]的车站看到一些车厢上贴着我们要去的目的地的标志，上面刻着奥斯维辛的名字，但是我们并不知道这个地方在哪儿，我们以为那是奥斯特里茨。我们想，天知道，也许这是波西米亚的一个地方。当时在意大利，我不觉得有任何人，即使是那些最博学的人，知道奥斯维辛意味着什么。

提问：40年前，你对奥斯维辛的第一印象是什么？

莱维：那里……哦，嗯，就像另外一个星球，在夜里——经历了五天令人厌恶的旅程之后，一路上都有人死在车厢里——我们抵达了一个地方，那里的人说的话我们没有一个人能听得懂，他们的意图我们也完全不知晓。那里也有些毫无意义的标志：淋浴，干净的一侧，肮脏的一侧和干净的一侧。没有人为我们解释任何东西，要么他们就会用意第绪语或者波兰语对我们说话，我们完全听不懂这些。这是一种彻底异化的经

1 在莱维于皮埃蒙特被捕后，到被遣送到奥斯维辛之前，他被关押在佛索利的一个战俘营，靠近意大利中部的摩德纳，莱维在《这是不是个人》开头描述过这一情况。

验。我们感觉自己要发疯…… 感觉我们已经放弃任何理性思考的可能了，我们没办法继续思考了。

提问：那五天的行程是什么样子的？你印象最深的是什么？

莱维：哦，我记得很清楚，记得很多。我们有45个人挤在一间车厢里，空间只够我们大家都坐在地上，但没有任何躺下来的余地。里面有一个处在哺乳期的妇女。他们告诉过我们随身带上食物供给，但我们都愚蠢地没有带上哪怕一点水，我们根本没有想到要带水，我们随身只有少量的水，没有人提醒过我们这一点；我们都预设会找到水源。虽然当时是冬天，但那种饥渴仍然极度可怕。五天的极度口渴是我们面临的折磨的第一步。我记得当时是深冬，人呼出的气会在车厢的门闩上凝成水珠，我们会争相将那一点点水滴刮下来——虽然那水珠里带着铁锈，附着在门闩上——为了能够有可怜的几滴水润一润我们的嘴巴。那个婴儿从早哭到晚，因为那位母亲没有一滴奶水了。

提问：后来……那个婴儿还有那个母亲怎么样了？

莱维：哦，他们立刻被杀害了。我们那趟火车上有650个人，其中80%的人在我们抵达的那天晚上或者第二天晚上就被杀掉了；他们被迅速地筛选出来，送进了毒气室。在那种残忍的情况下，在夜里，只有反射灯和人们的叫喊声——那是我从未听过的一种叫喊，他们大声喊着我们不明白的指令——我们离开了车厢，排成长队，他们让我们排成队。我们面前是一个军士或者军官——后来我发现他其实是一个医生，但我们当时对此一无所知——他问我们：你能不能干活？我和离我最近的那个男人就此讨论了一番；他是一个朋友，来自帕多瓦，年纪比我大，身体不大好。我对他说，我会回答我能干活。他对我说，按你的想法说，反正结果对我都是一样的。他已经放弃了所有的希望；事实上，他说自己不能干活，他没有进入集中营。事实上，我后来再也没有见过他或其他人。

提问：在奥斯维辛进行的劳动是什么样的？

莱维：首先要指出的一点是，如你所知，在奥斯维辛不止一个集中营，而是有很多集中营，按原计划很多集中营都是一些工厂和煤矿的附属组织。比如，比克瑙集中营被分成几个特定的分队，他们为不同的工厂（包括军工厂）劳动。我所在的集中营，莫诺维茨集中营，关押了1万名囚犯，是法本化学公司的工厂的一部分；后者是一个庞大的化工信托公司，在“二战”后被解散了。这个工厂的目标就是建造一座占地六平方公里的新化工厂。整个工程已经进入最后阶段，所有人都参与其中：英国战俘、法国囚犯、俄国人，当然还有德国人，包括免费劳动或者志愿劳动的波兰人，也包括一些意大利的志愿者。整个地区大概有4万人，而我们这1万名囚犯处在最底层。莫诺维茨集中营关押的几乎都是犹太人，他们提供的是一些不需要技能的劳动。然而，除此之外，因为娴熟的工人在当时的德国也很稀缺，因为男人们都在前线打战，过了某一个特定的时间点之后，他们开始在我们——理论上的劳工和奴隶——中间寻找专家。从莫诺维茨集中营建立的第一天起，他们就一直在进行某种人口调查：他们会询问每个人的年纪、学历、职业。这是我诸多非凡的好运之一，因为我说自己是化学家，说这些的时候我并不知道我们其实是一家化工厂的劳工。很久之后，这一点才给我带来了很多优势，因为我在集中营的最后两个月被指派在一间实验室里工作。

提问：那里的食物呢？

莱维：嗯，食物是最大的问题。我不能赞同那些认为奥斯维辛的汤和面包吃起来很恶心的人。至少就我自己而言，我当时实在太饿了，那些食物在我看起来没问题，甚至在我进入集中营的第一天，我都没觉得这些食物是令人作呕的。食物非常少，每个人分到的配给是最低量的，大约包含 1600 到 1700 卡路里的热量——至少从理论上如此，而一路上都有偷窃食物的人，所以这些食物到达我们面前时已经比原先的要少了。无论如何，这是官方的配给。你知道，一个弱小的人每天可以凭借 1600 卡路里勉强存活下来，但这是在他不需要劳动、每天躺在床上的情况下。而我们必须要劳动，必须要在酷寒的天气里进行重体力劳动。所以，我们每天的 1600 卡路里能量的食物配给意味着每个人会逐渐因为营养不良而慢慢死去。后来，我读到了德国人对此的计算。他们算出来，在这种情况下，在耗尽这些配给和他自身储藏的能量之前，一个囚犯能活上两三月。

提问：但是集中营里的人是不是适应了一切？

莱维：这个问题很奇怪。那些活下来的囚犯适应了一切，但是大多数人未能适应一切，他们死去了。他们死去，是因为他们未能适应我们今天看来非常平庸的那一套东西，比如鞋子。他们将一双鞋子强塞给我们；不，那甚至不是一双鞋，只是两只不同的鞋子，一只有鞋跟，一只没有。你必须得是个运动员才能穿着这些鞋子走路。一只鞋子太紧，另一只则太松，你必须要进行非常复杂的协商交易，如果你足够幸运的话可以找到两只穿起来合脚的鞋。但无论怎样，这些鞋子都会磨坏你的脚；一个脚部纤弱的人最后会因此感染。我亲身经历了这些，我脚上至今还留着那些伤疤。我的双脚上的创伤奇迹般地自愈了，我没有一天不能上工。但如果你的双脚容易感染的话，你就会“死于鞋子”——脚上的伤疤永远没法痊愈并导致感染，你会因此丧命。你的脚会变肿，它们肿得越厉害，那些鞋子就会越磨脚；到最后你也许只能进医院，但是变肿的脚不足以让你有资格就医。这种抱怨太常见了，所以如果你的脚肿了，他们会把你送进毒气室。

提问：今天，我们被带到奥斯维辛的一间餐厅就餐。

莱维：是的，这可以说太可笑了。人们认为奥斯维辛应该有间餐厅。我不知道，我不知道我是否会在那里进食，这是一种近乎亵渎的、荒谬的行为。另一方面，你得记住，奥斯维辛——波兰语里是 Oswiecim——过去是一个有餐厅、电影院，也许甚至会有一家夜总会的城镇。波兰的其他地方也有这些。那里过去有学校和上学的儿童。与今天这个似乎已经变成概念的奥斯维辛——奥斯维辛就是集中营——相比，还有一个平民化的奥斯维辛，如同它们昔日的模样。

提问：当你离开奥斯维辛时，你第一次和波兰人的接触……

莱维：他们很多疑。波兰人经历了一次又一次的侵占，从凶残的德国侵略者到没那么凶残的，也许更原始的苏联人。他们对每个人都很怀疑，也包括我们。我们毕竟是外国人。他们并不能理解我们，我们穿着奇怪的制服——奴工的制服，这让他们感觉很害怕。他们并不想和我们交谈，只有很少的人会怜悯我们，我们才能够向他们解释一点。而让别人理解我们是非常重要的。在那些能让别人理解他的人和那些不能做到这样的人之间存在着一道鸿沟：一些人得救了，另外一些人消失了。在集中营里面也是一样的情况。理解别人和被别人理解是至关重要的。

提问：而意大利人面临着语言问题？

莱维：这是意大利囚犯群体死亡率最高的原因。意大利人和希腊人。和我一道的意大利人绝大多数在进入集中营的头几天就死去了，因为他们不能理解外部环境。他们不能理解命令，而理解命令这一点是不允许任何折扣的：一个命令必须被众人理解，它被大喊出来，重复一遍，然后再也不会重复了，接下来就是鞭打。当宣布所有人的鞋子可以更换，以及我们每周可以刮一次胡子时，他们并不能理解指令。他们永远是最后到达的，永远姗姗来迟。当他们需要什么东西，需要说什么东西时，哪怕是最简单的句子，他们也无法说出口，所以他们会被嘲弄。甚至在集体士气层面，他们也迅速崩溃了。就我所知，在集中营诸多的毁灭理由中，语言是最糟糕的理由之一。

提问：几分钟之前，我们经过了你在《休战》中提到的那个车站。

莱维：特雷布林卡。是的，它是卡托维兹和克拉科夫之间的某辆火车会停靠的小站。那辆火车经常会停下来，所以我们在三四天里才前进了 150 公里。当火车停下来的时候，我下了车，然后我第一次遇到一个中产阶级的波兰人，他是一个平民，一个律师，我试着和他交流，因为他会讲德语和法语。我不懂任何波兰语，今天也是如此。他就问我从哪里来，我告诉他我刚从奥斯维辛出来；我穿着囚服，身上还是那身条纹布的破烂衣服。他问我为什么，我回答他：我是一个意大利犹太人。他对聚在我们周围的一群好奇的旁观者翻译了我的回答。如果我没记错的话，那是些波兰农民以及去上班的工人，时间是在清晨。正如我说过的，我不懂任何波兰语，但我能发现他的翻译篡改了我的回答。我说的是"我是一个意大利犹太人"，他翻译成"他是一个意大利政治犯"。所以，我用法语表示抗议，我说，我不是……我虽然也是一个政治犯，但我被关进奥斯维辛是因为我是一个犹太人，并非因为我是政治犯。然后他急忙用法语对我说："这样说对你更好。波兰是一个可悲的国家。"

提问：我们现在回到了克拉科夫的酒店。在你看来，大屠杀对犹太人而言意味着什么？

莱维：这不是什么新鲜事，过去曾经有过其他的屠杀。说句题外话，我从来不喜欢"大屠杀"（Holocaust）这个术语，这是不准确的，是一种修辞，而且根本上是错误的。它所代表的是一个转折点：最主要从其规模、运作模式来说，因为这是自近代以来，第一次由国家计划、命令和组织的反犹主义，并不只是如沙皇统治下的俄国那样心照不宣地接受，而是主动发起的。而且没有任何逃生出路，整个欧洲都变成了一个巨大的陷阱。这是其所不同的地方，也导致大屠杀成为对犹太人而言——不单是欧洲的犹太人，还有美国的犹太人、全世界的犹太人——的一个彻底的转折点。

提问：你是否相信另一个奥斯维辛，以及40年前这场大浩劫，还有可能会重来？

莱维：在欧洲，不大可能，我不认为会这样，正是因为那些你可以称之为"免疫力"的原因。现在有一种"免疫力"在起作用，所以我认为这些不大可能，至少在一段时间里……也许几年后，50年后，100年后，也许你能发现类似德国纳粹主义或者意大利法西斯主义的某种东西。不，我不认为这一切在欧洲还会重演，但是世界远比欧洲辽阔，你会发现有些国家努力想要建造自己的奥斯维辛，只是他们现在缺乏相应的工具。

提问：所以那种观念还没有灭绝？

莱维：那种观念一定还没有灭绝，因为万物从不会真正灭绝。一切都会以新面貌重新降临，没有一样东西会真正灭绝。

提问：在你看来，是否有可能摧毁一个人心中的人性？

莱维：是的，我认为恐怕有这个可能。我想说，德国集中营的特色——我没有资格评论其他的集中营，因我从未亲眼见过，也许俄国集中营也是一样的情况——在于它对人性的彻底灭绝，无论从外部还是从内部。这不仅是针对囚犯，同样也适用于那些在其中丧失了人性的看守们——即使他们是通过另一种方式。只有极少数的一些人在被囚禁的日子里，能让自己的人性仍完好无损。很多人都是到事后才重新发现了那种觉知，但当他们身处其中时，他们都丧失了自己的人性。打个比方说，很多人忘记了一切，他们的精神从来不会记录已发生的一切，他们从来不会铭刻自己的记忆。所以，是的，我们每个人都经历了这些：自身人格深刻的变化还有感觉的麻木；关于家和家人的记忆，在我们对抗紧迫需要和饥饿，以及让我们自己抵御寒冷、鞭打和疲劳的战斗面前，都变得次要了。所有这些都会导致一种你可以理性地称之为"兽性"的状态，就好像处于巨大压力下的野兽们。奇怪的是，这种动物性的状态甚至也反映在语言上。在德语里，有两个动词可以表示"吃"的意思：一个是 essen，表示人吃东西；另一个是 fressen，表示动物进食。一匹马会 frisst，它不会 isst。你可以说，一匹马或者一只猫会吞食。而在集中营里，没有任何人的命令，他们用 fressen 而不是 essen 来表达吃饭的意思，就好像被降格成动物的状态已经在我们中间蔓延开来了。

提问：在你第二次重返奥斯维辛之旅快结束时，你心里有什么感受？

莱维：我想起了很多事。其中一点：波兰人、波兰政府接管了奥斯维辛，并将其改造成波兰民族受难史的纪念馆，这让我非常愤怒。它过去确实是——在奥斯维辛被建造的头两年（在 1941 年到 1942 年之间）；但之后，随着比克瑙集中营投入使用，随着毒气室和焚尸炉的建立，它首要的功能就是毁灭犹太人的工具。这一点在这里并没有被否定——鉴于我们看到这里有“犹太区博物馆”，正如这里也有意大利区、法国区、荷兰区等等；但是，奥斯维辛的绝大多数受害者都是犹太人，并且其中只有一部分是波兰犹太人，这样一个响亮的事实虽然没有被否定，但至少是被掩盖了。

提问：今天的其他人想要尽快忘记奥斯维辛，你不会担心这点吗？

莱维：有些迹象表明事情正在如此发生——遗忘甚至否认。否认奥斯维辛就是为了重建它，这一点是值得注意的。

记忆的责任（1983）[1]

安娜·布拉沃

费德里科·赛日贾

提问：你在大学的那次演讲[2]中触及的一个重要面向是那些被集体性地建议、实行、决定的关于行为模式的一系列仪式；我们模糊地将其定义成集中营的“规则手册”或者“礼仪手册”。

莱维：是的，我应该直白地承认我有可能会重复一些我在书里已经写过的事情，这是无可避免的。和任何一个地方一样，集中营里也有一种官方的规范，由德国掌权者施加的一系列的戒律和禁忌，但是和这个体系掺杂在一起并覆盖这个体系的，同时还有一种我称之为“规则手册”的自发的规范：如果你知道如何做到的话，有些戒律或者禁忌是可以有变通的法子的。你必须通过经验学习这一点，一旦你成功地度过最初的危机——那永远是最严酷的。任何一个挺过头几天的人都会开始学习那些旁道、捷径，比如如何以最好的方式让自己被界定成生病。你同样也会学到——这一点令我们所有人都很吃惊，尤

1　本文选自1982年到1983年之间在都灵对220名奥斯维辛幸存者进行的一组口述史采访，后被收入一本题为《生命的浩劫》（*La vita offesa*）的选集中，由安娜·布拉沃和达尼埃莱·加拉编辑（米兰：弗兰科·安吉利出版社，1986）。对莱维的这篇采访最早以《曾被流放的普里莫·莱维：访谈（1983年1月27日）》为题单独发表在《以色列月评》（*Rassegna mensile di Israel*）上，1987年12月5日，n.2—3。这篇文章的详尽的修订版被译成法语，标题是《记忆的责任》（*Le Devior de mémorie*，巴黎：一千零一夜出版社，1995）。法文版中对相关人名进行的小范围修订也体现在本篇译文中。

2　在这次采访之前，莱维在都灵大学对一些口述史研究者们做了一次演讲。

其是我们这些意大利犹太人——集中营中的腐败无处不在。我们当时刚刚和德国人有近距离的接触，而我们的脑海里仍然是他们那种尽管残酷但清廉、不腐败的官方形象。在现实中，他们是极度腐败的。这是你或快或慢通过经验都会学到的东西。不仅是德国人——他们就像超然的法则、无法触及的上帝一般——整个集中营从他们开始自上而下的整个等级制度都是腐败的。我们最早学到的几个单词之一就是波兰语里的“包庇”（protekcja）。

此外，那里还有一些规则体系和生死存亡并没有直接的关联，但关乎举止礼貌的好坏：一个例子就是当有人问你借勺子时。总体而言，你只能相信那些你完全信赖的人，因为你的勺子就是你的资产的一部分，它能值一份面包配给，所以你只能将它借给值得信赖的人，或者你能密切监视的人。我们刚到集中营时，没有人给我们勺子。你没有拥有勺子的权利，你必须挣得自己的勺子，也就是说，用你分到的面包及早买到一把勺子。说句题外话，颇能说明问题的一个事实是，当集中营被解放后，我们看到一间储藏室里满屋子都是勺子；根本没有任何理由不给我们发勺子……所以，新来的囚犯被迫要像狗那样舔自己的汤，因为他没有勺子，也没有任何人愿意给他。而如果你要将自己的勺子借给别人，礼貌的做法是把它舔干净；喝光自己的汤，将勺子舔干净，然后把它给那个乞求着问你借勺子的人。

我还想到了另一件事，你可以称之为“着装要求”。这听起来很奇怪，因为在集中营里根本不可能有得体穿着这件事，但就和平常的生活一样，拥有“体面的”——当然要加引号——衣服、帽子和鞋子是非常重要的，因为那些衣服根本不可能体面，除非你有一份杰出的事业。无论如何，这种普遍的对“得体”的顾虑，在集中营的风气里也有其存在的位置。一开始，我倾向于忽视自己的衣着，在我看来擦掉我那件油腻的、满是泥斑的外套上的灰尘，是毫无意义和用处的；但是那些先于我被囚禁的囚犯纠正我：“不，你不应该这样做，在这里，你应该让你的鞋子、外套还有其他的东西保持整洁，你必须要洗干净你的脸，你必须要接受刮胡子。”当时我们一周只能刮一次胡子，但那是必须要完成的事，这不仅是遵守集中营的规定的问题，同样也是为了强化我们的道德生活的防御外壳。某种集体性的本能驱使我们这么做：如果你放弃了自己，你就处在危险中了，你会在每样事情上都落后。

提问：在这种对尊严甚至是外在尊严的渴望中，你是否注意到不同的出身、不同的关乎体面庄重的文化模式之间有何区别？

莱维：我不这么认为。在任何情况下，当其他因素开始起作用时，阶级差异会迅速消失。我记得那些知识分子是如何迅速倒下的，而那些码头工人和其他本来就适应体力劳动的人，能够有更强的抵抗力。但即便这一点也不是唯一的标准，同时还存在其他的标准。一个是体重。很明显，一个像我这样刚进集中营只有 49 公斤的人——因为我一直很瘦——需要的能量比一个重 80 公斤或者 90 公斤的人要少。所以这是另一个帮助我活下来的因素，这是一种优势。很多知识分子没能活下来，是因为他们面对的是自己从未做过的工作，一个生活优渥的男人原来是不用做那些重体力劳动和其他活计的：擦鞋，在没有刷子的情况下用手或者指甲把衣服刷干净……

提问：自己照顾自己。

莱维：照顾自己，不用别人来帮他们完成这些事。

提问：正是如此。在家里，女人们——妻子或者女仆——会做这些事。

莱维：没错。这些活儿之前是派给别人做的。但相反，在集中营里，你必须要自己修补。我自己在进入集中营的头几天就身处险境，这里我要讨论到友谊的因素。我相信，即便仅仅因为我们意大利人面临的残酷的附加问题——沟通的失败——我能幸存下来要归功于那几个朋友的帮助。我感觉身处在一个完全无法理解别人的对话和语言的世界里，有如身在烙铁上，就像一种酷刑。能找到另外一个意大利人交谈是一种运气。我们（意大利人）当时的人数很少，在我所在的集中营里，1 万名囚犯里大概只有 100 个意大利人，只有 1%。而其余的人中只有很少的人会讲意大利语，而我们中间也很少有人会讲德语、波兰语或者法语。在语言上，我们处于非常深刻的孤立状态。在这种隔绝状态中寻找一个缺口、一个洞孔、一条路，对你能否生存下来是至关重要的；找到这条路的另一端的终点，找到一张友善的脸，意味着救赎。阿尔贝托——我在书里多次提到的那个男孩，对我而言就是那样的形象；他有勇气宽恕自己和其他人，他能够让其他人为他的勇气所感染。我完全是偶然认识他的，也从来没有真正理解其中的原由……他是我的拯救者。而说到他在我身上看到的东西，他过去经常会说“你是一个幸运的人”，我不清楚他为什么这么说，但是最后，命运证明他是对的。我是幸运的。

我曾有好多次试图从理论上分析幸存的原因，但从未成功，那种运气是决定性的因素。比如，用我的例子来说，我从来不是一个体格特别强壮的人，但是那一年里我几乎没怎么生病，即使是在集中营里容易恶化的小恙也没有。

提问：然而在最后……

莱维：我在正确的时机生病了，这是我特别的好运气，因为德国人是突然决定让那些病号自生自灭的。

提问：回到"规则手册"这个话题，你提到了某种绝对的规则，即有些事是被禁止谈论的。

莱维：是的。这和死亡的主题有关，我们接下来会谈到这一点。在日常生活里，谈论癌症——至少在非正式的场合抑或家庭环境中——是不得体的。情同此理，至少在我所在的集中营，讨论焚尸炉或者毒气室被认为是一种愚钝的、某种失态的行为。是的，这是一个你可以避开的话题，因为在我们所在的集中营——莫诺维茨，确实不存在这些东西。也许我们应该讨论下集中营的地理：奥斯维辛不止有一个集中营，而是有很多不同的集中营，我所在的是第三大集中营，奥斯维辛三号，是次要的集中营中最大的一个。焚尸炉是在比克瑙，我从未到过那里，所以我不知道这条特殊的规定在那里是否仍适用，但在我所在的集中营，谈论（焚尸炉）被认为是不对的，任何一个挑起这个话题的人都应该闭嘴，人们会耸耸肩，转换话题。

提问：除此之外，还有其他一些被禁止的话题吗？

莱维：没有。我们最着迷的话题是食物——这个问题在我们中间如此普遍，所以尽管这个话题有害却还是被容忍了。在那种情况下，我们在脑海里幻想精致的菜单是一种压倒一切的本能，它会让人兴奋、不安，但我们都这么做。我只遇到很少的人能够抵抗这种谈论他们过去在家中经常吃的食物或者其美化版本的冲动。我们的对话几乎被这个话题主宰了，完全无法避开，它就是谈话的主题。

我想继续回到死亡的问题上。我们对死亡的恐惧和我们在日常生活里的那种对死亡的恐惧，在本质上并没有什么区别。今天的我们拥有自由的生活，我们都知道自己会死去；在那里，我们也知道死亡会降临到我们头上，但不是10年、20年或者30年之后，而就在几周或一个月里。很奇怪的是，这种区别并没有改变太多：这种念头依然是被压抑的，就像我们在寻常生活里的一天。关于死亡的讨论，还有对死亡的恐惧并不是每天都发生。我们被严格剥夺了食物和御寒的衣服，我们如此不顾一切想要摆脱疲乏和暴力，以至于看起来并非近在咫尺的死亡被其他的忧虑取代了。

提问：仍旧是关于死亡的问题，我想问，在你进入集中营后不久是不是就有一次筛选？

莱维：是的，就在我们刚刚下火车之后，就在几分钟内。那是针对新囚犯的规则，虽然我们当时并不了解这一点。或者说，至少，我自己或者我们那群意大利人不了解。一切都是在极其仓促中进行的，我后来发现两边的比例是不变的：每个队伍中大概有80%或者75%的囚犯会直接被送进毒气室，其他20%或者25%的人被送去劳动。

提问：你是何时确切知道有毒气室或者焚尸炉存在的？

莱维：在我们的集中营，这一方面是完全保密的，正如我之前说到的：人们必须穿透一千层审查的面纱才能讨论到这个。有时候，会有些人从比克瑙集中营转过来……我记得我在最开始的时候遇到一个男孩，他是个土耳其人，也可能是希腊人，他说意大利语，他是从比克瑙集中营过来的。他说："是的，在比克瑙你干的活比这里少，但那里在死人。"我说："你是什么意思？"他耸耸肩，就让话头这么过去了。是的，在我们的集中营，人们用所有可能的方式压抑关于死亡的话题……你必须要想象在那样的情况下，被流放的这些囚犯们有着不同的敏感性、不同的情绪：他会变得麻木，而这种无知对他而言是一种拯救，可以让他每天仅仅忧虑那种迫在眉睫的、日日存在的问题，同时压抑住其他的问题。我们的敏感性，尤其是我们的情绪，都被压抑了。

说句题外话，我可以说，在 40 年之后，我是通过自己写下的东西记住当时的大部分事情的，我的写作就好像是一种人工记忆；而我没有写下来的，现在还记得的已经所剩无几了，只有一些细节。

提问：我们正想就"写作和流放"这个问题请教你。因为当一个人写作的时候，他不能完全叙述自己所有的经历。他必须掂量、选择，去担当起文学、作家的工作。你记得在写作中有哪些东西遗失了，有哪些东西你必须忽略吗？

莱维：我并没有这种有意识的选择。在那时，我试图写下最严重、最有分量、最沉重也最有意义的那些方面。我没有写下——因为要将它们写进一本书似乎是无意义的，但我也从未忘记过它们——和朋友们或者同伴们的某次交谈或讨论。所以，我后来将这些遗漏的东西收入我的短篇小说集《莉莉斯》[1]当中，也许你知道那本书。里面的绝大多数故事都是邂逅，都是不适合放进《这是不是个人》的那些人物。在《这是不是个人》中，我认为愤激的语气应该占上风：那是一份见证，（在我看来）形式上也几乎像一份判决，是一个迫害的案例和样本，虽并不号召复仇、仇杀或者惩罚，但是一种见证的行为。所以有些特定的主题会显得次要：比如，《莉莉斯》开头的一个故事是关于"信徒"，那个匈牙利人拒绝偷窃和撒谎，他坚持捍卫他是个自由人时坚守的道德标准。他刚到集中营时，他认为当被要求去挑看起来有 20 块砖重的重物时，如果你在砖块中间摆出一个洞，让砖块变成 17 块，这是错误的，这是撒谎的行为。我试图让他相信他过去的道德体系在那个地方并不适用，这是一个两极化的世界，我们和他们，一分为二——在这里，道德标准失效了，那些人带着如此多的敌意，而我们和他们之间的隔离是如此尖锐而令人痛苦，以至于所有的道德规范都失效了。事实上，他后来偷了一根胡萝卜给我，就好像这是对我给他上的一课的回报。那样的插曲，需要带着一丝微妙讲述的东西，和《这是不是个人》的文本存在冲突。你可以说，它们是低八度的文本，我只能过了很久才写下它们，我也无法告诉你一个准确的原因……比如，关于塞萨尔回国[2]的故事，我是过了很久之后才写的，

1　莱维在这里提到的书是《莉莉斯及其他故事》（*Lilít e altri racconti*）。《缓刑时刻》收录了《莉莉斯及其他故事》中有关奥斯维辛的故事，将其译为英文；它还收入了一些新的，未曾收录进其他任何作品中的材料。

2　见《莉莉斯及其他故事》一书中《塞萨尔的回归》一篇（英译本见《缓刑时刻》中的《塞萨尔最后的冒险》一篇），该篇讲述了塞萨尔最终回到意大利的丰富旅程。如《休战》一书中所写的，莱维回国的部分旅程中，塞萨尔是他的旅伴。

因为我没有更早得到可以将它写下来的首肯。关于我认为当时还在世的那些人物的很多故事，也是一样的情况；我没有写他们，因为我知道去写一个还在世的人从来都不是一个好主意，即使你是褒奖他们，高度赞扬他们。这永远是一种风险，你也几乎总会伤害他们，因为不论好坏，他们在他人心中的形象与他们心中的自我形象是不同的。

提问：接下来这个问题是在我们的研究项目中出现的一个重要问题，即人们在脑海中构建的关于他人或者事件的形象，他们后来会发现与别人心中的形象有区别。我们所有的采访中都出现过这个问题，而且当我们要将这些材料公布给更广泛的公众时，这个问题必定还会出现，因为我们必须要进行浓缩，要强调某些点而不是另外一些。这是一个非常微妙的问题，所以我非常能理解你害怕提到一些特定的人……

莱维：这也是为什么在《这是不是个人》里我提到了一个叫埃利亚斯（Elias）的人——你也许还记得，一个力气很大的矮个儿——我用了他的真实姓名，但后来我开始有了顾虑，当这本书的德文版快要出版时，我请求编辑将他的名字改掉。如果埃利亚斯幸存了下来，他只有很小的可能会看到我的书的意大利文版，但是德文版就是另外一回事了，因为他会讲德语。不管你多努力地去尝试，用文本编织的肖像永远没法还原真实的那个人。有很多因素会造成障碍，比如记忆衰退、无意识的理想化——无论好坏——或者甚至是有意识的理想化，因为有时候我们会选择一个人，然后尽己所能从他们身上虚构一个“人物”出来，不是吗？有时候会这样的。就我所记得的，我在《这是不是个人》里尝试不去这么做，但是我在《莉莉斯》一书中有好多次都向这种诱惑屈服了。到那个时候，我已经成了一个作家。写出《这是不是个人》的那个男人并非通常意义上的作家，他想要的并非文学上的成功，他不幻想，也没有野心去创造一个漂亮的成品。

提问：在那之前，你都没有想过写作？

莱维：没有认真考虑过。我得坦白，在我被流放、成为囚犯之前，我曾经写过一个很长的故事。现在我还保留着这篇故事，但它毫无价值，没有任何意义。我可以毫无疑虑地将它扔掉。

提问：那种写作的冲动和驱使你在（集中营的）实验室里记下一些笔记的冲动是一样的吗？

莱维：是的，我在那里记下的笔记是真实的。我当时确实有一本笔记本，但那些笔记从来没有超过 20 行。我太恐惧了，写下那些是极度危险的。写作这个事实是可以存疑的，所以，重要的并不是那些笔记，而是想要写下它们的欲望，是想要让我的母亲、我的妹妹和我的家人们了解我所经历的非人生活的欲望。但它们并不是真的笔记，而且无论如何我知道自己没法留着它们。这从物理层面就不可能。我能将它们藏在哪里呢？某个抽屉里，但到底是哪个？藏在我的口袋里？我们一无所有，他们会更换我们的床铺，床垫永远在被移来移去，甚至我们的衣服也是。所以根本没办法保留什么，除了在我们的记忆里。

提问：我想回到关于“入会”的问题。在《这是不是个人》中，你也提到了新来的囚犯必须要经历一系列仪式，被别人开一些小玩笑，这让我想起了在大量人群聚集的时候，也会有类似的仪式。我对此感兴趣，因为这是在我们的其他采访中很少涉及的问题，那就是一个共同体如何面对、欢迎新来者，它设置了哪些考验，或者说在新来者被接受之前要让他们经历什么，因为看起来，即使在那儿（集中营），也存在这样的情况……

莱维：我们必须要区分有权势的人主持的“入会”和难友中间存在的“入会”仪式，前者是非常野蛮残忍的，比如不给你发勺子，还有——虽然我所在的集中营没有这种情况，但我读到的别人的记录中有——鞭打新来的囚犯，以便让他从一开始就确信所有的希望都不存在了。在我们的集中营没有这样的事，因为那是一个综合性的集中营，我们是劳工，而德国工业需要我们在抵达时就能去劳动，所以我们不用经历这种官方的“入会仪式”。所以我不能说太多关于党卫军搞的入会仪式。但是难友中间的“入会仪式”是有的。新来的人，那些“编号很大的人”（因为后来的囚犯的编号永远比先被囚禁的人的编号要大），是一种可笑的生物：可笑是因为他们毫无方向，因为他们肥胖、笨拙，因为他们无法理解一切。而因为类似学校或者军营里的那种残酷，他们备受轻视，人们拿他们寻开心，他们有时候会被告知一些荒谬、虚假的信息，并因此陷入麻烦。比如，有人告诉过我：“你不喜欢你干的活儿？去削土豆吧。去问问你能不能削土豆。”我按他说的去做了，用我掌握的少得可怜的德语（不能开口说话的人、没有语言天分的人——我们的语言缺陷看起来也很可笑）。你也许没有听过太多这样的事，因为我想你们的大多数受访者都是政治流放者。我理解得对吗？

提问：并非大多数人都是，也许有一半是吧。还有些军人是来自被解散的军团，但都是那些最终被关进集中营的人。

莱维：只有那些集中营里的人。但集中营里的军人很少。

提问：是的，我们采访的人中有很多人（比如在南斯拉夫）一开始被征兵，最后对抗的却是铁托的游击队，或者他们参加抵抗运动没多久就被抓住了。无论如何，即使从狭义的角度来说，他们都不是政治犯。

莱维：我想强调的是，在毛特豪森（Mauthausen）集中营[1]，这种语言上的隔绝没有那么明显，因为那里意大利人的比例要高很多。

提问：当然。确实，我们得到的关于奥斯维辛或者北部的那些集中营的记录相对要少，这些地方的意大利人，至少是皮埃蒙特人非常少。在所有我们采访到的案例中，语言的问题从一开始就异常突出；而在古森集中营，90% 的囚犯都是意大利人，而且他们几乎都是工人，有着相同的背景，他们都来自（米兰的）塞斯托-圣乔万尼或者都灵的菲亚特。

我想问，这些入会仪式是否都是消极的？或者说，除了你刚刚提到的这些方面，其中是否包含一些积极的部分，比如你从中得到的一些消息帮助你幸存下来？

莱维：是的，但只有很少一部分。首先，这是因为存在语言上的摩擦，而且还因为缺乏善意，抑或因为对新来的人没什么兴趣。他只是个令人厌烦的东西，另一张要去填饱的嘴，这意味着更多的竞争。他不会激起其他人对他的兴趣，那里也没有“团结”意识。至少，我的经历是如此，在我看来，集中营

1　大部分意大利政治犯以及大部分来自意大利中北部的被捕游击队员，最后都被关押在毛特豪森集中营和其他一些近似的集中营，比如莱维在下文中会提到的古森（Gusen）集中营。

里很少有团结。

提问：当你将集中营与其他极端的压迫进行类比时，你提到了一样的情况——甚至在《这是不是个人》中也是如此，那就是被压迫者内部的冲突，有时候会很激烈。

莱维：是的，我明确地说过这点：当监狱里充斥着极端的压迫，就没法维持团结了。会有其他的因素占上风，首要的就是个人的存亡。

提问：身份的丧失也许会导致这种原子化：也就是说，似乎个人身份被抹除得越干净，个体就越孤立，越无法沟通或者无法将自己和其他人联系起来。事情可能会按这个模式发展。

莱维：我不大确定。你说的“身份的丧失”是什么意思？

提问：意识到你构建自己生活的那些文化和道德模式，在那里——正如你之前说过的——都不再成立了。

莱维：我明白了。

提问：那就是，失去你对生活的基本的参考框架，而这种框架是在你甚至很年轻的时候就已经牢固地存在了的。你的生活经历足以让你获得一些经验教训，建构一些模式，而这些突然间就不复存在了。

莱维：嗯，是的，这是必定会发生的。也许我用的是另外的说法，不如“身份的丧失”这么技术化的说法。最糟糕的情况就是经历如此的动荡，被转移到一个完全不属于我们的世界里去。

提问：我想就这个问题再问你一个问题：你是作为一个犹太人、一个抵抗分子被关进集中营的……

莱维：作为一个犹太人……不，我同时也是一个抵抗分子[1]。

提问：正是。客观来说，你既是一个犹太人，也是一个抵抗分子。但那些发现自己在某种程度上偶然被关进集中营的人——因为他们仅仅是犹太人或其他原因——他们的反应如何呢？

莱维：我作为抵抗分子的经历可以忽略不计，无足轻重。我只当了几个月的抵抗分子，而且只是名义上的，因为我甚至都没有武器装备，所以我的经历和那些仅仅因为生为犹太人，简而言之因为自己的出身而被捕的人相差无几。他们承受着巨大的不公。我记得，我和我在集中营里的犹太难友们从未停止为这一事实涵盖的全然不平等而感到震惊。去惩罚你的政敌，把他们关进监狱甚至是集中营，是残酷的，但至少还带着一点理性。这样的事情历来就有，正如战俘们会被卖掉，变成奴隶。这些都是家常便饭，不管它有多卑鄙，我相信甚至在动物世界也是如此——像蚂蚁这样的生物也会使用奴隶，它们会袭击别的群落，将之变成自己的奴隶。但仅仅因为他人是“他人”，仅仅出于一些抽象的意识形态就惩罚别人，在我们看来是不公正、愚蠢和非理性的顶点。为什么我会以那种方式变得和别人不同？你瞧，这里有一个清楚的界限：那些虔诚的犹太人，那些（犹太教的）信仰者，和所有的信仰者一样，没有意识到或者感觉到非正义的存在，他们将正在发生的一切归结为神灵的某种惩罚，归结为无限的、常人无法理解的、掌管生死的上帝

1 如莱维在《这是不是个人》的开篇中所描述的（该书于 1958 年出版的第二版中增加了这部分信息），莱维在 1943 年下半年曾经短暂在瓦莱达奥斯塔大区从事过游击运动。但当他被捕时，他宣称自己是犹太人，于是从那时起他就被纳粹当作犹太人来对待。

的意志，那个上帝如此行事的原因是人所不知的，他扮演着……上帝的判决你必须要接受。但是对于像我这样一个过去和现在都没有信仰的人来说，这是极端的邪恶，是无与伦比的、不能解释的一种邪恶。

提问：在集中营里或者之后的经历是否改变了你身上的犹太性？

莱维：不，我想这段经历进一步削弱了我本来就已经很微弱的宗教信念。我过去和现在的感想都是，没有任何一种宗教可以将杀害儿童或类似的行为正当化。一个成人可能（有意识或者无意识地）是有罪的——任何一个活着的人或多或少都犯过罪——但是一个孩子是无罪的。

提问：但是你确实和东方犹太人的世界建立了联系，而你先前基本不认识这些人，而且也正如你的故事所显示的，他们让你着迷……

莱维：你是对的，但那是很久之后的事了，是一种事后阐述。在那里，我和那些东方犹太人的接触是痛苦、消极的。我们被排斥，就像塞法尔迪犹太人[1]或者任何情形下的意大利犹太人一样，因为我们不讲意第绪语，我们是双重的外国人——对德国人来说，当然因为我们是犹太人；而对于其他来自东方的犹太人而言，我们也不属于他们的世界。他们从来不认为会有另

1　从地理和历史上看，犹太人可分为东方犹太人和西方犹太人两大类，后者是指流落到欧洲去的犹太人。莱维在此处提到的塞法尔迪犹太人（Sephardi），也是东方犹太人的一种，他们的祖先于中世纪曾在欧洲的西班牙和葡萄牙等地生活过，但后来又返回到亚洲、非洲和欧洲南部的一些地区。“塞法尔迪”一词来源于希伯来语对西班牙的称呼“塞法拉德”（Sepharad）。——译者注

一种犹太性……很多出身卑微的波兰犹太人对我们的存在感到愤怒:“你算哪种犹太人？”他们会这么说:“如果你不说依地语，你就不算犹太人。”（Redest keyn jiddisch，bist nit keyn jid。）你明白其中的逻辑吗？jiddisch 是从 jid 衍生出来的形容词，jid 表示“犹太人”：这是某种推论，就好像不说法语的法国人一样。如果你不说法语，你就不是法国人。一个不说 jiddisch 的 jid，不是 jid。这就是我们沟通的形式，当然也有一些例外，一些人仍保留着高贵和洞察力，他们意识到我们是那么毫无防备能力。身为意大利犹太人，我们尤其觉得没有防备能力。和希腊人一样，我们是最低贱的，而且在某些方面，我们的地位比希腊人还低，因为他们至少已经习惯了各种歧视，在萨洛尼卡有很悠久的反犹主义的传统，希腊犹太人都是老手，在和其他希腊人的交流中已经生出了坚硬的外壳。但是意大利犹太人一直以来习惯被其他意大利人平等对待，没有任何盾牌，我们和剥了壳的鸡蛋一样光溜溜的。

提问：在波兰犹太人中间是否有一些宗教活动？

莱维：一些人中会有。我们的集中营几乎有 90% 都是犹太人，其中有一些拉比会悄悄地举行他们的宗教仪式，甚至会公开祷告，这吸引了很多人，甚至是那些非信徒。

提问：我想问你一个问题，是某本法语书[1]提出来的，关于囚犯的子女的问题，以及用作者的话说，对后面三代人的影响的问题。另外也有很多人注意到这种承受了极端邪恶的心理——用你的话说——对未来几代人的影响。你对这个问题的

1 见第 301 页脚注。

看法是什么，这对你和你的子女之间的交流以及你传递给他们或者年轻一代的价值观有什么影响吗？

莱维：这是个非常复杂的问题。普遍意义上的年轻一代和我们自己的子女之间有很大的差别。我的孩子们从来都拒绝和我讨论这个问题。我有两个孩子，我和他们的关系一直以来都非常好，但是他们从来都不想听这个故事。至于说到总体意义上的年轻人，他们就像流动的液体，每一代人，或者每一个阶层的人都和另一个年代、另一个阶层的人不同。我经常去学校里发表演讲，我（从听众身上）发现了兴趣、恐惧、遗憾，有时候是怀疑、震惊、不理解……我不知道如何提供一个总体的诊断。今天，我感觉时间已经过去了太久，我不再愿意接受去学校演讲的邀请，因为我觉得自己就像一个垂垂老矣的幸存者，就好像加里波第[1]的一个手下，一个耄耋老人。

提问：虽然看起来，最近公众对这个问题的兴趣又回潮了。

莱维：嗯……当……我不知道……我的感觉是，这种兴趣并非来自年轻人。你的印象呢？

提问：我认为年轻人对此也有兴趣。去年9月，我去毛特豪森集中营参加了一次和平集会，现场有很多学生，对自己关于集中营的兴趣和理解，他们都非常警觉。这在他们身上留下了很深的烙印。我相信，继续向他人传递自己的见证仍然是非

1　朱塞佩·加里波第（Giuseppe Garibaldi，1807—1882），意大利将领、爱国者与政治家。他献身于意大利统一运动，亲自领导了许多军事战役，号称意大利统一的宝剑。梁启超将他与加富尔、朱塞佩·马志尼称为意大利建国三杰。此外，他与维托里奥·埃马努埃莱二世、加富尔、马志尼同为公认的意大利国父。加里波第于1860年和“千人队”进行了著名的远征，宣称西西里是一个新的统一的意大利的一部分。此后有很多参与了当时那场事件的退伍英雄著书立说，讲述自己的经历。——译者注

常非常重要的。你和你的同代人对整整一代人都产生过积极的影响，赋予他们一种永远都不会失去的公民参与感。

莱维：你触碰到了一个对我来说非常微妙的问题。我不再乐意去学校进行演讲，可能是我自身的问题。我承认，部分是因为我感觉累了，部分是因为他们提的问题永远是一样的；一部分也因为，我觉得自己已经词穷，在今天你必须使用一种不同的语言。我还要补充一点，我最后几次去学校演讲时，有两个男孩令我非常沮丧，他们站起身，当面问我："为什么都过去 40 年了，在'越战'、斯大林的古拉格群岛、朝鲜战争等等都发生了之后，你还在讲这些？你这样做是为什么？"我觉得自己走投无路，完全无力还击，被自己从集中营归来者的身份给困住了。我说，我之所以来讲这些，是因为我自己经历过这些；如果我经历过"越战"，我可能会对他们讲"越战"的故事；如果我经历过斯大林的古拉格群岛，我也会对人们讲述这些。但我知道自己的回答很无力。我会害怕自己陷入赞颂的怪圈，这很容易发生——我的意思是，将自己的经历凌驾于别人的经历之上。我深知我们处在一个在发生剧变的时代，部分在前进，部分在倒退，今天的小学生冷静地使用计算器，从电视上知道那些我从来都不知道的事情，这让我很羞愧。我觉得自己甚至不如他们。所以即使我知道我有重要的东西要讲述，并且我对我的书的价值没有任何犹豫或者怀疑，我还是有一种感觉，就是它们是旧的，已经老化了。

另一个印象是我最近从收到的信件中得来的。我每天平均会收到一两封信，它们几乎都带着宗教说辞。他们会问我—— 一个坚定的无信仰者——上帝是否存在，他又是如何允许这些事以及其他可怕的事发生的？这些信令我不安，这些问题，我只能以一个无神论者的方式回复：世界是由偶然决定的，没有一个统治者，也不存在一个导演，不过现在的小学生们对一个圣父的形象的需求变得极度强烈。这样的问题甚至会在我拜访学校时的最后几分钟被提出来。我不知道你对此的看法是什么，你是否有信仰？

提问：没有。大概，也许在今天的很多年轻人中间，存在着一种对仁慈的权威形象、一个可以求助的形象的需要，不管那是上帝还是一个父亲的形象。我能感觉到周围存在这种情况。

莱维：这一定是一种对安全感的需要，各种安全感。

提问：的确如此，在过去要找到他们所寻求的这种安全感要容易得多……这让我想起你不久前在《新闻报》上写的一篇文章，你说我们现在何其幸运，因为我们的领导人都不是那种充满领袖魅力的人物，而领袖魅力在政治中是多么危险……

莱维：是的，你说的对。是过去的一篇叫《笨蛋领导》的故事。

提问：但如果他们不能在政治中找到领袖魅力的话，他们可能会从更宽泛、更普遍的人群中去寻找？毕竟，这还是可以理解的……我不认为这代表缺乏兴趣。在我们和小学生使用的语言间确实存在一条鸿沟，但并不意味着这两者的经验本身是不相关的……也许，正如你所说，你厌倦了总是重复相同的事，回答同样的老问题——它们又必定永远相同，而在一段时间后必定会让人疲倦。

莱维：这也是另外要说的一点，我应该补充：经常被人反反复复问的问题是，为什么这一切会发生，为什么会有战争，为什么会建造集中营，为什么犹太人会被灭绝。对这些问题我都没有答案。没有人有答案。为什么会有战争，为什么第一次世界大战和第二次世界大战会发生，而我们现在已经在讨论第三次世界大战……这些问题都深深折磨着我，因为我没有答案。我的标准回复是，这是我们动物性的一部分……我们人类和狗、夜莺以及所有动物一样，都有一种对领土的观念和意识，但即使我这么说，我也并不相信这些。所以现在我想问你几个问题：你能告诉我，为什么我们要发动战争；为什么我们要折磨我们的敌人，就像罗马人和他们之后的纳粹做的那样；虽然我们恢复了近半个世纪的理智，对战犯们带着尊重，为什么这种状况持续得如此短暂，我们现在又要回到先前的残酷？……嗯，我只有非常模糊、笼统的答案：人是邪恶的，不善良的。还有一个问题我也一直会被问到：人是善的吗？有谁能回答这个问题？有善人，也有不那么善的人，我们每个人都是善和次善的综合体。

提问：终于，我们谈到了对历史事件进行整体阐释的不可能，这是很重要的结论，对我们都是教训……

莱维：整体阐释的不可能，还是任何形式的阐释的不可能？

提问：我想回到我们之前触及的那个问题。一个曾经被关进过集中营的人，他抚养孩子的方式会和其他人有何不同？基于我们讨论的这些原因，因为这种驱逐对所有代际的人来说都是一个教训，不仅仅是对那些有直接经历的人。

莱维：是的。但正如我所说，恐怕我的孩子们，15 岁上下的这些孩子，会拒绝这个话题。而且我担心，他们拒绝讨论这个话题的原因恰恰是因为他们意识到这个问题的存在。“集中营”在这个房间里无处不在，他们会看到周围的所有这些书、影像和照片，所有的交谈——孩子们对这些东西很敏感，我想，他们长到现在某个年纪时，有意识或者无意识地都会因害怕或者排斥而感到某种压力，所以他们拒绝听到任何与之有关的一切，现在也是如此。他们已经读过我的书，但是他们不会承认这一点。他们不喜欢谈论这些。

提问：但是我也认识丽萨（莱维的女儿），她身上有一种强烈的反法西斯意识，一种投入的社会意识，在我眼里这是那段经历的产物。

莱维：是的，当然……但我一点也不确定那种意识是出自我。是她的那代人……我想她的同代人，还有你的同代人，都是十分勇敢、敢于抗议的一代人，但我不确定这种观念根源于我的经历……

你看，教育至少由三种因素组成：有父母和孩子之间的传递，这种传递有两种形式，一种是在受孕时由染色体所传递的基因的部分，还有一部分是有意识的教育，第三种因素是无意识的言传身教。坦白地说，我不记得我曾经给我的孩子们进行过民主教育，虽然极有可能他们是从他们呼吸的空气里吸收了这些，就比如他们对集中营的理解。

提问：是的，正是如此。我想那是一种心照不宣的榜样，而不是长篇大论的解释的影响。

莱维：是的，榜样是非常重要的。

提问：我想转到另外一个领域的问题。我已经注意到，对很多幸存者来说，不管我们何时提到布鲁诺·贝特尔海姆的作品，尤其是他的那两本《幸存》和《明智的心》，人们的反应要么是冷漠，要么是直白的否定和敌意。[1]

莱维：这也正是我的反应。

提问：非常期待能听你解释更多。

莱维：我的观点是，贝特尔海姆的态度和观念被他对心理学阐释不惜一切代价的信仰给严重扭曲了。他提到了某种退化，我说的对吗？

提问：是的，退化成婴儿。

莱维：他将人类在集中营的行为视为某种向婴儿的倒退。不，我不能赞成这点。我觉得自己在集中营变老了，而不是变回婴儿。我记得非常清楚，在经历了集中营的那一年后，我更加成熟了，不再是一个孩子。我获得了一种更坚定、更具体，也更有勇气的面对现实的方法。而且我在我的难友身上也看到了同样的变化。所以，退化，我不知道他说的退化是什么意思。我已经完全忘记贝特尔海姆了，我几乎不记得他写了什么。我想你只可能在一个层面上讨论退化：你可以说，任何一个退化了的人，都死去了。

提问：他说完全依赖别人获得食物、睡眠、时间还有活动自由，会让囚犯身上产生一种退化，而这种政策在集中营里是被有意识地采用的。他说，实际上，很多人都陷入了这种退化状态。所以，即便那段经历丰富了你，你只能代表一小部分人。

---

1 布鲁诺 · 贝特尔海姆（Bruno Bettelheim，1903—1990）在集中营被关押超过一年，后幸存下来（虽然是在集中营运作的早期，在集中营最恐怖的阶段还未到来之前），1939 年流亡到美国，著有多部颇有影响力和争议性的关于儿童心理学、精神分析和大屠杀的著作，比如《明智的心》（*The Informed Heart*，伦敦：泰晤士与哈德森出版社，1961），以及《幸存》（*Surviving*，伦敦：泰晤士与哈德森出版社，1979）。他于 1990 年自杀。

莱维：但是我没有看到这种情况发生。你提到的食物的限制，还有其他的一些，好吧，无论如何，甚至在家里也有吃饭的时间，但没有人会觉得被此约束。

提问：也许孩子们会这么觉得。当他们饿了的时候就想吃饭。

莱维：儿童的行为是习惯的产物，他们会毫无异议地陷入某种模式。我不认为这可以被看作退化的例子。或者，如果它是的话，它也是矛盾的：如果你说儿童不喜欢固定的时刻表，逼迫囚犯们遵从固定时刻表，并不会让他们退化成儿童。

提问：更确切地说是被迫依赖别人的心血来潮或者别人的意愿，无论用任何方式都无法介入自己的生活。

莱维：我能说的只有，我们每个人都通过自己的方式从集中营里幸存下来，很难找到两段一模一样的经历，然后从其中演绎出什么普遍的规则。在我的经历和其他与我较亲近的人的经历中，最主要的动力并不是这种退化或者约束的产物，毋宁说是一种近乎玩世不恭的好奇，来自我们对这种极端不同的生存模式的科学的或者人类学角度的好奇心。这些因素让我们变得丰富、成熟，我也要重复之前说过很多遍的那句话，即集中营对我来说是一所大学。这个观点并非我原创，我从莉迪亚·罗尔菲那里偷来了这句话，我想你应该已经采访过她了。当然，那种成熟的状态是后来才降临的，在集中营里你没有时间去变得成熟，你之后才有反思的时间。至于《幸存》那本书，我最近才读到它，它对我毫无作用，我不记得里面任何一句话。我认为它是一本糟糕的书，很糟糕的书，只是一些文章和演讲的拼凑，而且是很拙劣的拼凑。

提问：那本书里收录了一篇关于安妮·弗兰克的家庭的文章，那篇文章招致了很多批判，而且通常是被彻底否定。他研究了弗兰克一家的行为，批评他们，甚至解释说在他们不顾一切想要在一起的渴望背后，有一种被压抑的危险，而这一决定最终也给他们所有人带来了灾难性的后果。而一种更现实、更实在，或者说更灵活的态度，则有可能在最后至少能拯救这个家庭的部分成员。贝特尔海姆将这一分析沿用到那些来自不同阶层的犹太家庭上。那些家庭也同样抑制了真实的危险，而从长远来看，他们实际上付出了更高的代价。此刻，我想到了德韦内德蒂那本杰出的书，关于围捕在罗马的犹太人。

莱维：《1943 年 10 月 16 日》[1]。

提问：正是那本。他同样也揭露了当时人们不愿意去相信，假装一切没有发生的心理。

莱维：这是一个非常严重的问题，那种"假装"。

提问：我想知道你对这个核心问题的看法。

莱维：嗯，这必定是存在的，不计后果的否定，认为这些事不会在这里发生。我父亲本质上就是这样的态度。对他而言幸运的是，他在此之前——在前一年——就去世了，但是 1942 年到 1943 年之间，这种高度危险的否认对我而言是确实存在的，当时我还过着正常的学生生活，去爬山、去剧院或者听音乐会等等，根本没有意识到纳粹已经占领了整个欧洲。这

1 贾科莫·德韦内德蒂（Giacomo Debenedetti）的著作《1943 年 10 月 16 日》（*16 ottobre 1943*，罗马：新世纪出版社，1944）讲述的是纳粹在罗马的犹太人聚居区围捕犹太人的故事，英译本译者是朱迪斯·伍尔夫，由大学文本出版社出版（马凯特哈伯勒市，1996）。

是一种行动上的失败。但是我又能做什么呢？做些别的，比如说移民，试着移民。但是移民意味着要克服一系列潜在的、巨大的障碍：钻出我们自己的洞穴——那是我们的家人和情感的所在；离开我们自己的国家，我们在那里出生、缔结友谊等等。只有很少的意大利人有能力或者说有远见踏出那一步，而且无论如何，你都需要钱，那是一大笔钱。这并不容易，而且我必须要说去指责弗兰克一家没有选择另外的行为方式是浅薄的。可能紧紧团结在一起是一个危险的选择，但这也是唯一能够维持他们之前所拥有的那种生活的假象的方式。

提问：但是贝特尔海姆的观念，恰恰在于过去那种生活的假象是不可能维持的，任何一个尝试这样做的人都付出了最高的代价。另一方面，任何一个接受了没有可能像往常一样正常生活或者在最后积极抵抗的人，受的苦则相对少一点……

莱维：也许是这样，但是我们如何能指望获得这种清醒呢？即便是今天，我们能做到清醒地生活吗？我们是否应该收拾好行囊，去新赫布里底岛，离开欧洲？我们有足够的远见吗？即使是核危机已经迫在眉睫。如果即将发生战争，而我们此刻就生活在未来的战场上，我们中有哪些人——即使是有能力承担的人——可以离开，取出自己所有的存款，也许躲到瑞士或者躲到新西兰去？一切并没有多么不同。我们和过去一样都在拒绝接受现实。

提问：同样，意大利犹太人社群内部一直有尊重法律的传统，我认为……

莱维：相比于意大利犹太人的传统，这更多是意大利资产阶级传统的一部分。

提问：意大利资产阶级，当然，但自从卡洛 · 阿尔贝托[1]解放了皮埃蒙特以来，这种传统在意大利犹太人社群中尤为明显，这也意味着这个社群在法律与合法性中看到了自己的价值。

莱维：当然，意大利犹太人被高度同化了，是世界上被同化程度最高的族群，到今天也是如此。没有任何一个地方的犹太人像我们这样被同化。甚至就连我说意大利语——标准的皮埃蒙特意大利语——这一点都让我和其他犹太人从语言上区分开来了。我得说这在世界上其他地方并不常见，但是这种尊重法律的态度并不只属于意大利犹太人，这是所有的意大利人都共有的一种态度。

提问：正是。我知道，这也导致当（征兵）通知下来时，好几个犹太人都挺身而出。

莱维：是的，一些人是那么做的。

提问：也许，他们和你的父亲拥有同一种立场，就是什么都不会发生，这里从未发生这些事。我觉得西翁 · 塞格雷[2]的父母就是自愿去的，而“宪兵队”军官试着赶走他们，告诉他们“走开”。

莱维：但我想说的是，任何一个意大利公民，不仅仅是犹太人，都可能会这样做。只要想想空袭：多少人仍然留在城里，甚至躺在他们家的床上，说着“这些事不会发生在我们身上”。

1　卡洛 · 阿尔贝托（Carlo Alberto）是 1848 年意大利宪法——“法令”（Statuto）——时期萨伏伊王朝的国王，他曾经解放了自己国土上的犹太人，因此开创了效忠萨伏伊王朝以及效忠萨伏伊家族自 1861 年开始统治的统一的意大利的传统。

2　西翁 · 塞格雷 · 阿马尔（Sion Segre Amar，1910—2003），皮埃蒙特犹太人，曾出版过几本书。

提问：是的，即使在庇护所也有丧命的危险，这种情况发生过好多次，所以我想这是以一种风险对抗另一种风险。

莱维：虽然我不认为这两种风险是同等的。

提问：但是我认为人们对贝特尔海姆的敌意和他否认任何形式的牺牲有关。他的研究比我在这里做的客观评判要微妙得多。

莱维：但是他的故事是很奇怪的。他付了钱，他有能力支付，然后离开了。他的这种享有特权的命运，这种极端特殊的运气，在这其中所起的作用好像有点太多了。我必须承认，我和其他人一样都对贝特尔海姆有种敌意，这是一种本能的敌意，我甚至都无法为之辩护。我不喜欢他，我不喜欢他的目空一切，不喜欢他相信自己能解释一切，不喜欢他的心理分析的盔甲——就好像是为众人带来光的福音，并对此没有一丝怀疑。

提问：但听着，那种说法不对。

莱维：哪里不对？

提问：阅读贝特尔海姆这种没有直接被卷入大屠杀的人的作品，并没有给我一种教条武断的感觉。这也是我们为何会对幸存者对他产生的敌意感兴趣的原因。他并非一个对幸存者进行粗糙、残酷的模式化批判的人，（他的作品）是一组分析心理机制及其后果的笔记……但听了我们的受访者的评论，看起来几乎像他们被他的这种分析冒犯了，就好像他要读透他们的心思。也许存在两种不同的解读，对于那些曾经在场的人而言，他的书激起了一种强烈的情绪反应，而且很显然是一种负面的反应。

莱维：让我们这么说，我读过很多和集中营相关的作品，很多书我都很喜欢，但不包括这本。我不知道如何比我刚刚做的更能为自己辩护，除了说那本书给人的感觉就像是盯着你的眼睛，说“现在我要对你解释一切是怎么回事”，但它同样又想将他的个人经历和所有人的经历掺杂在一起。他曾经——如果我没记错的话——被关进布痕瓦尔德集中营或者奥拉宁堡集中营，我不大确定是哪一个了。他所在的是一个关押政治犯的集中营。他身为一个犹太人被关押了一年，之后他成功地逃脱了。他似乎忽略了在他逃走之后那里发生的巨变，那些不一样的命运，那么多人受难了。而且除了他自己的案例之外，他极少引用他和其他人的交往。看起来他将他自己变成了一个范例：发生在我身上和我身边的事也会发生在每个人身上，发生在每个人身边。

提问：当然，他的经历来自一个德国人的集中营，是关押德国人的集中营。

莱维：他毕竟是个德国人。

提问：直到 1939 年，我想他在 1939 年离开德国了。

莱维：是的，所以那种对我们来说至关重要的异化经验，他从未经历过。他吃过很多苦——生理上的——他被鞭打，忍受饥饿，被强迫劳动，但是“驱逐”连带这个词包含的所有意义，那种被连根拔起的感觉，他并没有经历过……这也许是他的书对我的经验来说如此陌生的原因。

相反地，我认为赫尔曼·朗拜因的作品非常迷人，虽然很不幸的是它们在意大利并不为人所知。尤其是他最近的作品《人在奥斯维辛》[1]。朗拜因已经 70 多岁了，有一半的犹太

1　赫尔曼·朗拜因（Hermann Langbein），著有《人在奥斯维辛》(*Menschen in Auschwitz*，维也纳：欧洲出版社，1972)。

人血统，他是一个共产党员，曾经作为共产党员加入过西班牙内战，然后和很多人一样，他逃到了法国，被贝当政府抓获后，他被交给德国人，德国人一开始把他送进布痕瓦尔德集中营，然后又把他从布痕瓦尔德转到奥斯维辛。他写了不止一本书——包括那本非凡的《人在奥斯维辛》——既记录了集中营里的状况，还描绘了集中营外的世界，集中营外的人们。他们同样也是人类，而他讲述的故事——比如等级高低不等的党卫军的案例——既新鲜又重要，人们很少讲这些故事——关于几乎所有的党卫军是如何表现出令人作呕的行为，但是他们并非生来就是恶魔——除了极少的例外。只有很少一部分人天生是魔鬼，是精神失常的虐待者，而其他人则带着某种充满厌倦的冷漠来完成这些任务。他们并不是带着激情去杀人，他们只是接受这一任务，他们是他们所受教育的产物。我从来没有见过任何其他作品能这样清晰阐释纳粹的教育——国家社会主义教育系统对这种下属阶层的影响。在很长一段时间里，朗拜因是党卫军某个首席医生的助理，同时也是集中营内部抵抗组织的成员，所以他处在一个关键的位置，能够发现很多事。他讲述了他所效力的这位医生维尔茨：本质上是和其他人一样的人，他进入了系统，通过加入党卫军获得某种职业升迁的机会，然后再也没有回头路了。后来，维尔茨自杀了——在他被审判后，他在监狱里自杀了。

提问：你之前说过，你读过很多见证的作品，各种各样的关于集中营或个人化或历史性的著作……而你自己也是一位作家，我想知道你如何总体评价这一领域内的作品，你是否觉得关于这一领域仍有大量的空间需要更多的作品来填补？

莱维：我不能如此断言。比如说，朗拜因的作品是非常详尽的，它为我们提供了很多我们应该知道的信息。

提问：我们的印象是，在你回国后不久，大概在 1945 年到 1948 年之间，你们这群幸存者写了很多，几乎是被一种康德式的责任驱使着，要为那些未能生还的人做见证。然后，也许部分是因为政治环境的变化[1]，人们逐渐搁置了这些问题。至少在意大利是如此，也许他们发现一个像普里莫·莱维这样重要的作家之前已经写下了这些，这一点也许抑制了一些人的写作冲动，回忆式写作的土地干涸了。只有到了今天，有些人在逐渐回到写作。你是否认为，在你归国时所面临的那种状况，与在某些场合别人拒绝倾听你甚至拒绝相信的状况，有某种关联？在当时，战时的每个人都有自己的麻烦要去处理——当然和你的经历相比一切都是微不足道的，但无论如何对于他们来说这些问题显得很重大。

莱维：我们现在是不是在回到主题？你想起了哪些书？

提问：有一本我从未读完的书，因为它的难度太大了……是一个犹太女孩的故事……娜塔利娅·金兹伯格今年夏天在《新闻报》上为它写过评论，但是没有人注意到这本书，是关于一个婴儿的故事，而她在写下自己的故事时仍然很年轻。还有一本书，写一个法国心理学家采访了那些父母遭驱逐的孩子，标题是“我没有说再见”。我们是因为这本书才问了你和你的孩

1 在意大利的语境中，采访者指的是 1948 年战后断裂期的终结，在新宪法的指导下，共和国举行了第一次民主选举，立场中偏右的天主教民主党在大选中获胜。

子们的关系。还有一本书是关于拉文斯布吕克集中营的，标题是“乌鸦桥”。[1]

莱维：是的，我读过那本书的手稿。

提问：那本书的出版商穆尔西亚（Mursia）出版社，现在出版了一个由两三本书组成的系列，是昔日的一些从未出版的证言。

莱维：我不确定。阿拉塔的那本书《乌鸦桥》，是一本相当普通的作品。我不大会重视现在出版的那些作品，那些事情已经过去了太久时间。我一点都不确定，现在是否还会出现一些至关重要的作品。如果这些书只是潮流推动才出现的话，那是件可怕的事。

提问：这些书也许没有那种极度的重要性，你是对的，也许讨论这个超出了我们原定的范围，但在我们的采访中，很多人都是第一次说出他们的经历。

莱维：真的吗？为什么会这样？他们有点被迫的感觉吗？

提问：没有。

莱维：你确定那是他们第一次讲出自己的经历？

提问：他们对我们是这样说的。

莱维：没有人曾经问过他们这些？

提问：也许有的，但很多人同时也拒绝谈论这个，就像埃

1　克劳迪娜·韦格（Claudine Vegh），著有《我没有说再见》（*Je ne lui ai pas dit au revoir*，巴黎：伽利马出版社，1979；英译本，伦敦：卡利班出版社，1984）；玛丽莎·曼萨尼耶罗·阿拉塔（Maria Massaniello Arata），著有《乌鸦桥：拉文斯布吕克集中营囚犯日记》（*Il Ponte dei corvi. Diario di una deportata a Ravensbrück*，米兰：穆尔西亚出版社，1979）。

莱娜·雷克纳提或者娜塔利亚·泰代斯基（两位都是受访者）一样，她们之所以现在发声也许是因为她们是对和自己不同的一代人说话。

莱维：我不知道该说什么。从我的角度来说，我没有看到人们对纳粹集中营的兴趣在回升，除了我之前提到的那些奇怪的宗教性问题：他们会问我如何解释世界的恶。我没有统计数量，但我收到很多这样的问题，不仅仅是来自意大利。今天早上，我收到一个年轻的美国神学家的来信，他现在人在瑞士，他告诉我，他在教堂里大声朗读我的书，这真的令我觉得有点尴尬，我不知道如何作答。我甚至还被邀请去参加一个美国神学家大会，我的回复是“我不够格”（Non sum dingus），我会觉得自己是狼群中的一只羊，抑或是羊群中的一只狼……但至于埃莱娜·雷克纳提或者娜塔利亚·泰代斯基为何到今天才发声，肯定是因为人们到今天才发现她们。她们之前是否曾经拒绝过发言？

提问：不，她们说她们从集中营归家后，感觉自己深深地被他人误解，感觉别人不相信她们，于是她们失去了讲述一切的冲动。

莱维：就我自己来说，我没有过那种不被别人理解的状态。正如你所知，《这是不是个人》的出版过程非常曲折。当这本书被写出来10年后，它才变得知名。但无论如何，我都能感到别人的理解和支持，在讲述我必须要讲述的这些故事时我从没有遇到困难。

提问：尤其对于女性来说，我不知道是否因为一些人病态的好奇心——在莉莉安娜·卡瓦尼[1]那部可怕的电影中达到了顶点——导致存在某种冒犯性，某种表达困难，某种不情愿。

莱维：也许如此。

提问：换言之，我们从采访中看到，与其说是这种假设的性接触，不如说是缺乏团结抑或身份的丧失，导致她们不愿开口发言。卡瓦尼选择强调的恰恰是人被还原成兽性的状态。而在这种状态下，接受某些淫秽行为只是最微小的一部分，她太过强调这一点，以至于是一种冒犯了。有些女性会讲道，当她们从集中营回来后，人们会朝她们抛来各种轻率的问题，或者说更糟糕的是一些猜想——有时候她们会面临这些粗暴的指责：你活着回来了，所以你一定……在任何情况下，对于女性而言，情况可能都更加艰难。

莱维：我想表达一点稍微不同的意见。我想说，女性可能比男性更强烈地感觉到尊严的丧失，她们有一些人会耻于谈论这些事，无论是这些事还是那种指责……

提问：当你在讨论集中营时，你同样也讨论到德国工业和集中营的关系。我想知道，因为这对我而言是一个很重要但很少被人研究的问题：在那些公司、党卫军和集中营之间存在什么样的关系？也许你作为一个局内人能知道些什么。

莱维：当然，我所在的集中营有双重的权力体系：我们同时被党卫军和德国工业体系所控制，他们两者的利益是冲突的。

1　莉莉安娜·卡瓦尼（Liliana Cavani，1937—），曾导演电影《午夜守门人》(1974)，由德克·博加德和夏洛特·兰普林主演，他们分别饰演集中营的前守卫和囚犯，两人发展出一段虐恋。莱维在好几处场合着重抨击了卡瓦尼和《午夜守门人》，认为这部电影代表了20世纪70年代对纳粹主义进行性心理化、半色情化的表现趋势。

党卫军想摧毁我们，杀害我们，集中营正是出于这样的目的被建立的。德国工业却需要我们成为它的劳动力，一个只能活上三个月就死去的工人是一个糟糕的工人，因为他必须持续被一个不熟悉工作的新劳动力替代。所以在这两种势力之间存在着一种无声的敌意。众所周知，德国的工业家们曾经赞助纳粹，但是他们也害怕党卫军，后者就像一种超级强权。

提问：集中营的主管和我们提到的这些公司之间是否存在一些有机关联？

莱维：当然在高层有一些联系。我被囚禁的莫诺维茨集中营——这也是我最近才知道的——是法本化学公司出的钱，他们资助甚至建造了这个集中营，他们想要自己的集中营。那么悖论来了，虽然法本公司毫不不在乎我们是死是活，但他们却在乎自己的劳动力不受妨碍，所以我肯定至少要将自己幸存的原因部分归结于我是一个化学家。我不知道也永远不会知道，那个谣言是否正确，即我能通过10月的那次筛选是因为我是一个化学家，也因为我是工厂劳动力的一部分。在工厂区域，他们有一份名单，上面有雇员的名字和编号：某某人，编号多少，属于哪个部门，我也在上面。所以当时有两股力量的渗透——政治的力量和工业的力量，同时它们之间存在一种对抗。更准确地说，这个巨大的工厂——虽然它实际上从未被投入使用，从未完工——所雇用的公务员和科学家们与其他人并没有什么两样。也许你还记得我在《元素周期表》中提到的米勒博士（在《钒》一章中），很多年之后我和他有了一些交往，他想要从我身上获得某种赦免。我并不十分清楚该如何处理这个问题，我被抛入一种非常矛盾的境地。如果你愿意，我可以再给你讲一遍这个故事。在《这是不是个人》中，我没有提到这个故事。在我最后工作的那个实验室，有一天，一个体格魁梧的男人出现了，他又高又胖，带着某种好奇看着我。他用德语问我“你为什么”——他用了标准的“你”的称谓，这本身就有点儿怪异——他问我“你为什么看起来这么害怕”，以及我的胡子为什么刮得这么乱。他给了我一把剃须刀，允许我每周剃须两次。他也看到了我的鞋，或者应该说是我的木屐，然后他给我搞来了一双皮鞋。对于他的那个问题“你为什么看起来这么害怕”，我忘记自己是如何回复的了，也许我什么都没说。我当时非常困惑、窘迫、害怕，我不知道这个人是谁，但是我记得他的名字（米勒只是一个普通的名字，他并不叫米勒，出于很多我之前提到的原因，我改了他的名字）。20 年之后，我遇到了一个女人，她的丈夫曾经为法本公司工作。我问她是否知道我记得的那些雇员的遭遇。他们都消失了，除了这个米勒博士。

所以我发现自己处在一个非常尴尬的位置，和一个同事、一个同为化学家的人有联系，他曾经帮助过我，曾经以他自己的方式对我展现了一点点同情，现在让我原谅他。我回信给他说，作为一个非信徒，我不大理解原谅这个词的含义。如果你不告诉我你做过什么，却要我说“我赦免你犯过的所有的罪”，我不理解这种行为有何意义。于是他告诉了我，我想那些是真的，关于他的事业的故事。他被召进纳粹党的冲锋队（不是党卫军[1]）——在

1　SA（纳粹冲锋队）是 Sturmabteilung 的缩写，也被称作突击队、冲锋军或褐衫军，是纳粹的准军事组织，其成员规模和影响力在 1934 年的“长刀之夜”所代表的权力争夺达到顶点后逐渐衰落。党卫军（Schutzstaffel，也称护卫队）最早是希特勒的个人守卫队，后逐渐成为第三帝国的精英部队和独立部队，也是主要实施“最终解决方案”的部队。

当时也仅仅是因为他所在的学生联盟被收编进冲锋队。他还告诉我作为一个热爱和平的人，他如何不喜欢冲锋队，随后他被调到防空部队，而就在我遇到他的几天前，作为一名化学家他刚刚被派到奥斯维辛。他坚称他从来不知道集中营-工厂这个复合体的实质，而别人一直告诉他那些蓬头垢面、衣衫褴褛的囚犯是政治犯，是国家的敌人，并禁止他和他们说话。很明显，他被吓到了。他甚至写信告诉我，正是因为他的原因，我才被招进实验室，而对此我无从核实。我回信给他说，如果他讲的是真相，那他的内心应该感觉平和，但我没有约束或释放、原谅或诅咒的权利。然而他还是给我打电话，问我们能否见面，我同意了。我们约定在菲纳莱利古雷（Finale Ligure）见面，但就在约定日的前几天，他去世了。很突然。我明白去谈论邪恶的德国人是愚蠢的：整个体制是邪恶的，纳粹的体制能够把每个人都拽入残酷邪恶的境地——好人，以及不是那么好的人，要挣脱这些极度困难，你必须具备英雄般的力量。我所不能理解的是，为什么同样的事没有在意大利发生。简而言之，是否存在一种本国生产的恶魔，就在德国内部，让邪恶在德国大行其道？最近我接受了费迪南多·卡蒙[1]关于这个问题的书面采访，他提到路德宗教徒们身上固有的邪恶。我并不知道这样的事，我不能理解。

提问：可怕的是这种羊群心理。

莱维：是的，羊群心理。盲从，永远说“好”。

提问：我记得很多年前读到过以美国学生为对象的一组实

1 费迪南多·卡蒙（Ferdinando Camon），著有《普里莫·莱维自画像》（帕多瓦：诺德-伊斯特出版社，1987）。

验。在实验过程当中，他们会在这些学生在场的情况下，对他人进行电击。只有很少的人在还有机会的时候，会按下按钮去中止对他人的电击。

莱维：但他们是美国人……我们也许应该问，为什么今天的德国人和过去的是这么不一样？

提问：确实，他们是整个欧洲最积极的和平运动的参与者。

莱维：他们有和平主义，有德国绿党，他们的民主体制也运转良好。为什么？我逐渐开始相信历史英雄主义的一面：在其中，这个邪恶、强大、有领袖魅力的男人，就像希特勒那样的邪恶化身，让全体人民像一群绵羊那样跟随在自己身后。还存在另外的解释吗？看新闻影片里希特勒和群众的交流是很可怕的。那就像一道闪电，一方在给予，一方接受。这就是我为什么恐惧领袖魅力的原因。我也不能让自己接受马克思主义关于纳粹是阶级斗争的产物的说法。德国人民的行为和希特勒的形象都太特殊了，太独一无二了，没有办法被简化成那种范式。我不知道，这是我一直在思考的东西。

提问：在我看来，第一次世界大战结束时缔结的和平条约就已经为纳粹奠定了很多基础。让德国为那次大战的死伤完全负责，用各种荒谬的方式侮辱这个国家，这极大地推动了后来那种复仇的心理。

莱维：当然，你是对的。但“二战”后的德国被更加彻底地侮辱了，被一分为二，最糟糕的甚至是被法国人占领。此前从未发生过类似的事。

提问：也许正是因为它被一分为二，我们要理智地讨论大众心理问题才会如此艰难。

莱维：每当别人问我历史事件的原因时，我总是很紧张。

提问：和那种认为历史能够解释一切，能够提供某种安抚或强化某些关于进步概念的观念相比——这种进步是对一种假定的终点的持续迈进——即便是这种紧张也代表了一种前进……你对历史的理解和一种特殊的、个人的、具体的经历相关，这也是我们可以传递下去的一种观念。这源于你亲身、以第一人称经历了这一切，这种对所有理性的摧毁。我说得不是很清楚。

莱维：从内部观察到这一切的事实，并没有给我解释这一切的工具。我可以提供数据，但是我不能回答你。我花了很长时间思考这个问题，我的结论和一个历史学家或者历史哲学家能告诉我们的并没有什么不同。简而言之，说实话，与其说我遇到的是魔鬼，不如说那些公务员表现得像魔鬼。如果我们要触及最重要的那个问题——特殊派遣队[1]，我们又能说什么呢？他们的存在令我恐惧。你记得那个来自匈牙利的医生尼斯利[2]吗？他曾经是一个专科医生，也是特殊派遣队的一员。我的第一反应是，面对如此的暴戾，要顺从是不可能的。如果我处在那样的情况下，我又会做什么？如果我被分配到这个任务，我是否有勇气自杀，或者任凭他们杀了我。也许他们一开始并不理解他们被要求做的是什么。在一些案例中，人们宁愿自己被杀害，也不愿意加入特殊派遣队，但也有很多人没有这么做。

提问：当时有很多人自杀吗？

---

1 特殊派遣队（Sonderkommando）指集中营里负责操作焚尸炉和毒气室的囚犯组成的分队。

2 米克洛斯·尼斯利（Miklos Nyiszli），著有《奥斯维辛：一个医生的亲眼见证》（康涅狄格州格林威治：福西特·克雷斯特出版社，1960）。

莱维：没有，这是一个很重要的问题。在集中营里，很少会有人选择自杀。而且事实上，战争年代的整体自杀率比现在要低，我读过很多对这种现象的解释，但几乎没有令我信服的。我的理解是，自杀是一种人类的行为，因为动物并不会自杀；而在集中营里，人类会退回到动物的层面，所以正如我之前说的，每天的生活是最重要的：你会吃到什么，今天会有多冷，干的活会有多重，你要干什么样的活。简单来说就是，你要如何熬到晚上。你没有时间考虑自杀。

提问：但它一定是某种终结痛苦的方式。

莱维：我想过好几次，但从没有严肃地想过。

提问：还有一些人任由自己死去。

莱维：这是不一样的，这并不是一种意志的行为。

提问：我们来谈谈集中营的另外一方面，关于抵抗、破坏行动？也许只有小范围的破坏行动。那个医生莱昂纳多·德·贝内代蒂[1]写道，他曾经被迫在大块空地上种了一些大白菜，他自欺欺人地——用他自己的形容——想要破坏它们，将它们的根砍下来，这样它们就会枯萎。所以会有些类似这样的插曲，按他的说法是"我自欺欺人地……"

莱维：是的，我记得自己曾破坏一辆车，我不停地推它，我知道当它的位置不对时最终一定会撞上另一辆。我假装这是一场意外，我当时和其他人在一起，我们是一起完成这件事的，

1 莱昂纳多·德·贝内代蒂（1898—1983）和莱维一样曾被关押在奥斯维辛，他最早被关押在俄国的一处集中营，在他们回国途中，他们合写了一份关于集中营卫生状况的医学报告，1946年由医学月刊《密涅瓦医学杂志》（*Minerva medica*）发表。这是莱维发表的关于这一主题的第一份作品。

或多或少是有意识的。而且我也曾经试图破坏一些我知道很重要的滚筒。我很幸运没有因此受到审讯，我假装跌倒在滚筒上。这就是我做的一切。我并不知道工厂里其他任何重要的破坏行动。恐惧支配着每个人。至于说到抵抗，我想分享一些故事。很久之后，我才知道，甚至在莫诺维茨集中营都有有组织的抵抗。当时我心里只怀疑过两次：一次是关于一个犹太人的囚犯头目，他非常神经质，经常鞭打囚犯。每个囚犯头目都会鞭打我们，但这个头目尤为暴力，他这样做的目的就是制造我们的痛苦，他会直接揍你的鼻子或者脖子。我对一个共产党员同时也是犹太人的难友说起这个头目。我们讨论了这个人，然后他说："你等着瞧，他不会坚持很久。"我说："你是什么意思？"然后他说："你会知道的，他不会坚持很久的。"事实上，过了几天，这个人就消失了。我的那位共产党朋友跟我说："我早就告诉过你。"我从来没搞明白关于这件事的任何其他信息。

另外一件小事和一个来自米兰的工程师有关，他也叫莱维。在俄国人到达集中营前几天，他将我拦下来，说："听着，不管这里发生了任何事，你都可以过来找我。"同样，我不知道他是什么意思。我让他再说一遍。他说："不管发生了任何事，你都可以过来找我。"很多年以后，我遇到了一个法国犹太共产党员，他也曾被关在莫诺维茨集中营。我对他回忆了这两段插曲。然后他告诉我，是的，这两件事情都是可以解释的。确实存在一个抵抗组织，也存在着为抵抗做准备的网络，有时候他们甚至能掌握生杀大权。也就是说，他们有时候能够接触到集中营的个人档案，可以抹去或者增加一个名字。所以那个囚犯头目的名字有可能替换了一个"已被选中的"

囚犯的名字。在一定程度上，他们可以篡改那些注定被送进毒气室的人的名单。

我问那个为我解释这些的男人，这是否意味着，作为一名非共产党员，我有可能会被送进毒气室以拯救一个共产党员的生命。他回答说，当然是的。在奥斯维辛，和其他的地方一样，抵抗运动是共产党领导的。很难评价这类事情。我想在很多方面，这是合乎情理的，只有他们有能力维持抵抗。只有共产党，当时的德国共产党，还有这个能力。而且事实上，当时那些庞大、统一的政党才有能力组织这样的行动。所以我认为，我们应该接受这样的事实，那就是任何一个上了年纪的人，有可能会被派去送死，以拯救他们中另一个人的生命。和其他事情相比，我不再认为这件事有多可怕。

提问：但我们也听到那些和意大利的抵抗组织有关联的人说，他们在集中营里时受到了保护。我们的见证者告诉我们，他们并不都是共产党员，信息通过某种途径到达了集中营的办公室，而内部的抵抗成员试着为这些抵抗组织的成员安排至少没那么重的活计，没那么糟糕的处境。

莱维：在关押政治犯的集中营，情况可能如此。但在我所在的集中营，你参加过抵抗组织这一点是毫无用处的。相反地，当我说我过去是一个游击队员时，他们让我闭嘴，一个字都不要说。那些比我们更了解真实情况的法国囚犯会告诉我，如果你真是一个游击队员，闭上嘴巴，这里到处都是间谍耳目。

词语、记忆、希望（1984）[1]

马可 · 维杰瓦尼

马可 · 维杰瓦尼（以下简称“维杰瓦尼”）：关于集中营的记录，汉娜 · 阿伦特[2]曾经写过：“它们越是真实，人们就越不会试图去传达那些超出人类理解和经验的东西，也就是那种将人变成毫无反抗的动物的苦难。没有任何一种这类的见证，能够在人们心中激起一种充满愤慨的同情，以激发各个年龄层的人们去为正义斗争。”你是否同意这种观点也适用于《这是不是个人》，后者的风格非常朴素、节制，拒绝修辞和文学性的描述。

莱维：是的。另外，当我在近 40 年前写作那本书的时候，我脑海中有一个明确的想法，那就是绝对不会写成一本文学作品。它应该去进行见证，而当一名见证者越少夸张，或者说越少冒着被别人认为在夸张的风险时，他的见证就越为可信。正如我在那本书的前言的结尾所写的，我很害怕自己描述的这些事情被人认为是一种杜撰、虚构。很不幸的是，它们几乎都是真实的。此外，在我的见证中，有一个极端重要的因素是缺失的，即数量的因素。这部分之所以缺失，是因为当我在写作那

1　意大利文标题是“Le parole，il ricordo，la speranza”，原文刊于《米兰犹太人公报》，1984 年 5 月 5 日，第 40 期。

2　汉娜 · 阿伦特（Hannah Arendt，1906—1975），出生于德国的哲学家，曾师从雅斯贝尔斯和海德格尔，在纳粹主义抬头后搬到美国。她著名的作品包括关于艾希曼审判的《艾希曼在耶路撒冷：一份关于平庸的恶的报告》（伦敦：费伯出版社，1963）。

本书时，没有人知道种族灭绝的确切规模，所以我没有给出任何数字。我不能够，实际上也并不愿意那样做，我想记下自己亲眼所见的。我还想要补充一点，那就是这里面有一个关于气质和风格的问题。我并不想太高声讲话，而且我从收到的不计其数的见证当中也注意到，这一点是人们所赞许的。带着节制，而非带着蔑视进行见证，是更为有效的。蔑视，应该是读者怀有的感情，而不应该是作者。另外，一个作者的蔑视被转化成读者的蔑视，并非无可避免。我想为读者产生的蔑视心理提供原初的材料。

维杰瓦尼：在那本书中，有两个句子令我印象尤为深刻。“我们头一次意识到，我们的语言缺乏能用来表达所蒙受的这种侮辱的词语，它摧毁了作为一个人的尊严。”还有，“倘若集中营延续得更久一些，那么就会产生一种新的苦涩的、辛辣的语言。人们会感到需要用那种新的语言来解释什么叫作困苦和劳累……整天在零度以下的刮风天里，身上只穿着衬衣、短裤、上衣和帆布长裤，拖着虚弱的躯体，挨着饿，深知自己的末日就将来临。”我的问题是，你如何从心理上再度经历这一切，并且用词语去表达这种超出了何以为人的定位，超出了人类想象力的经历？

莱维：我意识到，要将那段经历诉诸文字是非常困难的。我试图这么做，也许我成功地做到了一部分。虽然有很多时候，我感觉自己在尝试完成一项不可能的任务。现在，很多年过去了，即便对我而言，要回到当时身为囚犯的那种精神状态，回到过去的那个我，也是很艰难的。尤其是，那本书的写作对我而言就好像是某种“假体”，一种外部的记忆，它像一道屏障隔在我今天的生活和昔日的生活中间。今天，我通过自己写下的文字让过去那些事件重生。同时，当我们在讨论记忆时，我们需要区分你可以称之为“彩色的”故事——我之所以描述它们，是因为它们看起来极为关键，并且也值得记录——和灰色的、“黑白分明”的故事，就是每天的日常生活，它们是如此具有毁灭性，甚至比“筛选”更为可怕。最难捕捉的正是那种无聊，彻底的无聊、单调、一成不变，每一天都是一样的，这就像身在监狱的感觉。而这也导致了一种奇怪的效果，那就是你生活的每一天看起来是永恒，但一旦它们结束，就会迅速地被湮没，因为那些日子没有任何实质。过去的时间是被压缩的，也变薄了，它没有任何深度。我想，要驾驭这一点很难，因为记忆运作的原理与此恰恰相反：那些单一的、喧闹的、恐怖的情节，或相反地那些快乐的瞬间，会占据或侵入整个画布。虽然，在一个人的生活中，它们只是一个完全瓦解的现实的一部分。在任何一种见证文学当中，都存在着另外一道鸿沟：按我们通常的定义，见证者都是幸存下来的人。因此，他们所有的人在某种程度上都从某种特权当中获益。我这么说，也是在说我自己。如果我不是一个化学家，如果我不会一点德语，我的命运一定会不一样。从没有人讲述过普通囚犯的命运，因为，在身体的层面上，他们没有任何生存下来的可能。当我们讨论到集中营里的“穆斯林”[1]时，我和其他人都曾描述过集中营里最普通的囚犯，

1　“穆斯林”（德语为 Muselmann）是莱维在《这是不是个人》的《被淹没与被拯救的》一章中描述过的群体，这是一种集中营的俚语，用来形容那些虚弱的、失去了生存意志的人，对他们而言，死亡是无可避免的结局。

但是“穆斯林”自己从未开口说话。

另一方面就是语言的困难，这是集中营内在的问题，这是另一个有待被开拓的领域，终有一天，我会将它们写下来。在那些能够讲德语或波兰语的人和不会讲这两种语言的人之间，存在着一道巨大的鸿沟。对很多意大利人而言，这是一个事关生死的问题。他们突然变得像聋哑人一样，被抛入一个完全陌生的世界，甚至都没法继续最普通和平常的交流——那种能让你自己被别人理解，或者去理解自己身在何处的方式。我很幸运，会一点德语，很少，但是足够听懂那些命令，甚至让我自己被别人听懂。但是我非常清楚地记得，自己意识到和别人建立一定的交流是至关重要的，所以我拼尽全力从我周围吸收（为了重新训练自己作为一个说话者和聆听者的能力）。我甚至让一些阿尔萨斯的朋友将周围发生的事情翻译给我听，以获得能让我生存下来的最低程度的语言。首先都是关于物质的（有可能，别人对你大吼了一些命令，但你却不了解；或者你有可能错过分配汤和面包的时机），然后我也学会了摆脱只能和意大利人交流的心理障碍。在 10 万个囚犯当中大概只有 100 个意大利人。这个问题对意大利人和希腊人来说尤为明显。那些来自的里雅斯特或阜姆港、能够讲德语的犹太人，在我眼里就像超人。你可以认为，从一开始他们就比我们高了一个等级。

维杰瓦尼：你曾经提出过一个问题——“我们所说的‘善’与‘恶’，‘对’与‘错’在集中营里能够意味着什么呢……我们共同的道德规范在铁丝网的这一边有多少可以站得住脚？”将集中营里善恶界限的消失推演到极致，有些人甚至走得更远，他们甚至说，在受害者和施害者之间存在着一种认同。比方说鲁塞[1]，他写道："受害者和施暴者都是一样卑劣的。集中营的教训正是这种卑鄙的同盟关系。"我知道这是一个很微妙的问题，你的看法是什么？

莱维：这是一个令人恐惧的观点，对于和鲁塞一样当时在场的人来说，这是可以接受的；而如果这些观点来自后来处理这个问题的人，比如卡瓦尼和其他一些审美家，那是不可接受的。这其中有一定的真实成分，当然，在道德判断层面一定会有例外：因为施暴者就是施暴者，受害者就是受害者。比方说，当我回到意大利后，我带着某种恐惧但同时也不无兴趣地注意到，我学到的德语是党卫军使用的德语。语言能将人们聚合到一起，对话者逐渐会联合在一起。所以，当很久之后，我因为公事去德国，他们问我："你从哪里学习到的德语？"我回答道："我是在奥斯维辛学会的。"然后他们中的一些人就明白了。当然，我的书的标题（《这是不是个人》），在这一点上是意味深长的，即这个人或另外一个人都没有更像普通人。双方都有一些非人化的东西：对一方来说，这是被强加的；对另一方来说，这或多或少是他们选择的。这个话题很微妙，人们对此进行了太多、太粗糙的讨论，虽然它应该被极端小心翼翼地对待。人们对此能说的还有很多很多，但是我给了你一些参考，比方说出于实际原因，在囚犯和刽子手中间有一根长长的纽带，这根纽带是由那些前进了一步，和敌人合作的囚犯构成的，有很多

1 大卫·鲁塞（David Rousset），著有《集中营的世界》（*L'univers concentrationnaire*，巴黎：帕瓦出版社，1946），英译本叫《破裂的世界》（*A World Apart*，伦敦：赛克与沃伯格出版社，1951）。

这样的人，至少有 10%，从清洁工一直到集中营的囚犯头目。这中间广泛存在着等级制度，这在犹太人中间很少见，但在罪犯中却很普遍。也因此，受害者和施暴者之间的界限变得模糊了，有施暴的受害者，也有受害的施暴者。我们以为自己要去到一个充满折磨的地方，但那里应该会有团结以及反抗德国人的统一战线。但真相绝非如此，（在集中营里）国籍的差异变得更加严重，而所有的德国人，无论他是否是纳粹，都将意大利人视为巴多利奥的人[1]。这种等级制度是无限的，根本不存在你所想象的那种泾渭分明的区别。

维杰瓦尼：很多之前的囚犯都曾描述过，当他们离开集中营时，身上都带着一种负罪感，这种负罪感是什么？在一个无辜的囚犯身上，可能存在什么样的负罪感？

莱维：几乎每一个从集中营活着出去的人都带着一丝不安，而我们会把这种不安贴上负罪感的标签，当然这个标签和我们刚刚谈到的，所谓受害者和施暴者之间的认同没有任何共同之处。并不是说，我们体验到了施暴者才应该有的那种负罪感。但在某种程度上，我相信，我们所有人或者我们中的大部分人，只要一想到那么多至少和我们一样宝贵的人——哪怕不是比我们更优秀——都死去了这一点，都会感觉到一丝不安。活下来的人，未必都是最优秀的人，事实上在某些情况下是最糟糕的人（活了下来）。这种感觉就好像，你代替另外一个人活了下来，在《这是不是个人》中，我提到了这一点。在某次“筛选”之后，

1　这个绰号来自佩德罗 · 巴多利奥（Pietro Badoglio，1871—1956），军人，政治家，1943 年墨索里尼倒台后，他接替前者和盟军协商停战协议。因此，对德国人而言，“巴多利奥的人”（Badogliano）意味着变节者或者背叛者。

我认为自己是靠偶然才活了下来，他们误将我认作一个比我实际上更强壮的人，然后我写道："不知明天或往后我会怎么想，反正这种推测在今天确实没有引起我内心的任何激动。"

另外还有一种负罪感，也许是因为我们并没有拼尽全力做到自己能做的。比方说，进行更多的抵抗。这是一种合理化的过程，也是一种升华，但是这毫无疑问是我们事后的想法。我们本可以做得更多，组织得更好，至少应该制订逃跑的计划……很长一段时间以来，我对其中一件事一直抱有愧疚。当时是夏天，在空袭的间歇，天气非常炎热，我找到了一点儿水，有一节水管，当时那里大概一共有三四升水。我只告诉了一个朋友，没有告诉其他人。我对此感到有负罪感，另一方面，如果我告诉了其他太多人，也许根本不会有足够的水给所有人喝。但是我的确感受到这种不团结，或者说，不彻底的团结，不愿去做我本可以做的一些事。另外，最后我们也感到了某种共有的人类责任，因为奥斯维辛是人类发明出来的，而我们都是人类。它是我们身处的文明的产物，即便是纳粹主义也是那种文明的一个退化堕落的分支；它是西方哲学的产物，我们每个人都与此有关，在某种程度上我们都与之进行了合作。但是这些想法都过于复杂，到最后都是一种身后视角，一种后验的立场。无论如何，作为受害者这个事实和我刚刚说的负罪感并不矛盾，因为它们都是次要的感觉。另外，受害者并不总是纯洁无辜的，相反，集中营一个典型的特色就是逼迫我们，让我们在某种程度上变得有罪，比方说，去接受在法本公司的实验室里的工作。

维杰瓦尼：我想转到另一个我觉得非常重要的问题：记忆的问题，关于如何去铭记集中营和灭绝营。比方说，在我看来，使用类似像“大屠杀”这样的词去描述那种针对数百万人的、有计划的、科学的屠戮背后，或者说在对某个事件不成比例的关注背后——那些事件当然是英勇的，但同时也是非常特殊的，最终并不能代表犹太人的悲剧，比方说华沙犹太人聚居区的起义。在这些事件背后，人们在一定程度上是拒绝承认种族灭绝的，因为灭绝行动中充斥着惊人的粗暴与无意义。你怎么看？

莱维：我同意，“大屠杀”这个词从字面意义上意味着“全部烧光”，同时它也指代献给神的动物祭品。当这个词第一次被使用时，它令我非常痛苦。之后我知道这是埃利·威塞尔发明出来的词，而且他后来也很后悔使用了这个词，甚至想撤回这个词。我同时也被一些宗教极端主义者激怒，他们试图用预言来解释大屠杀，他们会将这理解为对我们有罪的惩罚。我不能接受这个，事实上它的无意义本身是让人觉得最可怕的部分。只要你想到，那些护卫军队甚至会从欧洲的各个角落搜出那些快要死去的人，只是为了让他们在路上就死去，这完全超出任何解释的可能。我更能理解他们为什么会选择儿童。一个纳粹的心理是一个犹太儿童就是未来的敌人，但是那些垂死之人或精神残障的人不是。这是德国人的“彻底性”，他们的基要主义，要不惜一切代价贯彻到底。所以当你说“所有人”时，那就一定得是所有人，哪怕是那些明天即将死去的人，也会被选中，被送上火车，以便让他们能死在他们理应死去的地方。我也不喜欢那种将集中营看作某种存在抵抗的地方，集中营并不是。而且里面的抵抗是如此的边缘、不重要。这种说法只配得上那些在事实上进行了抵抗的人，但这无论如何不是集中营的规则。集中营的规则是放弃、被毁灭。幸存本身并不能证明任何东西，作为一个幸存下来的人，我从来不认为自己是一个英雄，或者是一个抵抗者。我之所以能与自己和平共处，是因为我进行了见证，因为我张开了自己的耳目，以便我能够真实、准确地讲述我所看到的一切。正如我所说的，无论如何，只有很少一部分人进行了抵抗，这在囚犯中间并不普遍。进行抵抗的人都是政治犯，可能是犹太政治犯、犹太复国主义者，可能是那些曾经在西班牙进行过战斗的人们，有着军事经验的人们，或者能够讲德语的人——这些条件对建立密谋的网络是至关重要的。对我们而言，这种抵抗与我们无关，而且，这是在事后令我惊讶的东西。只有在解放之后，我才知道甚至在奥斯维辛都存在着一股抵抗的核心力量。至于刚才说到的我张开的耳目，我后来震惊地注意到一点：即便是今天，这么多年过去了，我对那段经历还保留着一种视觉、听觉记忆，我无法解释这一切。有一次我在以色列，遇到了一个有 25 年没有见到的难友，我一眼就认出了他。不止如此，我仍然记得那些我不通晓的语言——波兰语或者匈牙利语——中的一些句子，就好像它被刻在磁带上。我曾经对一些波兰人和匈牙利人复述过这些话，他们告诉我这些话是讲得通的。出于某种我不能理解的原因，我身上发生了某种异常之事：几乎是在为进行见证的任务做无意识的准备。

维杰瓦尼：你是否认为，今天存在一种可能：完全相同的事并不会重演，但有可能会朝那个方向演变？

莱维：我不能排除这种可能，你只需要看看几年前发生在阿根廷的事[1]。幸运的是，作为一个组织很松散的国家，那里的受害者只有上万人，而不是数百万人。但是如果在阿根廷有一个统治者，一个希特勒那样的“萨满教式”的人物出现，那里的受害者可能会是上百万人，而不是上万人。如果他们带着“彻底性”去处理一切问题的话。

维杰瓦尼：让我们回到关于德国，以及今天对德国人的态度的问题。你是否认为，至少年轻一代的德国人，已经接受了或者说正在接受他们自己的历史，还是说他们试图遗忘这些？

莱维：在西德有很多不同的事在发生。今天，我收到了一位德国女性发来的传单，她邀请我去签署一份禁止党卫军在西德集会的请愿书；另一方面，在西德仍然有党卫军的集会。德国是一个有很多内部差异的国家。毫无疑问，年长的德国人仍然会有一种怀旧之情，至于年轻的德国人，他们现在越来越接近法国或意大利的那些同龄人。新纳粹党还没有赢得超过 5% 的席位，那是他们进入议会的门槛，所以他们应该比意大利的社会运动党[2]要来得弱小。甚至德国人那种高高在上的自豪感似乎也已经平息了。他们没有任何制造战争的欲望，我的印象是，在过去的德国和今天的德国之间存在着一道清晰的界限。我们并不是要掩盖纳粹主义至今仍有残留的事实。很多读过我的书的德国读者给我写了很多信，虽然我意识到，他们并非具有代表性的样本。这些信都非常有团结精神，有些信则非常动

1　莱维此处指的是 1976 年阿根廷建立的军事独裁体制，随后那些当局的反对者遭到折磨并且“消失”了。

2　意大利社会运动党（Movimento sociale italiano，简称 MSI）是由曾经的法西斯党成员于 1946 年建立的一个政党。

人。当然，任何一个会写信给《这是不是个人》的作者的人，都已经对此有一定的意识。他们中的很多人是曾被驱逐的反纳粹者或那些在战争中死去的人的后代。

维杰瓦尼：就像那些和德国人合作的人，他们在不同程度上通敌，那每个德国国民要承担的责任是否也是不同的？

莱维：当然是这样，有一些家庭也是纳粹的受害者，第一批被流放的人是纳粹党的政敌——共产主义者、社会民主党人和自由主义者。他们在纳粹主义的统治下受到很多折磨。事实上，第一批受难的就是德国人民。同样地，对于那些有家人在战争中死去或者受伤的家庭，你又能说些什么呢？我想不能一概而论，说他们为德国战斗，所以他们就是纳粹，因此他们就是我的敌人，因此我完全可以不管他们的遗孀或者孤儿，我不会得出这样的结论，我知道什么是受苦，而受苦对每个人来说都是一样的。

维杰瓦尼：作为一名奥斯维辛的幸存者，在“不忘”过去和期冀一个更加人道的未来之间，你会选择哪一种？

莱维：保持希望的责任和不忘过去的责任，两者既非同义词也非反义词，它们可以并存。所有的组合都是可能的，记住并且希望，记住并且绝望——正如很多人做的那样，有很多幸存者一半生活在记忆当中，一半生活在绝望当中——忘记和希望，忘记和不抱希望，这些都有可能发生。我的立场是，去记住并且去希望。但正如我所说的，这是某种先天的甚至是某种荷尔蒙式的东西，它并非是一个深思熟虑的、合理选择的结果。

第六部分

犹太教和以色列

某种程度上的犹太人（1976）[1]

伊迪丝·布鲁克[2]

我和普里莫·莱维早在很多年前就相遇了。我们的第一个拥抱，是那种从相同的悲剧中活下来的两个老朋友之间的那种拥抱。当他到达都灵电视台的演播室时，他手里拿着一朵玫瑰，当时他们在把我的一个故事拍成电视剧，那个故事自然是关于集中营的。我们对视了一眼，然后匆匆扫视了现场的背景，脸上带着微笑，就好像是在说“这是一个游戏，也许一切都是游戏，对于我们而言，现实永远是双刃的，被夹在过去和现在之间”。从那天开始，我们之间就产生了一种无名的纽带，我之所以会采访他，是因为我自己就是（或者说我扮演着）一个记者，而普里莫之所以同意接受采访，是因为他是（或者说在扮演着）一个作家。仅此一次，我们可以共同完成这个游戏。

伊迪丝·布鲁克（以下简称“布鲁克”）：你现在还在扮演一个化学家的角色吗？

莱维：过去的 26 年里，我一直是一名严肃的化学工程师，也是一个工厂管理者。我只是几个月之前才离开。现在，拥有这些自由的时间，不用再承担那些责任，让我有种如释重负的

1 意大利文标题是“Ebreo fino a un certo punto”，原文刊于《信使报》，1976 年 1 月 9 日。

2 伊迪丝·布鲁克（Edith Bruck，1932—），纳粹大屠杀幸存者、作家。她出生在匈牙利，“二战”后搬到以色列，20 世纪 50 年代搬到了意大利，著有几部自传性的作品，包括处女作《你如此爱谁》（*Chi ti ama così*，米兰：莱里奇出版社，1959）。

感觉。

布鲁克：对你而言，作为一个犹太人意味着什么？

莱维：我是被其他人变成一个犹太人的。（普里莫·莱维用他悦耳、有说服力的声音回答道。）在希特勒上台之前，我是一个中产阶级的意大利男孩。种族法被施行后的那段经历，帮助我在犹太传统的很多脉络之中找到了我能接受的那群人。

布鲁克：比方说？

莱维：精神的独立就是其一，正是这种精神特质激励、引导犹地亚反叛者们起来对抗罗马人。还有《塔木德》中那种充满激情但准确的辩论方式，以及对《圣经》的信仰传统。其他方面，那些有严格宗教性或者神秘主义的方面，对我的吸引力则少很多。我在奥斯维辛的那段时间确认了我和传统的重新接触，那是我第一次和我先前从不认识的文明有了接触——那些东欧的阿什肯纳兹犹太人。

布鲁克：你认为，在今天的意大利是否还存在反犹主义？

莱维：我觉得那是可以忽略不计的，即便在法西斯主义盛行的时代，通过法律加诸意大利人民头上的反犹主义也只不过是表面的、反复无常的。在我看来，今天的反犹主义仅仅局限于某些特定的、尤为反动的新法西斯主义团体中。

布鲁克：但是唯一亲以色列的报纸是右翼的……

莱维：如果和这种人做朋友，我们还需要敌人吗？他们对以色列的热爱只不过是他们的反共产主义的衍生物。而且从他们描述以色列的方式来看，他们所支持的以色列，恰恰是我最不喜欢的那个以色列。

布鲁克：以色列对你而言意味着什么？

莱维：我感觉在以色列这个问题上，自己特别分裂。

布鲁克：所以，在这点上我并不孤独。（我笑起来，他也跟着笑起来，然后他又变得严肃起来，做了补充。）

莱维：演变到如此地步，以至于我不能对它下一个客观的判断。1935年到1940年间，我为犹太复国主义者的宣传而狂热，我很崇敬它所描述的那个国家以及它所规划的那个未来：重返故土，重新建立一个基于平等和兄弟友爱的国家，通过体力劳动完成重建，拒绝将私有财产作为我们的生存基础。后来，在“二战”当中，我接受了那些被纳粹侵占的国家的犹太人对一个祖国的迫切需要。但是我得承认，在1950年之后，这个关于犹太人的祖国的意象逐渐从我的脑海中消失了。

布鲁克：阿拉伯人一直在反复重申，他们的敌人并不是犹太人，而是犹太复国主义者。我尝试过很多次，去区分犹太复国主义者和犹太人，但似乎从未奏效。你能给我解释一下吗？

莱维：从它的源头上看，犹太复国主义者有一个特殊的纲领和一个特殊的目标，即为所有自称是犹太人的人重建一个独立的祖国，不管他们是否真的是犹太人，只要他们这样宣称，就可以将之（以色列）视为自己的祖国。对于不推崇犹太复国主义的犹太人而言，祖国这个概念本身就是可以商榷的。就我而言，除了被犹太文化、历史和传统深深吸引之外，我必须要承认，我自己最主要的文化基础的构成还是意大利文化。

布鲁克：那你的孩子呢？你又是如何抚养他们长大的？

莱维：经过我太太的首肯，我们把我们的孩子送到犹太小学，为的是平衡他们身边具有主导地位的天主教文化带来的压力。但是，那之后我们倾向于将他们转到公立学校。

布鲁克：在你的家里，是否还会遵守某种犹太教传统？

莱维：没有，一点儿都没有。

布鲁克：那现在，你的孩子们的态度又是如何？

莱维：我女儿现在已经26岁了，她和她的朋友们的选择一样。她没有宗教信仰，但是她非常严肃地介入政治，并且有很深的公民意识。

布鲁克：你的儿子呢？

莱维：我的儿子现在18岁，看起来他会完全循着他姐姐的道路。当然，没有任何人能预言未来，而且也没有任何人能排除他们会重新对犹太教产生兴趣的可能性，正如发生在我身上的一样。

布鲁克：他们如何评价那些共产主义政权发表的反犹主义宣言？

莱维：非常恶劣，他们认为那些宣言是社会主义理想崩塌的一个信号。

布鲁克：他们又是如何看待你的，作为一个父亲和一个作家？

莱维：我和他们的关系一直非常坦诚。但在我们家里有一个心照不宣的默契，那就是在家里我必须抛去作为作家的装束。我有足够的理由认为他们读过我的书，虽然他们从来没有跟我讨论过跟这些书有关的任何内容。

布鲁克：你曾经问过他们吗？

莱维：偶尔我会试图去了解他们在想什么，但他们总是直白或含蓄地拒绝回答。

布鲁克：这会让你觉得沮丧吗？

莱维：是的，有一点儿。

布鲁克：你目前在写什么？

莱维：现在我什么都没写。

布鲁克：你是否觉得关于犹太教的主题还是有一定的读者？

莱维：一本书的主题并不是吸引读者的东西，你去写兔子或者蚂蚁也可以写得一样好。无论如何，我相信纳粹的大屠杀不止在一个层面上是这个世纪欧洲历史的核心问题。所以读者们，尤其是年轻的读者们，他们对此非常感兴趣，这一点丝毫不令人惊讶。事实上，他们甚至比在很多方面向法西斯主义妥协的先前几代人，对这个主题更感兴趣。

布鲁克：让我们来讨论一下关于少数族群和女权主义的问题，你是否和大多数意大利人一样反对女权主义？

莱维：我反女权主义？我不知道，我不认为如此。让我来好好审视一下自己。不，我不是一个反女权主义者。

布鲁克：我明白了，你不想再谈下去。

莱维：不，不，我很自恋，我喜欢谈论那些跟我有关的话题。

（我凝视着他高高的、突出的前额，他生动的双眼和亲切的微笑，然后我意识到我不能从生理上描述他，因为他的美是内在的。）

对普里莫·莱维的采访（1979）[1]

乔治·塞格雷

乔治·塞格雷（以下简称"塞格雷"）：在你最近的作品《扳手》中，你叙述了皮埃蒙特人、吊车装配工福索内的冒险，作为一个经历丰富的工人，他从地球的一端游历到另一端。你自己也介入了与福索内的对话，解释了你自己的生活和工作经验，这两种特点——旅行和对自身经历的回顾，在你其他的小说当中也以不同的方式和形式不断重现。难道它们不是犹太人的典型特点吗？我这么说并没有任何想要暗示某种种族差异的初衷，而是想强调某方面的特质，那些特质在不同的例子中或多或少都是明显的。

莱维：我想说肯定并非如此。确实，一个作家或者说我们所有人，在我们的生活当中并不总是有意识地知道我们的动机是什么，所以我不大确定是什么让我以那种方式完成了那部作品。但是，就我自己所知，我想说，并非如此。因为福索内这个人物和我截然不同。起码，他和我作为犹太人的身份有截然的差异。事实上我想说，这是我第一次写作一本跟奥斯维辛没有任何关系的书，而我之所以这样做是出于几个原因。第一，当然，我并不想否认也不想遗忘，我不想遗忘任何事情，我将来很可能还会再写我自己被驱逐的经历。尽管如此我还是进行了这个尝试，远离那段时间，为这本书

1 原文刊于《希望》（*Ha-tikwa*）杂志，1979 年 4 月刊。

吸取截然不同的素材——比方说，我的职业经历，多年来的化学家生涯以及这些年我遇到的人。所以我想说，我的过去，我现在作为犹太人的生活，虽然在这本书中从没有被否认，但只是很隐约地偶尔出现。

塞格雷：所以你并不认为这种旅行和某种程度上的自我分析——也许只是在潜意识层面——是犹太人的特性？

莱维：幸运的是，并非只有犹太人在旅行。如果只有犹太人是流浪者的话，那就太可怕了。不，如果要说我的虚构是来自哪里的话，那是来自康拉德。我在这本书结尾的后记中，几乎是赤裸裸地表达了这一点。当然，它也部分来自我自己的旅行——并不是《休战》中描述的那些旅行，而是后来那些在完全不同的环境中的旅行，不再是带着恐惧的旅行，而是公务旅行、工作故事等等。所以我的回答是：不，95% 不是。

塞格雷：你是否相信，今天存在着一种离散犹太人的犹太文化？如果是的话，尤其在文学领域，其从业者们虽然有无可避免的主观差异，但是否可以说他们有很多共同点？

莱维：是的。毫无疑问，存在着一种离散犹太人的犹太文化。只需要去看看任何一份诺贝尔奖获得者的名单即可。在我们文化的每一个分支，都有犹太人的痕迹。

在任何一个国家，只要仍然有对自身的犹太特性有意识的犹太人群体存在，他们的存在都会体现在人文科学、文学、视觉艺术、精密科学和自然科学当中。它无处不在。至于，他们之间是否真的存在着某些共同点，我的回答同样也是，有，虽然对此我相当保留。他们的共同点可能是极小的。比方说，去探究或者去观察在萨巴或者莫拉维亚[1]的作品当中，有多少犹太性的成分，或者去看看非犹太人作品中有多少犹太性的成分，是非常有趣的。众所周知，今天的美国文学已经被犹太文化完全渗透了，不仅体现在犹太作家的作品中，而是所有人的作品当中。既然，今天的美国是犹太文化的重心，你可以说，犹太文化在整个美国到处扎根。举个特例，在这个连续的序列中，既有哈西德派这样的极端，也有索尔·贝娄代表的世俗犹太性。这是一个非常奇特的现象。这种迁移并非犹太教的迁移，而是犹太文化重心的迁移。而在波兰、白俄罗斯、乌克兰或立陶宛，这种犹太文化重心都已无迹可寻，在纽约却能被找到。一路上，这种文化并没有丢掉任何东西；相反，它变得越来越丰富，甚至意第绪语也是如此。这种非凡奇妙的、在意大利无人知晓的语言，现在正进行另一场语言学的转变，在吸收了德语、希伯来语、俄语、波兰语和立陶宛语之后，它现在逐渐变得英语化，让自身适应英语。这种现象对于语言学家来说就是砂金，因为他们可以观察到一种真正混合的语言，世界上混合程度最高的语言，它之所以能幸存下来，正是因为它是混合的。那种关于纯洁的语言的观点是愚蠢的。只要想想，英语是一种多么混合的语言，意第绪语更是如此，或者至少说它最近有这样的趋势，因为即便在今天它也在持续地重新创造自己。这种语言（意第绪语）有其非凡的文学成就，即使这种文学在数量上很少，而且有严格的界限，但它并没有被压垮，它在不停地演变，带着

1 这两位都是意大利的犹太作家：翁贝托·萨巴（Umberto Saba，1883—1957）是的里雅斯特的诗人；阿尔贝托·莫拉维亚（Alberto Moravia，1907—1990），小说家，也是20世纪意大利文学界极具重要性的知识分子。

那些不同寻常的新词。

塞格雷：你能和我们分享一些关于以色列的犹太文学的信息吗？

莱维：对以色列的犹太文学，我所知甚少。我的印象是，这种文学并没有那么有活力，或者至少说，它是相当具有地域性的。我无法解释这一单调的陈述，因为我从来没有听到过关于现代以色列文学的任何消息。我知道那里有一些作家，比方说，达扬[1]的女儿。但是我没有读过她的书，所以不能下定论。以色列似乎正在成为一个中东国家，这是正确的，也是适当的，所以它正在切断和欧洲文化以及整体的西方文化的关联。有人告诉我，以色列的年轻一代不再通晓几门语言了，也就是说，他们只讲希伯来语，至多在学校里会学习英语；而另一方面，我这个年纪的人——生活在以色列的我的同代人，会讲四五种语言，因为他们一直坚持守护着自己的根。在这种条件下，一种特定的以色列文化当然是可能存在的，它可能正在成型之中，正在被孕育，带着自身的中东特色。这样说根本不是诋毁，它意味着一种新的纽带，和阿拉伯世界甚至和伊斯兰世界的纽带，为何不这样呢？就我所知，在音乐领域已经发生了这样的变化，今天的以色列音乐已经和阿拉伯音乐在进行丰富积极的对话，我无法给出更多的例子。我是一个离散的犹太人，相对而言，西方文化离我更近，我对这种新的文化所知甚少。所以，我所

---

1 耶尔·达扬（Yael Dayan，1939—）是著名的军人、政治家莫西·达扬（Moshe Dayan）的女儿，在20世纪60年代曾经出版过几部作品，比如《镜中的新面孔》（1959）、《对恐惧者的嫉妒》（1961）和《死亡有两子》（1967），这些作品都是由伦敦的韦登菲尔德与尼克尔森出版社出版的。

说的应该被有所保留地接受。

塞格雷：你对两位诺贝尔奖获得者的评价如何，索尔·贝娄（1976 年获奖）和艾萨克·巴什维斯·辛格（1978 年获奖）？

莱维：我非常喜欢索尔·贝娄的作品，几乎没有任何保留。我在他身上看到了一种真正的无所不包的天分、智慧、多样性……贝娄能够适应任何形式的新作品，他仍然高度活跃。他的作品的每一行都体现出一种才华和智慧。从某种程度上说，辛格是一个不同的例子。我对他的尊敬多过欣赏。他年事已高，诺贝尔奖对他而言是顺理成章的，他们把这个奖颁给他是一件好事。众所周知，诺贝尔奖对一份伟大的事业而言往往有盖棺定论的意味。他的声音和贝娄不同，那是属于东欧犹太人的声音，在美国是被当作外来者来接受的，而不是融入其中。这种声音是那些在其抵达美国后永远感受到轻微不安的犹太人的声音，就像约瑟夫·罗斯[1]笔下的犹太人，就像他笔下的约伯一样：当他抵达那个陌生的国度时感到惶恐不安。而贝娄并不是身在一个陌生的国家，他完全融入其中，并且有着典型的离散犹太人特有的去适应、转化、顺势而为的特性。离散的犹太人可能是保守或者反对改革的，可能是颠覆性也可能是顺从的，有接受了启蒙的，也有信仰神秘主义或者理性主义的。这些在贝娄身上都可以找到。

塞格雷：我们再来说说你在接受《基伊拉报》的采访[2]时所说的一些内容，关于你试图去触碰最痛苦的那些命题的努力：

1　约瑟夫·罗斯（Joseph Roth，1894—1939），奥地利小说家，著有《约伯》[1930 年出版；英文版由查托与温都斯出版社（伦敦）于 1983 年出版]。

2　莱维曾经接受过吉娜·阿里安·莱维为《基伊拉报》（*Ha Keillah*）所做的采访。

关于集中营里的压迫者和被压迫者之间的关系，以及跟施虐者相关的其他问题；还有施虐者如何能够执行相关的行动，而在不同的环境下，他可能无法实施这些行为——对这些，你能解释得更详细一点吗？

莱维：如果说我在那个采访中的回答有些模棱两可的话，那也是因为我对这个话题仍然不大确定。我对自己应该做的事情和想做的事情有清晰的想法。简略来说，那个问题可以这样来理解：对犹太人的迫害还有“大屠杀”（这个词现在没法回避）状况（的描述），都有一种简单化的倾向。部分也是因为，一切都有简单化的倾向，我们人类是倾向简单化的动物。但是在这个问题上，没有一样东西是简单的，在任何一种环境下，事情都是极度复杂的。我想完成一种我可以称之为群体生态学观察的东西。当然，我并不是一个社会学家，最多是一个门外汉，但是我是一个见证者，我了解并且也经历过那段遭遇，我想要原原本本地重建那段经历。那在这种语境下，受害者和施虐者的组合就需要被检视。我们需要去理解：施暴者何以成为施暴者？是通过什么方式？他是否一直是一个施暴者？也许，他仅仅是一个想要执行所有任务的人，他表现出施暴者的姿态和行动，但是在其他方面，他却是完全和我们一样的人。极有可能是这样，如果是这样的话，这种真相既非更有意义，也不会让人更加难过：这就是汉娜·阿伦特所说的“平庸的恶”。她的观点非常接近我正在表达的东西，那就是环境比人类的内在本能要重要得多。这些人并不是魔鬼，在我在集中营的日子里，我从来没有见过一个魔鬼。相反地，我看到的都是和你们、和我一样的人，而他们之所以那样做，正是因为法西斯，或者说纳粹占据了德国。如果存在法西斯主义或者纳粹主义的回潮，还会有人——和我们一样的人——做出相同的行为，到处都有。这一点，也适用于受害者，适用于人们已经讨论太多的关于受害者的特殊行为——最典型的是年轻的以色列人，他们反对这样的观点，说“我们永远不会那样做”。他们是对的，他们不会那样表现，但是如果他们提早 40 年出生，他们就会那样做，他们会和那些被驱逐的犹太人——值得补充的还有那些被驱逐的俄国人和意大利人等等——的行为一模一样。

塞格雷：你如何看待在意大利和欧洲甚嚣尘上的各种反犹主义事件和宣言？

莱维：不直截了当地去回答这个问题是非常困难的。很明显，发生在瓦雷塞[1]的事件令人们痛苦震惊。尽管如此我还想再补充一点。我想《快报》（*L'express*）对达基耶尔 · 德佩尔普瓦的采访，以及《世界报》对福里松的采访和瓦雷塞的这起事件之间，存在着一种关联[2]。我说的是一种假设，有待人们探讨和辩论。首先，你可以说这三起事件是由其极端的愚蠢联系在一起的，而这一点和希特勒的德国不可同日而语。你可以指控纳粹很多罪名，但你不能指控他们是愚蠢的；相反地，在这起事件当中，似乎是这些愚蠢的人在掌控一切，达基耶尔是一个笨蛋，因为他老糊涂了；福里松真是一个笨蛋或者说是一个

1　1979 年在意大利北部的瓦雷塞小镇，在一场篮球比赛中间，主场球队用一首关于集中营的小调来嘲弄来访的以色列球队，在国际媒体上引起一些骚动。

2　莱维提到的这两个人是法国否认纳粹大屠杀的代表人物。在 1978 年末，两人分别因为文中提到的两次采访而臭名昭著。莱维在 1979 年 1 月 19 日曾为《新闻报》撰文评论这起风波。

精神有问题的人，也许我们应该用更礼貌的说法来称呼他？但相比之下，那些瓦雷塞的男孩们看起来并不清楚他们自己在做什么，我相信这一点……这些愚蠢的人接手一切。可能在其背后有更严肃的头脑在操控，有这个可能。但在我们这里和法国，这些事件已经反映了反犹主义能够做到的最高水准，这一点并非无足轻重。

上帝和我（1983）[1]

朱塞佩 · 格列科

我们的第二次交谈是关于上帝的。对话者是普里莫·莱维，64 岁，化学系毕业生、作家。从采访的一开始，他就直截了当地告诉我："我认为自己是一个极端的案例，直到现在我也从来没有因为上帝的问题忧虑过。我的生活里无论过去还是现在都没有上帝，我是一个对上帝漠不关心的人。"

朱塞佩 · 格列科（以下简称"格列科"）：这会让你保持平静吗？

莱维：这会允许我不带任何幻想。

格列科：普里莫 · 莱维来自都灵，按其出身属于犹太人，他是纳粹集中营的幸存者，他的第一本书《这是不是个人》记录了他在集中营的可怕经历，这本书也是任何一个亲身经历过大屠杀地狱的人所能写出的最强烈，也最引人注目的见证。作为一名作家，他从这段给他打上终身烙印的经历开始讲述。

莱维：去年夏天，我在米兰遇到了一个和我一样幸存下来的难友——埃利 · 威塞尔。他把大屠杀作为他生命和他身为作家的作品的中心。我们都是奥斯维辛的囚犯，且都幸存了下来，但是在某种程度上，他非常执迷于上帝；而我却坚持自己的无

1　这是朱塞佩 · 格列科对一些公众人物所做的系列采访中的第二篇，这些采访的主题是受访者和上帝的关系。原标题是"我和上帝：即使在集中营里，我也从来没有遇见上帝"，刊于《人物》杂志第 48 期，1983 年 12 月 9 日。

信仰状态。我希望能够再次遇见他。在分别了40多年之后，我们的会面非常有趣，恰恰是因为我们是如此不同。

格列科：在和埃利·威塞尔交谈的过程中，你是否对他的信仰有一种嫉妒般的刺痛？他的信仰让他说出这样的话："我可以信仰上帝或者反对上帝，但我的生活里不能没有上帝。"

莱维：当然，我感到有些嫉妒。我嫉妒信仰者们，所有的信仰者们。但我对此无能为力，信仰是一种非此即彼的东西，你并不能够发明它，你也不能出于自己的目的发明一个上帝，这是不诚实的。

格列科：20年前，莱维凭借他的作品《休战》获得了第一届坎皮耶洛文学奖。今年，他凭借小说《若非此时，何时？》再度赢得了这个奖项。这本小说恢宏地、以史诗般的体例描述了"二战"的东欧犹太人和游击队员们为了一种全新的自由，为了他们的父辈和祖父辈所不了解的那种自由奋斗的故事。

你是在一个宗教性的成长环境里长大的吗？

莱维：当然，但是这些在我身上并没有留下很深的烙印。我的母亲会遵守犹太传统，但是她并没有在上面花费太多的精力。我们家真正的信仰者是我的父亲，但是他是一个古怪的信仰者。他害怕上帝，努力遵守律法，他会在特定的日子进行斋戒，但他一边做一边诅咒，因为他并不能完全忍受某些约束。举一个小例子，我父亲很喜欢火腿，而因为上帝的原因不能吃火腿，这简直要逼疯他。作为某种程度上的信仰者，我父亲会在一声咆哮后向罪恶的诱惑臣服。

格列科：这就是你所接受到的宗教教育的程度吗？

莱维：啊，当然不是。和都灵犹太人社区的所有孩子一样，我被从小被教导了我们的信仰的基础内容。在 13 岁时，我接受了自己的“入会仪式”，之后，无论从年龄上还是从状态上来说，我被那个社区正式吸纳为成员。入会的仪式被称为“成人式”(barmitzvah),它的字面意思是“律法的孩子”。在此之前，还有一个拉比主持的关于犹太历史和文化的考试。

格列科：而在这种入会仪式当中，你没有发现上帝?

莱维：我是非常被动地接受这个过程的，对身为犹太人这一点，我并不感觉特别自豪。我从没有感觉自己属于和上帝缔造了坚固契约的选民中的一员。我生为犹太人是出于偶然，我既不对此感到羞愧，也不因此觉得有什么可自夸的。对我而言，身为一个犹太人，是一个关于“身份”的问题：我必须也得说，这种“身份”是我不想丢弃的身份。

格列科：所以在你进入一个犹太社区时，你并没有同时接受那个上帝——你曾经被传授过关于他的“神秘”。

莱维：说实话，有那么几个月我非常焦虑，但是后来我克服了这些。我确实曾经试图和上帝进行交流，但没有任何的结果。我面对的是作为统治者的上帝，一个惩罚性的上帝——会对你施加惩罚的上帝，他并没有打动我。在经历了短暂的迷茫之后，我从此切断了和他的关系，和他保持距离，就好像他是一种和我几乎没有关系的幼稚现象。

格列科：这是一个有争议的拒绝吗?

莱维：并没有什么争议。因为上帝这个概念从来没有在我的内心扎根，所以我从来不需要有意识地将他隔离，将他从我的视野里抹去。我远离上帝的行动是被那些年我的朋友们所激励的，他们几乎都是基督徒，但最终他们对基督教也不感兴趣。他们是那些可能会为了让父母高兴而去做弥撒的年轻人，但他们这样做的时候是三心二意的，而且肯定没有任何真正的信仰驱使。他们对信仰带着相当的怀疑和不满。我记得他们会笑着告诉我—— 一个犹太人——关于教堂和神父的一些有趣的故事。

格列科：对你而言，你对自己遭遇的集中营的可怕经历，又是如何看待的呢？

莱维：我把集中营的经历看作我对信仰的冷漠的一种残酷确认。在某种程度上，相比于我的难友、有信仰的埃利·威塞尔而言，一切对我而言要容易得多。他必须要去残酷地面对恶的胜利所带来的巨大创伤。他后来会指责上帝允许这一切发生，且没有介入制止这场大屠杀；另一方面，对我而言，我只是简单地总结道："确实是真的：上帝并不存在。"说到上帝的缺席，你可以说我把自己放在了贾科莫·莱奥帕尔迪的位置上，这位诗人指控大自然用她自己知道无法兑现的关于快乐的虚假许诺欺骗她的孩子们。

格列科：所以你从来没有为了获得慰藉而求助于上帝？

莱维：在奥斯维辛，我只有一次受到信仰的诱惑。这发生在 1944 年 10 月的那次大筛选，当时有一队人在挑选一批囚犯将他们送进毒气室。简而言之，我试图将自己托付给上帝。我羞愧地记得曾经对自己说过："不，你不能做这些，你没有这个权利，首先因为你并不相信上帝；第二，祈求上帝的恩典而没有特别事由，这是黑手党的行为。"这个故事的寓意是：我放弃了祈祷者的那种可疑的慰藉，并且将自己交给偶然或者说交给任何可能的人，让其决定我的命运。

格列科：然后发生了什么？

莱维：我逃过了一死，我也不知道原因是什么。回到意大利之后，我遇到了一个朋友，他可以说是一个信仰者，他对我说："很明显，你能幸存下来的原因是上帝在保护你。"他的话让我极度愤慨，我甚至都没有在他面前掩饰这一点。在我眼里，他们过分得近乎荒诞——因为我看到自己周围那些比我更好的人，甚至是那些无辜的婴儿，都在受苦、死去。相反地，我看到那些更糟糕或者说那些无疑是最坏的人却幸存了下来。因此，拯救或者死亡，并不取决于上帝，而是取决于偶然。现在我们可以将那种"偶然"命名为上帝，但那也意味着接受一个盲目的上帝、一个耳聋的上帝，我不认为这样的想法能有什么价值。

格列科：所以呢？

莱维：这就是一切对我的意义：上帝要么是全能的，否则他就不是上帝。但是如果上帝存在，因此他也是全能的话，他为什么会允许邪恶的存在？邪恶确实存在，受苦就是邪恶，所以如果上帝出于他的旨意，能够将善变为恶，或者仅仅是允许恶在地球上蔓延，那么上帝就是恶的。而我又非常厌恶关于一个恶的上帝的念头，所以，我坚持那个更为简单的假设：我否定上帝的存在。

格列科：几年前，作家里卡尔多·巴凯利[1]告诉我的，仍是关于上帝的问题："在 80 岁之前，我都没有给上帝足够多的关注，因为我很确定死亡是生存游戏的必然结局。很不幸，现

1 里卡尔多·巴凯利（Riccardo Bacchelli，1891—1985），著作颇丰的作家，著有多部宏大的历史小说。

在这种确定性似乎正在动摇，我带着某种愤怒坦白这一点，因为它让我心神不宁，让我非常不安，但是，我对此束手无策。一个关于超越世界的存在，一个以他自己的方式权衡我们的上帝的观念，就像一根钉子一样，深深扎进我的脑海，而我无法将之移开。”我的问题是，你是否感到过类似的不安？

莱维：到目前为止并没有，我现在与上帝的关系和我15岁、20岁、40岁时并没有什么不同。而且，我必须承认，存在另外一种观念秩序这一点会激起我的某种好奇心和内心的不满。但当我思考宇宙、世界的时候，我开始怀疑在那庞大的宇宙机器后面，也许存在着一个掌控者，他能控制自己的行动，也许甚至是他建造了这个机器本身。但确定无疑的是，我的怀疑并没有影响我的确信，即，如果这个掌控者存在的话，它和人类事务是毫无关联的。简而言之，他并不是我们可以对之祈祷的对象。

格列科：我从你的声音中听出了某种悔恨……

莱维：你没有说错。我希望这个掌控者存在，而且我希望他更接近一个在驾驭机器的上帝的形象。拥有一个父亲、一个法官、一个老师，会是非常好的、令人平静的，但是，我的这种欲望并没有许可我去创造一个制定秩序的上帝。这种欲望并没有强烈到驱使我去创造一个可以与之交谈的上帝的那种程度。

格列科：刚才你坦白了一种对于信仰者的嫉妒？为什么呢？是不是因为他们可能更为平静？

莱维：不，说到平静，非信仰者可能会更占优势，因为对他而言，发生的任何事情，即便是那些邪恶的事情，都没有超自然的原因。它是巨大的宇宙机器的产物，而另一方面，信仰者会不停地审问自己，审问上帝，永远在寻找一种方法——无论它多么盲目——去为完全不正当的东西辩护。相信我，我非常清楚那些信仰者走过的痛苦道路。

格列科：然而，有足够的证据显示，在我们这个时代，上帝又在重新回归，或者至少说，对上帝的追寻正在回归。你如何看待在我们的世俗文化视为理所当然的那种对“上帝已死”的断言之后，发生的这种转变？

莱维：我们生活在一个充满价值危机的时代，而上帝的回归，正是这些危机时刻的典型。人们周围的世界越是崩塌，我们就越觉得孤独，在宇宙的高深莫测面前更为无助，于是人们越去追寻明晰，去寻找其问题的答案，去寻找一个能让自己安心的人。寻找上帝，其实变成了寻找保护，是为了摆脱孤独。简而言之，在这种情况下，上帝承担的风险在于他会被看成一种能帮我们摆脱生存虚无的捷径。

格列科：这种虚无不能被科学填充吗？

莱维：不能，科学学习的是宇宙的巨大机器，它向我们一点一点地揭示宇宙的秘密。但它并不能解答人类的大问题。关于科学能够在某种程度上取代上帝的位置的巨大幻象早已经消退了。如果你去询问科学，生命的“目的”是什么，它会说，与我无关，然后到此为止。

格列科：所以如果我们想要摆脱我们最终陷入的绝路的话，又能做什么呢？如果我能将上帝抛到一旁——和你的难友威塞尔不同——那我们是否应该让人类为世界的邪恶负责？

莱维：让人类接受审判毫无意义。人类是一个可怕的混合体，在他们身上你能发现一切，有智者，有疯子，有混蛋，有圣徒。我从来就拒绝对人类做出整体的判断，甚至对纳粹也是如此。对我而言，要进行的唯一的审判，并且无论如何都要谨慎的，是针对个体进行的审判。

格列科：所以呢？

莱维：情况就是如此，我们除了接受没有别的办法。我们只不过是巨大的宇宙机器上的一个小螺丝钉，而且我们也不知道，在这个机器内部，我们有多少的自主权。我们能够而且也必须去发明一种美德，去表现得“犹如……”一样，但永远不要忘记，我们是大自然的客人，而且是那种充满好奇心、在所到之处留下混乱的客人。

采访结束了，普里莫·莱维还为我们增加了一段附录，他写了一首题为《庞贝古城的女童》的诗。这是一首非常美丽的诗，讲的是庞贝这个古代城市被重新挖掘，被火山灰掩埋的这个“惊恐地抓住她的母亲”的“瘦弱的孩子”重见天日的故事。他将这个女孩的形象和类似安妮·弗兰克或者广岛的女学生那样的无辜形象进行对比。莱维读道：“通过这种方式，你和我们同在，一个扭曲的石膏模型。无尽的痛苦，可怕的见证者。我们骄傲的种子，在上帝眼里是何等渺小。”

然后，在结尾，他呼吁地球上的那些“掌权的人”不要按下开启原子弹末日的按钮，因为“苍天赋予我们的痛苦已经足够。”[1]

1　这首诗引用的是鲁斯·费尔德曼的译本，被收于普里莫·莱维的《诗选》中（伦敦：费伯出版社，1988）。

普里莫·莱维：贝京应该下台（1982）[1]

詹保罗·潘萨

我敲开了普里莫·莱维的门。在我的笔记本上有一长串的问题，而更多的问题在我的大脑和心里。但他却是那个打破沉默的人，他用镇定、平静的眼神看着我，几乎是低语般地说："好吧，让我们开始吧，但是我必须坦白，我并不是特别确定要接受这个采访。"

詹保罗·潘萨（以下简称"潘萨"）：为什么，莱维博士？

莱维：出于两个原因，一个是内在的、我自己的原因，我自身的挣扎；另一个原因是，最近一些天我收到了很多来信，堆起来厚度惊人，都和我就以色列发生的那场战争的一些表态和写的文章有关[2]。

潘萨：是些什么样的信？

莱维：有赞成的，也有反对的，反对的也分成两派，有些人觉得我太……

潘萨：太过于犹太复国主义者？

---

1 这个采访的主题是关于1982年以色列入侵黎巴嫩，还有萨布拉（Sabra）和夏蒂拉（Chatila）难民营中对巴勒斯坦人的屠杀。原标题是"我，普里莫·莱维，要求贝京下台"，刊于《共和报》，1982年9月24日。

2 那场战争爆发后不久，莱维在一个和平请愿书上署名，亦曾于1982年6月24日在《新闻报》的头版撰文抨击战争和以色列政府。

莱维：是的，过于犹太复国主义者；其他人则指责我还不够。

潘萨：你是否收到过一些恐吓的来信？

莱维：不，我没有。

潘萨：现在你感觉害怕吗？

莱维：在哪种层面上，个人层面还是说作为犹太人的一分子？

潘萨：在两种层面上。

莱维：个人角度来说，不，我并不害怕，害怕是一种深层的本能，而个人角度我并没有这个困扰。但作为一个犹太人，我同样也不害怕。对我们犹太人而言，我并没有看到第二场大屠杀，或者像希特勒那样的大屠杀迫在眉睫的信号。如果要说有什么感情的话，我很痛苦。这场以色列的战争，这场发生在贝鲁特的大屠杀，正在玷污全世界的犹太人的形象。

潘萨：莱维博士，反犹主义是否又再度兴起？我是带着一种恐惧和害怕来问这个问题的。

莱维：是的，在某种程度上是存在这样的风险，但是就目前而言，它仍然仅局限于孤立的案例。巴黎和布鲁塞尔面临的反犹主义的危险更为明显，这并非出于偶然，自从德雷福斯案件[1]开始，反犹主义在法国就一直很活跃，这是他们根深蒂固的排外主义的一部分。

潘萨：但是甚至在米兰，犹太群体已经收到一些威胁，他们也表示出一些恐惧。在都灵的情况也是如此吗？

1　阿尔弗雷德·德雷福斯（Alfred Dreyfus，1859—1935），犹太裔的法国军人，1894 年被错误地指控为德国间谍，并遭受审判，1906 年得到平反。期间，他的案子成为法国民主力量和反动势力剧烈斗争的核心，也是现代反犹主义历史的一个分水岭。

莱维：在这里我感觉不到任何变化。也许你会在都灵的一些墙上看到一些标语，但是要在墙上写字的话，一个带着喷雾壶的傻瓜就可以做到了。而且，都灵的犹太人群体和米兰的犹太人群体相比，规模更小、更紧密，他们的观点也更为自由化……不管怎样，是的，反犹主义是一头正在抬头的野兽，但是这并不是离散的犹太人能说服贝京[1]的理由。对贝京说，停止你在做的一切，因为你在伤害我们，这毫无意义。还有其他更重要的反对理由。

潘萨：那些理由是什么呢？

莱维：有两个理由，一个是道德层面的，另一个是政治层面的。道德层面的反对理由是，即便是一场战争也不能为贝京和他的手下们表现出来的那种冷酷嗜血的傲慢辩护；政治上的反对理由同样很明确：以色列正在迅速走向彻底的孤立。这是一个可怕的、闻所未闻的事实。而考虑到这一点，只可能得出一种可能的结论，即便是贝京和沙龙[2]经常援引的“国家利益”（raison d’état）都不能为以色列政府最近的一些决策辩护。

潘萨：莱维博士，你一直在说贝京……但是贝京并不是一个孤立的领导人，大多数以色列人都支持他所在的政府。

莱维：我意识到这一点，是的，我知道，我知道……

潘萨：那这会让你有什么样的想法呢？

莱维：它让我想到一些显而易见的东西，贝京之所以掌权，

1　梅纳赫姆·贝京（Menachem Begin，1913—1992），在利库德集团 1977 年到 1983 年掌权期间，担任以色列总理。

2　阿里埃勒·沙龙（Ariel Sharon，1928—2014），曾担任以色列国防部长，也是黎巴嫩战争中“鹰派”的代表人物。

主要程度上是得到了年轻的以色列人和新移民的支持，也就是说那些并不是东欧难民的人，而是在中东的以色列土生土长的犹太人，这些人对邻国都抱有很强的敌意，而他们中的很多人却来自这些国家，在某种程度上，这解释了这场战争和战争中发生的一切。无论如何，我对此事完全谴责，我非常直白地表达了这一点。但同时我也抱有一种希望，正是这种希望让我决定接受这次采访，我对影响意大利读者没有兴趣，我更感兴趣的是，去影响以色列，影响它的领导人、选民和记者们。

潘萨：你在以色列是否有一些影响力？

莱维：我不认为如此，我所有的作品中，只有《休战》在那里被出版过，但是那不能说明任何东西。在以色列，很多人会读德文和英文书，所以他们也可能读了我其他的作品。

潘萨：你想对以色列的领导人传达什么样的信息，莱维博士？

莱维：他们应该辞职，此外我无话可说，既然没有任何办法可以改变他们的想法。当然，我知道让他们在现在这样一个时刻辞职是非常不现实的。但是如果沙龙的脑海中还尚存一丝理性的话，他应该辞职。

潘萨：沙龙是一个什么样的人？

莱维：我知道贝京的历史，但是对沙龙知之甚少，我对他的印象只有他目前的形象，缺乏根基。

潘萨：能和我们谈一谈这个现在的形象吗？

莱维：嗯，贝京、沙龙——以色列今天的领导集团，和其他中东国家的领导集团看起来有很多相似之处。吊诡的是，贝京和他的手下们正在实现一个古老的犹太复国主义的梦想，那就是将以色列变成一个中东国家。但是他们是在用一种最糟糕的可能方式来实现这个梦想，也就是说，在他们的承诺和论述中，有很多煽动，有很多不稳定、不可信赖的东西，而这是那个地区的其他很多领导人的特点。

潘萨：我们可以把沙龙定义成一个法西斯主义者吗？

莱维：我并不能谈论沙龙，因为正如我所说的，我并不知道他的背景。但是就贝京来说，法西斯主义者是一个我能接受的定义。我想甚至贝京本人也不会否认这一点。他是亚博金斯基[1]的学生，后者是右翼犹太复国主义的代表人物，也曾经自称是一个法西斯主义者和墨索里尼的对话者。是的，贝京是他的学生，这就是贝京的历史。我对沙龙的全部了解是，他是一个强硬的、不择手段的军人，但以我的立场，隔着这么远的距离，我并不能去读懂他的思想。

潘萨：听着，莱维博士，今天很多人关心的一个问题是，在世界上的很多地方，法西斯主义又在抬头，法西斯主义是否会控制以色列？

莱维：如果是法西斯主义本身，我想说并不会……但是你的问题并不准确，你可以先把它收回，然后换一种提问方式。

潘萨：我重新表述一下：以色列有可能成为一个极权主义的国家吗？

莱维：有可能，虽然只可能是通过内战。今天，贝京的反对者当然是少数，但是数量甚多的少数人。不，我并不认为发

1　弗拉迪米尔·亚博金斯基（Vladimir Jabotinsky，1880—1940），作家，也是犹太复国主义运动中的军事行动领导人。

生在智利的事情会同样发生在以色列。那并非我看到的风险之一，政治及民主制度对以色列极其重要。

潘萨：你的意思是不是，以色列自身有一种抗体能够对抗其内部的这种阴暗的邪恶？

莱维：可以这么说，从最近发生的一些游行当中，我看到了这一点。而且无论如何，和我同龄的那些以色列朋友，间接的还有他们的孩子和孙辈，都对欧洲的法西斯主义的恐怖有过亲身的经历。

潘萨：但是仍然有人在说，甚至在意大利有人会在《共和报》上写文章说，以色列这个国家有变成犹太人和以色列人民最大的敌人的风险。

莱维：这种观点在我看来有些粗糙，而且也以偏概全。它最多只能针对一小段时间，针对今天这个时刻。

潘萨：但如果我们将“以色列这个国家”替换成“以色列当下的政府”呢？

莱维：在那种情况下，是的。但一个更为准确的立场应该是，以色列现任政府的一些行为，让其有变成以色列人民最大的敌人的风险。但是，即便是这样的表述也并不能充当反对贝京的论述。一个以色列人也许可能回答：“你们所说的这种风险，我们为什么要关心呢？我们有自己的问题。”最好的两个论点是我之前提供的，恰恰是基于这两点，我们有权对以色列表态：只要事情仍和今天一样，你就没有权利从离散的犹太人那里寻求帮助，无论是从经济上还是道义上。不，你并不能从那些批判以色列的军国主义的人那里获取资金，然后把这些钱用在军队上。

潘萨：但是以色列是否真的有军事安全的问题？

莱维：我并不是这个领域的专家，但是我实际上认为没有。贝京对所有和以色列接壤的国家、在原先一直保持被动的那个地区四处挑起战事。贝京得到了所有利益相关者的同意，彻底清除巴勒斯坦的武装力量。

潘萨：正是这样。阿拉法特，让我们来谈一谈阿拉法特。

莱维：我不喜欢贝京，但我同样也不喜欢阿拉法特，从来都没有相信过阿拉法特的和平协议。他是一个思路开放的人，非常有智慧，但是他和贝京一样不择手段。是贝京，把政治胜利还有作为所有巴勒斯坦人的领导者的王冠端到了阿拉法特面前，这是他之前并未拥有的一顶王冠。

潘萨：你如何看待意大利对阿拉法特表示的支持？

莱维：我看到了这些，看到了这些……我的反应是怀疑和愤怒，但是让我再说一点，是贝京给了阿拉法特失败者的光荣。

潘萨：但是，在战败之后，贝鲁特的两个难民营（萨布拉和夏蒂拉）发生了对巴勒斯坦人的大屠杀。你对那里的新闻有什么直觉的反应？本能的反应？

莱维：我从来没有本能的反应，如果我有的话，我也会压制它们。一开始，我并不大确信那里发生了这样的事，然后我了解到这些是真的。然后，发生在那两个难民营里的屠杀让我强烈地想起了 1944 年 8 月在华沙的那些俄国人，他们在维斯瓦河边驻足、等待，直到纳粹处决了所有参与起义的波兰抵抗分子。当然，和所有试图对历史进行类比的情形一样，我的比较也许未必准确，但是以色列就好像 1944 年的俄国人，他们本可以介入，而且他们有能力去制止那些恶棍对他人施行大屠杀，但是他们没有。

潘萨：为什么以色列没有介入？

莱维：我不知道，我不知道……也许，贝京的伪善背后有一些隐情。这种屠杀并不是以色列的风格，当时的情况一定是失控的。但是同样，也许有些人故意想退缩、犹豫，在去介入保护那些妇女儿童之前浪费时间……我还能再多说什么呢？正如你看到的，我仍然对以色列怀有某种程度的忠诚，这是一种非常情感化的纽带，我并不会悲观到认为以色列永远会是这样。

潘萨：但是你们犹太人和我们非犹太人又能做什么，去确保以色列不会永远像现在这样？

莱维：你说到“你们”和“我们”……那是一个错误。并不存在什么分别。如果上帝愿意，至少这一次，在犹太人和非犹太人之间并没有什么分别。有一种人人都会有的反应，而且并不是像有些人建议的那样，切断外交关系或者切断经济纽带，这种毫无意义的反应只会增加贝京的力量。

潘萨：所以呢？

莱维：我们所有人必须做一些事情，充分去了解到底发生了什么，去压抑我们自身和以色列在情感上保持一致的冲动，这样我们就能冷静地去思考以色列现在的领导人犯下的错误，换掉这些领导人，帮助以色列重新发现它的欧洲根基，以及它的建国元勋们——本·古里安、戈尔达·梅厄[1]的遗产。并不是说他们每个人的行为都无可指摘，谁能做到那样呢？比方说，

1 大卫·本·古里安（David Ben Gurion，1886—1943），1948 年以色列建国后首任总理；戈尔达·梅厄（Golda Meir，1898—1976），在 1969 年到 1974 年间担任以色列总理。

阿埃巴 · 埃班[1]对我而言是未来的一个让人放心的人选，而且他的年纪也没有那么大。但今天的情况非常糟糕，我收到了以色列的一些朋友们的来信，他们为此痛心疾首，这些人曾亲自为以色列所有的战争效力，曾目睹看到孩子们在战争中死去。他们写信跟我说：你眼睛瞎了吗？你难道看不到这些年里以色列和犹太人流的鲜血吗？

潘萨：你又是如何回复的？

莱维：我回答说，这些人流的血和其他所有人流的血一样让我痛心。但仍然会有那些让人痛苦的信寄过来，这也让我备受折磨，因为我知道以色列正是由那些像我一样，只不过没有我那么幸运的人建立的。那些从奥斯维辛活着出来，手臂上被刺上一串数字的人，他们没有家，没有祖国，逃离了"二战"的恐怖，他们在以色列发现了一个家，一个祖国。这些我都了解。但是我也知道这是贝京最喜欢用来为自己辩护的理由，而我认为那种辩护都不是正当的。

潘萨：莱维博士，我发现你能够完全冷静地深入思考这些……

莱维：我尽可能地这样做，纵然这是我们的一个危机时刻。上个世纪，沙洛姆 · 阿莱赫姆写过一部古老的戏剧，你知道这出戏吗？《身为犹太人不易》，而今天这个标题比以往任何时候都要来得确切，是的，今天比任何时候都要艰难。

1　阿埃巴 · 埃班（Abba Eban，1915—2002），以色列外交官、政治家、作家。

如果这是一个国家（1984）[1]

加德·莱纳

在他和以色列的那段痛苦、热烈的关系中，普里莫·莱维只有一次决定站出来发言。正是两年前，在以色列入侵黎巴嫩前，在萨布拉和夏蒂拉的巴勒斯坦难民营的大屠杀发生后，甚至在著名的大屠杀调查委员会指控梅纳赫姆·贝京和阿里埃勒·沙龙应该间接为这些事件负责之前，他公开站出来表态，要求这两位下台。

然后普里莫·莱维又从公众视野中消失了。这个都灵的犹太人、集中营的幸存者、化学家之所以选择成为一名作家，是因为他感到有讲述关于奥斯维辛——在《这是不是个人》一书中——以及他的族人所经历的最恐怖的迫害的必要。今天他已经感觉很疲惫了，他更愿意与世隔绝，在他位于都灵市中心的家中沉默地思考，去思考他作为一个离散的犹太人和曾经被称为“火炉”（hearth）的以色列之间那种复杂的关联。

最近几天里，以色列最受欢迎的右翼领导人阿里埃勒·沙龙又重新上台，回到了那个“火炉”的领导人队伍中。他之所以能上台，得益于劳动党的支持，而那些人——和莱维一样——在两年前将他的辞职视为对以色列未来的民主至关重要的一步。

1　意大利文标题是“Se questo è uno State”，原文刊于《快讯》（*L' Espresso*）杂志，1984年9月30日。

犹太世界现在非常动乱，在利库德集团和劳动联盟党[1]之间的“大联合”背后，事情已经发生了很多变化。是变好还是变坏了，这是一个复杂的问题。但是，今天的普里莫·莱维没有拒绝去触碰或者去回答这个问题。对他而言，这个问题也许是所有问题当中最复杂的一个："我很确定，以色列作为现在的犹太人统一中心的角色——我经常会强调‘现在’这个词——正在衰落。所以犹太世界的重心现在应该往回走，应该从以色列移开，回到离散犹太人中间。我们的任务就是提醒我们的以色列朋友犹太教的宽容传统。”

加德·莱纳（以下简称“莱纳”）：为什么这样说，莱维博士？也许，你将鹰派的沙龙的回归视为一种最终的决裂、一个威胁？

莱维：我并不会将之形容为一种最后的决裂，我也不相信我们正在面临一场无可挽回的衰退。在任何情况下，政治生活的腐化都不只是以色列独有的现象，理想的衰退是我们在当今世界所观察到的普遍现象。当然，以色列的堕落尤为明显，但是我们不要忘记，这个国家同时也被赐予了非凡的智力，在其他地方也许需要花十年才能完成的事情，在这里可能只需要一年就可以实现。

莱纳：那你的担忧又是什么呢？也许是因为拉比梅厄·卡亨[2]的崛起，这个人提议将所有阿拉伯人从应许之地上驱逐出去，他还推出了一个电视广告，画面中有鲜血在一块大理石上

1　利库德集团（Likud）和劳动联盟党（Ma’arach）分别是这场政治联合中的左翼和右翼党派。

2　梅厄·卡亨（Meir Kahane）是这一时期以色列极右势力风头最劲的人物。

流淌的场景。

莱维：卡亨只不过是一个无法控制的危险人物，我非常确定这一点。除非出现一些新的危机，不然他的政治力量必定会衰败。有些人也许会反对说，1923 年的希特勒也只是一个无法被控制的危险人物。我会回答说，任何人都无法预见未来，但是我不认为以色列会走上卡亨的狂热主义道路。拜托，说犹太人并不是德国人，并不代表你就是种族主义者！要成为一个种族主义的国家，其内部应该是紧密的，必须有能够作为一个巨大的、可控的组织运作的潜力。比方说，希特勒的德国做到了这一点，但是意大利就失败了。意大利失败的原因也是显而易见的，光是皮埃蒙特地区和卡拉布里亚地区的差异就非常大了，遑论全国。它也不可能发生在像以色列这样一个共同体内部，这个国家曾经历了 3000 年的历史分裂，也带着万花筒般、形形色色的种族本源和传统。说到这里，我意识到在圣经的《律法书》中，存在着种族主义脉络，它包含了一切以及一切的对立面，当卡亨提到《律法书》中禁止犹太人和异教徒发生性关系时，他说的是真的；但是在《律法书》的其他章节里也有一些故事——比方说参孙和路德的故事——那些故事里会将之视为正常的、可接受的。

莱纳：是不是可以说那种反阿拉伯的不宽容的立场，是你忧虑的原因？

莱维：可以这样说，最近的以色列正在发生一种现象，很不幸的是这种现象并不新鲜：在大学和医院当中，在以色列的阿拉伯人和犹太人之间正在进行大规模的、深度的融合。在那些从 1948 年就生活在以色列的 70 万名阿拉伯人中，很多人已经实现了种族融合。

莱纳：正是如此，在拉比卡亨的谵语中，他提出了一个让很多以色列人担忧的问题：根据最近的出生率统计，到 2000 年时，以色列的阿拉伯人口会占大多数。如果你只统计那些属于以色列公民的阿拉伯人的话，这个数字则要再倒推 20 年。但事实仍旧是，他们可以用民主的方式获得“犹太国家”国会的大多数席位，所以卡亨说，在那天到来之前，为了捍卫它的犹太性，以色列必须停止成为一个民主国家。

莱维：这种人口规划是值得商榷的。退一步说，没有任何人能够制订超过五年的合理规划。我想我可以这样说，比方说以色列犹太人的出生率正在上升，而以色列阿拉伯人的出生率正在下降，这样说是正确的，而约旦河西岸的情况仍然非常不同。这应该会让以色列政府迅速从占领区撤离。如果不是因为约旦河西岸和加沙的那些沉重的负担，我想以色列的巴勒斯坦人的问题也许早可以被解决了。

莱纳：所以，莱维博士你担忧的又是什么呢？当你说到以色列政治生活的腐化堕落时，你指代的是什么？

莱维：总而言之，利库德集团与劳动联盟党之间的协约，和其他的一些大联合一样，在我眼里只是一种暂时的、无力的、无法长久的修补。我最早也最先想到的是，在大选之前，那些反对党之所以被吸纳，仅仅是为了获得他们的选票。这并非以色列独有的现象，但是，可能我们并不大习惯那里会发生这些事。我们更习惯于认为以色列是一块神奇的土地，是 1948 年的那个以色列，是和社会主义的观念有某些共同之处的犹太复国主义。今天我们看到的这一腐化的现象，实际上是一种正常化的过程，很不幸的是，以色列现在变成一个正常的国家。更进一步说，因为它是一个中东国家，它会逐渐和那个地区的其他国家越来越相似。比方说，我们也许会担忧伊斯兰教的霍梅尼主义的蔓延及其对以色列的宗教基础的影响。虽然，展望未来，我并不认为以色列人会拜倒在一个新的阿亚图拉[1]的脚下，不管这个人是卡亨还是沙龙本人。

莱纳：你难道不认为，既然今天大部分的以色列犹太人都出生在以色列，和那些一直以来习惯了自己是所在国家的“少数人”、被他们的“差异”所塑造的离散犹太人相比，他们的立场已经变化了？你在书中写的那些欧洲犹太人都强烈地依附于宽容的脆弱价值。在变成一个正常国家的过程中，难道以色列不也在改变自身的身份吗？

莱维：你所描述的是一个可以预见的未来的一部分。我相信，我们这些离散犹太人应该与此抗争，我们要警醒我们的犹太朋友们，成为犹太人意味着别的东西，要小心地守卫犹太教的宽容传统。当然我意识到自己在触碰到一个非常关键的问题，那个问题就是，今天犹太人的重心在哪里？

莱纳：至少从 1948 年开始，犹太复国主义者的核心组织对此没有任何疑问：重心在以色列。

莱维：不，我对这个问题思考很多：重心在离散犹太人中间，它正在回到离散犹太人中间。作为一个离散的犹太人，一个觉得自己的意大利人特性比犹太人更多的人，我会倾向于选

1 阿亚图拉（Ayatollah），伊斯兰文化概念，意为安拉的显迹或安拉的迹象，是伊斯兰什叶派十二伊玛目支派高级教职人员的职衔和荣誉称号。——译者注

择犹太人的重心在以色列国外。

莱纳：这似乎可以被当成你拒绝以色列国及其在发生的变化的宣言。

莱维：一点都不。这只是另外一种深切的、热情的紧密关系。我只是相信，犹太人的主流在以色列之外的其他地方被保存得更好。犹太文化自身，尤其是阿什肯纳兹犹太人的文化，在其他地方更有活力，比方说在美国，在那个地方它有某种优越性。

莱纳：从你说的来看，似乎保持离散犹太人的状态，也就是说保持自己作为少数人的状态，几乎是延续犹太人身份的一个必要条件。极端一点说，犹太人只有在他们的离散状态中才是犹太人。

莱维：我的回答是，是的。我会说，犹太文化最好的部分是与其被分散、多中心的事实不可分割的。

莱纳：你在暗示，应该由离散犹太人来教育以色列人什么是犹太人价值，你会让自己招致更多的敌意。但反过来说是不是更接近真相？难道不正是以色列这个国家在全世界的犹太人心中注入了一种力量和安全感吗？

莱维：很不幸的是，这是一个角色调换的例子。正是因为那种力量的根源，今天的离散犹太人所获得的却是一种成见和痛苦。这也是我为什么谈到以色列作为犹太人中心的角色的衰退。我希望这个过程是短暂的。我们必须支持以色列，正如它的外交关官们要求我们做的那样，但是我们也必须要让以色列铭记离散犹太人的数量、文化传统甚至经济方面的重要性。我们有能力同时也有责任，在某些方面对以色列政治施加影响。

莱纳：在哪种层面上？

莱维：首先，我相信我们应该支持从黎巴嫩撤军，然后，同样紧迫的是停止在占领区继续建设定居点。在那之后，正如我说的，我会谨慎但坚定的地呼吁（以色列）从约旦河西岸和加沙撤离。

莱纳：嗯，那和巴勒斯坦解放组织（PLO）的关系呢？

莱维：巴勒斯坦解放组织（巴解）是另外一个变化多端的组织。我们无法预知它今天的面目是什么？口头上他们表示愿意和谈……但我不认为现在是和巴解进行沟通的成熟时机。阿拉法特的势力正在衰败，我们并不能确定他在做什么、想什么，他身在何处，甚至他是否依然是巴解的首领？也许，将来有一天，以色列政府会和巴解进行协商，但不是现在。双方都在变化当中。

莱纳：如果如你所愿，犹太人的中心重新回到离散犹太人中间，那是否意味着，部分犹太人群体中间正在产生一种觉醒，那就是犹太人必须在他们各自的国家内部，去寻找他们自己的根，寻找他们自身的"差异"？

莱维：是的，即使这一切还没有发生，这一切也应当并且有可能在意大利这样的国家发生。这里的犹太人群体从数量上算是少数，但是相对比较团结、统一，这同样也是我们的束缚——我们人数很少，而且也进行了种族融合。

莱纳：两年前，你和其他一些意大利犹太人发起了一场反对以色列政府的公开抗议，我们是否可以说，那种愤怒能够成为团结离散犹太人的催化剂？

莱维：让我们用一种不那么煽动的表述，比方说"不赞成"。是的，这是一种催化剂，即使我一直会想象一个以色列人走到我跟前，指责我："一个意大利犹太人坐在你的扶手椅上来告诉我们应当做什么，当然是容易的。"但是我坚持这一点。离散犹太人的历史，是一部充满迫害的历史，但同时也是跨种族交流和联系的历史，换句话说，那是一所关于宽容的学校。尤其是在意大利，如果我不是这么疲惫，如果我有更多力气，我会在意大利犹太人群体内部鼓动他们担起这个角色。因为，我赞成犹太人在意大利的融合，但并不意味着赞同他们的同化、消失以及他们自身文化的溶解。在都灵，就存在这样的例子，犹太人社区完全融入了这个城市的生活和文化，但他们并没有被同化。

莱纳：考虑到你所说的观点，对你而言维持和犹太人以及以色列当局的关系困难吗？

莱维：我跟他们之间有一种情感性的、论辩中的紧密联系，这种紧密联系非常深刻。因为我确信以色列应当被守护，我相信强大的军队存在的痛苦的必要性，但是我也同样确信，如果以色列政府开始面对、处理我们从来都不是无条件提供的支持，对其是有好处的。